你好，宝贝！
欢迎你入住“新家”。
有你在，未来的10个月一定万分美好。

准备好了吗?
让我们一起开始这奇妙的280天旅程吧!

范玲指导

每天10分钟快乐胎教

范玲／编著

電子工業出版社
Publishing House of Electronics Industry
北京 • BEIJING

图书在版编目（CIP）数据

范玲指导每天10分钟快乐胎教／范玲编著. — 北京：电子工业出版社，2014.7

ISBN 978-7-121-23149-0

Ⅰ. ①范… Ⅱ. ①范… Ⅲ. ①胎教—基本知识 Ⅳ. ①G61

中国版本图书馆CIP数据核字（2014）第091872号

逗号张文化创意
13910136213
全案策划

责任编辑：牛晓丽
文字编辑：王　维　任　哲
印　　刷：北京盛通印刷股份有限公司
装　　订：北京盛通印刷股份有限公司
出版发行：电子工业出版社
　　　　　北京市海淀区万寿路173信箱　　邮编：100036
开　　本：889×1194　1/24　　印张：11　　字数：370千字　　彩插：1
版　　次：2014年7月第1版
印　　次：2014年7月第1次印刷
定　　价：49.90元

凡所购买电子工业出版社图书有缺损问题，请向购买书店调换。若书店售缺，请与本社发行部联系，联系及邮购电话：（010）88254888。

质量投诉请发邮件至zlts@phei.com.cn，盗版侵权举报请发邮件到dbqq@phei.com.cn。

服务热线：（010）88258888。

前言

胎教到底有没有用？很多妈妈发出这样的疑问。

胎教会对胎宝宝产生好的影响，这一点是肯定的，更为重要的是，胎教也能对妈妈产生好的影响，让妈妈在怀孕时就能树立母亲意识，就能时时刻刻注意自己一言一行对腹中宝宝的影响，这比胎教教给宝宝的那点东西更有意义。你在怀孕期间所做的一切，将极大影响到宝宝出生后的教育。

那么，胎教到底要怎么做呢？

其实，胎教并没有你想象中那样高深。如果读一本书让你快乐，那是适合你的胎教方式；如果了解胎宝宝的成长过程让你心绪宁静，那也是适合你的胎教方式；即便是随口哼一两句喜欢的歌曲，也是你五彩缤纷的胎教世界中可爱的一角。

胎教就是营造一个最美好的心境，当你心怀美好，充满爱与期待，我们相信，你根本不需要去讨论胎教到底有没有作用，到底要怎么做这样的问题，你愉悦的身心就是孕育聪明宝宝最好的“阳光雨露”！

范玲指导
每天10分钟
快乐胎教

孕1月

胎教可以从备孕期开始

孕2月

爱+耐心是胎教成功的秘诀

孕3月

让孕期的每一天都充满乐趣

孕4月

将生活中的感动带给胎宝宝

孕5月

胎宝宝能感受到抚摸时的爱意

孕6月

进入高效的黄金胎教期

孕7月

善用融入浪漫幻想的胎教

孕8月

随时互动，增进母胎情感交流

孕9月

复习+坚持是提升胎教效果的秘诀

孕10月

放松、自信，迎接宝宝的到来

附录

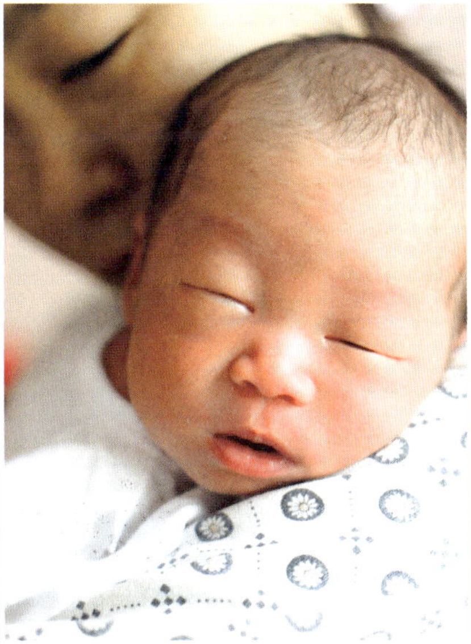

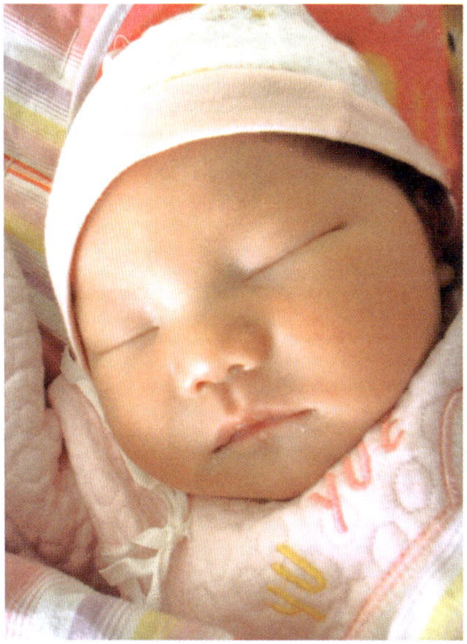

范玲指导
每天10分钟
快乐胎教

孕1月

胎教可以从备孕期开始

在这个孕月，将有一件奇妙的事情发生

一个可爱的小宝宝将住进你的子宫里

并且心安理得地在里边安家落户

你是他的妈妈

他是你的孩子

你们不仅血脉相连，还将心灵相通

从此，你的一言一行、一举一动

都将对他产生深深的影响

本月胎教要点

准妈妈的身体变化

受孕过程悄无声息

对于准妈妈来说，受孕这一过程悄无声息，根本就不知道自己怀孕了。不过，无论有没有确定受孕，在没有做避孕措施的情况下，请暂时把自己当孕妇对待，不要随意使用药物，远离X射线，这样才不会在发现自己怀孕后后悔万分。门诊中就有不少这样的例子，准妈妈经常在不知道自己怀孕的情况下喝了酒、用了药或照射过X射线，为此痛苦万分。

▶ 在你不知道的时候，小宝宝可能已经“住”进了子宫内。

体内变化翻天覆地

虽然准妈妈感觉不到变化，但在准妈妈体内，激素的水平却在逐渐升高。怀孕引发的激素变化会“告诉”身体暂停排卵和月经。

因此，到本孕月的第4周末，月经规律的准妈妈如果没有来例假，那就有可能是怀孕了。大多数妈妈此前都没有什么明显的怀孕表现，只有极少数的准妈妈在胚胎植入期间可能发生少量阴道出血。这种出血也叫植入出血，出血量极少，持续时间也很短，并且不会发生腹痛。如果阴道出血的同时伴有下腹部隐痛或腹部不适，就有先兆流产、宫外孕的可能，应该及时去医院就诊，以免发生意外。

范大夫连线

如果你在还不知道怀孕的情况下服用了某种药物，也不用过分担心。因为只是偶尔服用一两次，剂量也不是很大的话，一般不会对胎宝宝产生明显的影响。但是，如果你的用药时间较长，用药量也比较大的话，则应该找医生根据自己的妊娠时间、年龄及胎次等问题综合考虑是否需要终止妊娠。

专家的胎教提醒

防患未然，防止胎宝宝受伤害

当准妈妈挺着大肚子的时候，自己和周围人都知道要小心，可是这个时期，仍有不少粗枝大叶的准妈妈做了不适合孕期的事，如照X射线、吃药打针、装修、旅游、染发、减肥等。

世上没有后悔药，与其得知怀孕的消息后万分焦虑，不如一开始就防患未然，用准妈妈的身份来严格要求自己。

陶冶情操，扩大视野

最开始，胎宝宝还以精子和卵子的形式分别存在于准爸爸和准妈妈的体内，因此，欣赏名画、看经典的文学作品、参观各种感兴趣的景点等陶冶情操的方式，无疑是不错的胎教方式。

引导准爸爸参与到胎教中来

准爸爸是胎教不可或缺的男主角，但也需要准妈妈的引导，让他更明白在孕期里自己都要做什么事情，才能更有利于胎宝宝的成长。你不妨把自己所有的需求都跟准爸爸沟通。

消除焦虑情绪对胎教有益

这个时候，你可能还不知道有没有成功受孕，心情总是很忐忑。有焦虑的情绪很正常，但过分焦虑可能会影响到受精卵的着床。不少准父母精心备孕许久都未能如愿，哪天放下心理负担，不再去想怀孕这事时，却好“孕”临门了，这其中的重要原因之一，可能就是压力。

怀孕是件十分自然的事情，孩子会在他该来的时候来临的，你们需要做的，只是轻松等待好“孕”来敲门。

▶ 保持良好的情绪对受孕和胎宝宝发育都有益处。

第1~2天

成功胎教的起点——优孕

成功的胎教不仅仅只是怀胎10个月的努力而已，在精子和卵子结合前的3~6个月，就应该开始孕育的准备了。

打好胎教的根基

优孕是力求在最佳状态下，让最健康最富活力的精子和卵子结合，把父母双方的优良基因，如容貌、智慧、个性等，在受精卵中高度重新组合并表达，从而怀上一个各方面更优良的宝宝，日后胎教的起点自然就更高。

如何优孕

该做的生理准备

1 建议在孕前半年做一次全面的体检；去医院检查牙齿健康，养成注意口腔卫生的习惯；对可能会影响怀孕的疾病要及时治愈，注射疫苗，制订一个健身计划。

2 孕前3个月，夫妻双方均应停止酗酒和吸烟，并慎用药物，服用避孕药的准妈妈应停药6个月再怀孕。

该做的营养准备

1 适量进食富含叶酸、锌、钙的食物，为胎宝宝的到来以及怀孕期间的消耗做好准备。

2 丰富日常食用的食物种类，均衡地摄入各类营养。尽量保持三餐饮食规律，不宜偏食、暴饮暴食等。

3 少吃火腿、香肠、咸肉、腌鱼、咸菜，不吃熏烤食品，少吃罐头食品，少喝含多种添加剂的饮料。

该做的情绪准备

在心情放松的时候，人的体力、智力、感受力都处在较好的状态，在精神愉快时受精，受精卵更易于着床受孕，受精卵的质量也相对高。

1 同房的时候，不妨精心布置一下房间，温暖的灯光、诱人的花香、悠扬的音乐都能起到不错的气氛烘托作用。

2 从孕前开始，就进入到情绪胎教中来，多做一些让自己放松、愉悦的事情，比如听音乐、看画册、和准爸爸及好朋友聊聊天等。

第3天

从此，你将体验无数个难忘的“第一次”

怀孕是女性一生中比较特殊的阶段，也是一个家庭的转折点，从此以后，家里将多一位可爱的宝宝，这样的体验会让人激动、兴奋、紧张，甚至有点不知所措。慢慢来，在期待宝宝到来的日子里，你有足够的时间来适应和感受，度过一个幸福温馨的孕期。

属于你们的“第一次”

第一次真实地感觉到胎宝宝的存在时，你一定充满了惊奇吧！尽管已经做好了各种迎接他的准备，但当这一刻真的到来，还是那样震撼人心。

第一次试图与胎宝宝对话，将他作为一个倾心交流的对象，这种感觉美妙极了。

第一次迫不及待地想要去做产检，只是因为一分钟也等不及地想要知道胎宝宝在你肚子里住得好不好，这种做母亲的心情是这世上最动人的力量。

第一次结结实实感觉到了胎动，那如梦一般的体验会令你陶醉，这是胎宝宝用自己特有的方式在向亲爱的爸爸妈妈打招呼：“看，我在这里过得多么好！”

……

这样的第一次令人难忘，并即将来到你的生活中，好好体验吧。

需牢记的重要数据

验孕时间	排卵期同房后15天左右
早孕反应出现时间	受孕后40天左右
第一次产前检查时间	停经1个月后，或早孕反应出现时
胎心音最早出现时间	怀孕6周时（每分钟120~160次）
自觉胎动出现时间	怀孕16~20周
孕期体重增加总值	12千克左右为宜
过期妊娠最大天数	14天

范大夫连线

每个人的体质不同，妊娠情况也会不同，如果你在孕期感觉有任何疑惑及不适，要勤于记录，请教医生，医生认为没问题，就不必过于担心。

第4天

爱+体验+交流=完美胎教方案

爱是指父母对胎宝宝的期待和爱意。

体验是指用心感受孕期的生活及胎宝宝的成长点滴，坚持实施胎教行为。

交流是指与胎宝宝进行语言、行为、心灵上的沟通。

爱＋体验＋交流，这三者相结合，胎教效果才是最好的。

爱

人们常常说，孩子是爱情的结晶，因此，胎教首先源于爱，父母实施胎教的爱心越强烈，胎教效果也就越好。

父母实施胎教时必须充满着爱心，在一个充满爱心的孕育过程中，父母才能深切感受到胎宝宝的点滴变化，体验到从未有过的父爱与母爱，这是对胎宝宝健康成长极为重要的亲情，为日后胎宝宝形成热爱生活、积极向上的优良性格打下基础。

体验

胎教效果的获得依赖于胎教行为的实施，你们应该用良好的心态去做一些积极的努力，用各种胎教手段去丰富孕期生活，比如听音乐、放松心情、玩益智游戏等，这还能给胎宝宝以感知的良性刺激，也令他心情愉悦，从而促进大脑和身体发育。

快乐进入孕期，用轻松愉悦的心情去体验和胎宝宝在一起的一点一滴，而不是被胎教束缚。

交流

胎宝宝能听能感受，渴望与父母交流，喜欢听爸爸妈妈讲话，也喜欢爸爸妈妈逗自己玩。当你们情之所至时，自然而然会有交流的欲望，如果可以，每天都应记得跟胎宝宝说说心里话、做点小游戏，那会让你和胎宝宝都倍感快乐。

胎教是为了优生，更是为了爱

胎宝宝在母体内不仅仅是个单纯的营养索取者，种种奇妙的联系将来都会出现在你和胎宝宝之间，比如胎宝宝以后可以感受到你的情绪，可以辨认来自你的心跳声……这些也构成了胎教目的实现的基础。

胎教也许创造不了奇迹，但是胎教完全可以通过调节你的身心以及给胎宝宝以合适的刺激，来激发胎宝宝的潜能，让胎宝宝在生命之初得到良好的培养。

范大夫连线

不妨养成写胎教日记的习惯，记录下孕期的点点滴滴，这将是一份十分珍贵的胎宝宝成长记录，也是一份难得的孕育生命的写照。

第5天

制订专属于胎宝宝的胎教计划

妈妈和胎宝宝是“一心同体”的，如果想要胎宝宝有规律的生活习惯，你们现在的胎教活动和生活也有必要进行适当的规划，以便于良好作息的实施。

▶ 早睡早起的妈妈生的宝宝也同样会早睡早起。

妥善安排作息及胎教计划

胎教是相似的，但实施胎教的家庭却各有各的不同，所以实施胎教的方法也要有所变化，这样胎教才能发挥最大的效能。

胎教计划与作息是紧密相关的，因为你必须每天留出一些足够安静的时间来进行胎教，这就要求你能妥善安排好生活中其他的事情，比如工作、家务等。如果你为每天忙于工作和家务而感到不满，心中抱怨，胎宝宝也一定不会安心。

当你忙于工作和家务时，也可以借此就地进行胎教：比如工作间歇，可以带着胎宝宝散散步，跟他说说你的工作感受；喝水时也跟他说说喝水的好处；做家务时可以讲讲你是怎么安排家务活的、现在在做什么等。

作息和胎教计划应该符合早睡早起的规律。实验证明，早睡早起的妈妈生的宝宝也同样会早睡早起。可见孕期早睡早起的习惯在胎宝宝出生后也仍然有影响力。

不过，计划不应强制，如果恰逢胎教或睡觉时间心情烦躁，就应该先采取放松措施，听点轻松的音乐，或与老公聊聊天等，耐心等待时间冲淡心中的不快。

结合自己的特长来计划胎教

胎教还要考虑到你和老公的特长：比如你们想象力丰富的话，则可以时常进行自由发挥；不善于讲故事的话则可以给宝宝多念书；动作表情丰富的话，可以多进行表演；喜欢下棋的爸爸妈妈则不妨将下棋对弈的内容纳入计划。

总之，制订胎教计划，要根据自己的生活实际来进行，只有适合自己情况的计划才能被坚持执行下来。

第6~7天

准爸爸是胎教最不可或缺的男主角

一个负责任的准爸爸，对于孕育一个聪明的胎宝宝非常重要。在胎教中，准爸爸不是配角，而是义不容辞的大主角，除了更贴心地照顾准妈妈的生活起居，与准妈妈一起进行胎教还能丰富生活情趣。而且，准爸爸胎教可以建立宝宝日后对父亲的信任感，父母双方不缺席的爱能令胎宝宝成长为一个快乐的孩子。可以说，胎教是准爸爸与宝宝建立良好亲子关系的好机会。

对话胎教：胎宝宝喜欢准爸爸的声音

胎宝宝对准爸爸低频率的声音比对准妈妈高频率的声音更敏感，接收到爸爸的声音也很容易。准爸爸和准妈妈每天坚持跟胎宝宝讲话，可以使胎宝宝出生后智力及情绪稳定，加深与宝宝的感情。

情绪胎教：准妈妈最喜欢的开心果

准妈妈的情绪对胎宝宝的影响从受精之前就开始了，因此，对于调节好孕期情绪，夫妻双方都应该做出更多的努力，而准爸爸特别适合做准妈妈的开心果：夫妻俩一起出去散散步，给准妈妈讲个小笑话，哪怕只是说一两句甜言蜜语或分担些家务，都能令准妈妈感到快乐。准爸爸稍微制造点风趣幽默的家庭气氛，就能为情绪胎教加分哦！

▶ 怀孕会让准妈妈变得容易疲惫，准爸爸应主动承担起更多家务活。

抚摸胎教：爱意更浓的亲密接触

最早感觉到胎宝宝动作的人是准妈妈，准爸爸可能要等到五六个月时才能感觉到那飘渺的小小的一动。虽然你的感觉不如准妈妈真切，但正是因为这样，你的抚摸才显得格外浓情蜜意。准爸爸的抚摸带着爱护与小心翼翼，充满着好奇与想象，这样的抚摸感受胎宝宝会很喜欢，可能妈妈抚摸时宝宝只动两下就玩自己的去了，而当准爸爸的手触到他时，他能和你一直玩好久，然后才沉沉睡去。一家人一起玩抚摸游戏既是加深感情的方式，也是促进胎宝宝智力发育的有效方法，不过要记得抚摸动作一定要轻柔。

第8~9天

Hello！精子先生，卵子小姐

优质的精子和卵子可以为生育一个健康聪明的宝宝打下良好的基础。

精原细胞发育成精子约需64天

精原细胞发育成成熟的精子，这一过程大约需要64天左右。男性每次射精大约会排出3~6毫升的精液，含有大约2亿个精子。精子在被射入阴道后，能存活约48~72小时。

排卵期是什么时候

如果准妈妈月经周期是28天的话，那么大约在本孕周的第7天左右发生排卵，具体时间因人而异，准妈妈可以通过测量基础体温，或使用排卵试纸得出更准确的时间（尤其适合月经周期不规律的准妈妈）。

月经是每月1次排卵后未能受精的表现，如果月经没有来潮，可能就是卵子已经受精，需要做好生育的准备。

胎宝宝有话说

精子产生于爸爸的睾丸中，从精原液变成可爱的拖着长长尾巴的蝌蚪模样，需要经历64天，在这64天内，它都是脆弱的。因此，谢谢爸爸为了我的到来，努力保持健康的生活习惯，不吸烟、不酗酒、谨慎用药……

卵子在妈妈还是胎宝宝的时候就在妈妈的体内了，虽然早就存在，但是妈妈的生活习惯一样会对卵子质量产生影响。

为了使卵子更优质，妈妈一定要跟爸爸一起保持健康的生活习惯，吃一些黑豆、红枣、枸杞等补益卵子的食物。

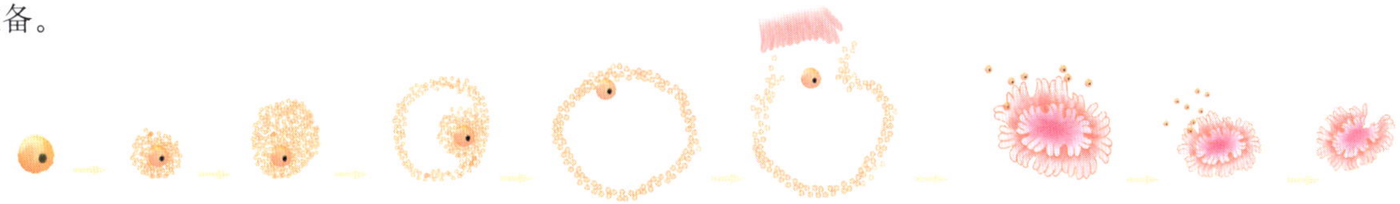

▶ 上图是1颗小卵泡发育成熟并排卵的整个过程。

第10天

知识库：解读斯瑟蒂克胎教成功之处

美国一对普通夫妇先后生下4个智商高达160（智商达到140就被认为是天才）以上的宝宝，他们所采用的胎教方法一时之间成为人们津津乐道的话题，他们的胎教方法也被命名为“斯瑟蒂克胎教法”。

斯瑟蒂克夫妇俩都很平凡，受的是一般教育，过的是极平常的生活，因此，他们认为孩子们的天才是因为胎教的作用。到底胎教怎样造就了这样4个天才儿童？斯瑟蒂克胎教法成功的秘诀是什么呢？

爱的胎教计划

斯瑟蒂克夫妇一直坚信“每一个胎宝宝都是天才”，他们从怀孕开始的时候起就坚持对孩子实施胎教，他们认为：只要以爱为基础制订完全的怀孕计划，并积极将其付诸实践，无论是谁都可以生下聪明伶俐的宝宝。

斯瑟蒂克胎教内容

让我们来看看斯瑟蒂克究竟是怎样对宝宝进行胎教的：

1 经常用悦耳、快乐的声音唱歌给胎宝宝听。

2 多播放旋律优美、节奏明快的音乐或歌曲，将幸福与爱的感觉传递给胎宝宝。

3 随时与胎宝宝交谈，从早上到晚上就寝的一切事情，一天里在做着什么、想着什么，都能跟胎宝宝说。例如，早上起床，跟胎宝宝说早安，告诉他现在是上午，将当天的天气告诉胎宝宝。

4 念图书故事给胎宝宝听。念给胎宝宝听时，自己必须先了解故事的内容，然后用丰富的想象力，把故事说给胎宝宝听。说故事时，声调要富含感情，不要单调乏味。

5 多外出散步，增长见识。散步时，无论看到什么，如车辆、商品、行人、植物，都可以将它们变成有趣的话题，细致地描绘给胎宝宝听。

6 等宝宝出生以后，建议把胎教所用过的东西，放在宝宝的面前，也许宝宝能慢慢回忆起以前学过的东西，十分神奇。

斯瑟蒂克夫妇胎教的秘诀并不神秘，他们对孩子充满爱心，愿意用积极的态度将胎教计划付诸实施，从而用爱心和耐心造就这一奇迹。

范大夫连线

在进行胎教的时候，切不可被急功近利的思想干扰，而应该怀着即将与胎宝宝相见的喜悦心情进行胎教，因为不顺应自然而去人为制造天才是一种错误的行为。

第11天

心体验：名画《洗澡》中的母爱光辉

这是美国女画家玛丽·卡萨特（Mary Cassatt，1844-1926）的作品，作于1892年，描绘了母亲给孩子洗澡的生活情节，将母亲对孩子的爱完全表现在画面中。

心体验

孩子把脚踏入盆中，母亲正轻轻替孩子洗脚，这画面充满了温柔和爱意，孩子的可爱和母女之间亲昵的动作表现得十分生动，这样的场景洋溢着浓浓的亲子之爱。即将成为一个母亲，你一定有强烈的共鸣吧。

范大夫连线

欣赏画作和阅读一样，每看一次都可能产生新的感受，这种体验将带给你无比喜悦的感觉，在以后的日子里，你不妨多欣赏曾经喜欢的画作或是美文，新发现定能令你愉快。

第12天

智趣馆：训练严密逻辑能力的九宫格

九宫格（也叫数独）是一种源自18世纪末的古老游戏，它是一种数学智力拼图游戏，不涉及任何计算学问，但需运用推理及逻辑思考找出答案，是锻炼脑筋的好方法。

九宫格要求每一行、每一列、每一个小九宫格内都包括数字“1~9”，同时不能使各数字所在的行、列或小九宫格内有重复数字。刚开始玩时，可以将格数减少，规则相同。

刚开始玩数字的九宫格可能有困难，可以先从图形九宫格开始。

挑战图形九宫格

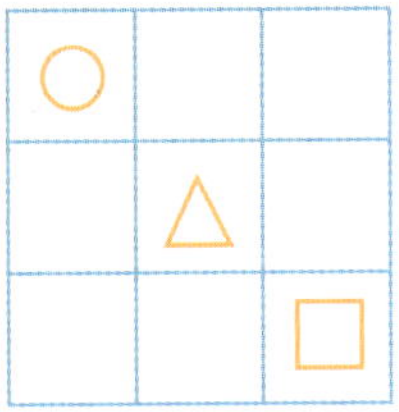

1

2

挑战数字九宫格

1		
	2	
		3

1

		1	3
		2	
	2		
3	1		

2

参考答案

1

2

参考答案

1

1	3	2
3	2	1
2	1	3

2

2	4	1	3
1	3	2	4
4	2	3	1
3	1	4	2

第13~14天

准爸加油站：你是准妈妈最坚强的后盾

在怀孕这一特殊时期，准爸爸作为准妈妈最亲密的人，自然而然会被准妈妈所更加需要，她心情不好了想要有你陪，她脾气变坏了会忍不住发火，她总是希望你帮她解决这样那样的麻烦，她越来越喜欢跟你唠叨个没完。包容她吧，这是她为了胎宝宝而做出的改变和牺牲，除了你，再没有人更适合为她挡风遮雨，做她身后最强有力的支柱了。

关心准妈妈的情感需要

受妊娠反应的影响，准妈妈的情绪会变得难以捉摸，甚至喜怒无常，尤其是在孕早期，心理脆弱起来的准妈妈依赖性也会增强，心里对准爸爸有很多的期望。建议准爸爸尽力满足她、包容她、爱护她、理解她，让自己成为解决准妈妈不良情绪的一剂良方，帮助她保持安定平稳的情绪。

多承担些家务活

家务琐事很繁重，准爸爸应承担起家务，做一回“家庭妇男”也未尝不可，烧几道菜，收拾一下厨房，打扫一下卫生，这些事情不需要做得多么专业，但总是能令准妈妈倍感温暖的。

解决准妈妈遇到的麻烦

生活中总会遇到麻烦，怀孕后的麻烦更可能是之前没有遇到过的，所以，准爸爸要多留心，看看准妈妈有什么事情需要帮助。比如帮她查清医院的情况、身体不适的原因等，尽量减少她的忧虑和情绪波动。

出其不意地感动她

怀孕后，准妈妈可能出现两种极端情况：有时候感觉特别充实，总有自己感兴趣的事情去忙碌，甚至没什么时候搭理你；有时候又特别空虚、脆弱，好像你说什么都提不起她的兴趣。你不妨多了解她的喜好，将你们之间有意义的日子和曾经想做的事情列出来，出其不意，来一点小惊喜。比如在她忙碌时从后面抱抱她，说一句温软的话语，在她无聊时用一份别致有意义的礼物激起她对美好生活的期待。

范大夫连线

也许你还不知道，你的胎宝宝已经正式开始了生命之旅，如果你够细心，可以发觉他存在的蛛丝马迹，比如你偶然感觉皮肤划过一下电流般的轻颤、口里唾液总是很多、睡了很久还是困等。

孕3周

第15~16天

受精卵正在前往子宫的路上

开始生命的旅程

受精过程的完成也就是受孕过程的开始。受精卵承载着准妈妈和准爸爸的遗传密码，一边迅速分裂繁殖，一边向子宫腔移动——在准妈妈的腹部，一个实实在在的生命已经开始它神奇的旅程了。

受精卵形成，胎宝宝性别确定

人体细胞的染色体有23对，其中22对为常染色体，一对为性染色体。性染色体又分X染色体和Y染色体两种。女性的性染色体是XX，只能形成含一颗X染色体的卵子；男性性染色体是XY，可分别形成含X染色体或含Y染色体的两种精子。如果与卵子结合的是含X染色体的精子，这一受精卵就会发育成女孩，反之则为男孩。

胎宝宝有话说

精子与卵子的结合须在一天时间内完成，这是精子的一次惊心动魄的旅程，它们在一条陌生却温暖的赛道上，奋力地往前游，最终进入卵子体内的精子是这场大赛的冠军。

卵子的一半基因和精子的一半基因融合成为了受精卵，我此刻就是这个用肉眼无法看到的小球球，并像爸爸的精子一样勇敢地开始了我的人生旅行。

虽然体内的变化可能翻天覆地，但是妈妈对我的到来可能全无知觉，接下来，我要前往子宫安家落户，开始建造一个可爱宝宝的伟大工程了。

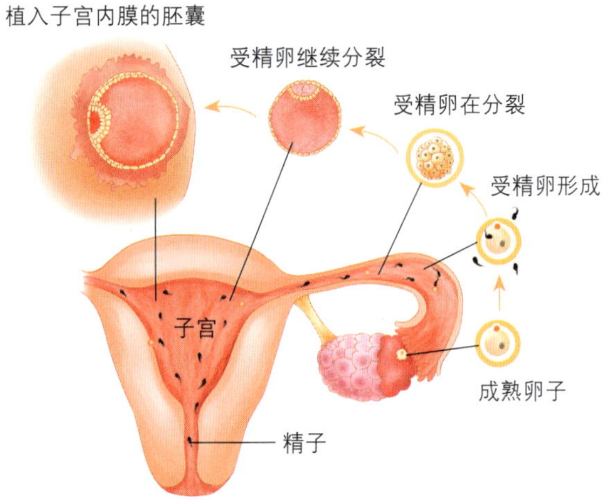

范大夫连线

虽然有不少民间方法说生男孩怎么做，生女孩怎么做，不过建议准妈妈将这当趣谈就可以了，顺其自然，男孩女孩都是爸妈的“心头肉”。

第17天

知识库：孕激素会影响你的情绪

怀孕的过程中有许多变化不受意识控制，而是源自生命的本能，比如准妈妈的情绪。

正常妊娠的维持有赖于垂体、卵巢和胎盘分泌的各种激素相互配合。在受精与着床之前，在腺垂体促性腺激素的控制下，卵巢黄体分泌大量的孕激素与雌激素，导致子宫内膜发生分泌期的变化，以适应妊娠的需要。

胎盘形成后，成为妊娠期一个重要的内分泌器官，大量分泌蛋白质激素、肽类激素和类固醇激素，确保妊娠顺利进行。

激素水平变化影响情绪

怀孕期间体内激素水平的显著变化，可以影响大脑中调节情绪的神经传递素的变化。准妈妈可能在怀孕6~10周时初次经历这些变化，之后，当开始为分娩做准备时，会再次体验到这些变化。

激素的变化将使你比以往更容易感觉焦虑，因此，当你开始感觉比以往更易焦虑和抑郁时，应注意提醒自己，这些都是怀孕期间的正常反应，以免为此陷入痛苦和失望的情绪中不能自拔。

减少激素影响的良方

激素水平变化导致的情绪波动可能是无法避免的，不要试图去调整体内的激素含量。激素水平变化是身体的需要，并非坏事，但你可以尝试用更多方式去充实自己，转移情绪的着力点。

1 向准爸爸说出你现在的感受，即便是难受的，但说出来后真的会好很多。让准爸爸帮你出出主意，这样他会重视你的需要，采取各种可能的方式帮助你，一来二去，你也许就忘记了那种难受的感觉，取而代之的是与老公同进退的感动与温馨。

2 试着做些你一直在憧憬着要做的事情，比如美化卧室和客厅、在墙上贴些可爱或漂亮的图案、将柜子移到一个新位置、去很久没去过的瑜伽班练一堂课。或者你还可以选择加班来给自己更多成就感，迁就一下自己的小脾气，沉浸在低落情绪里对自己和胎宝宝都是不负责任的表现。

3 拉着准爸爸或好朋友去散步，或者看一部搞笑的电影，累了就肆无忌惮地睡上一觉吧，雨过就会天晴，下一站迎接你的必定是美丽的晴天。

范大夫连线

在怀孕期间，如果你觉得心情总是抑郁，不妨将这个问题说给医生听，寻求帮助，同时切记不可自己随便用药。

第18天

心体验：跟随诗歌《开始》体会生命的神奇

我是从哪里来的，这是每个孩子都问过的问题。长大了，知道自己的到来是母亲的功劳，可是在自己也成为一名母亲前，你可能一直都没有想过在一个母亲的眼里，生命到底意味着什么。

即将成为准妈妈了，你是不是发现自己经常会静下来思考生命这个神奇而伟大的命题呢？来吟诵这首泰戈尔的诗歌——《开始》吧。

开始

"我是从哪儿来的，你，在哪儿把我捡起来的？"孩子问他的妈妈。

她把孩子紧紧地搂在胸前，半哭半笑地答道——"你曾被我当作心愿藏在我的心里，我的宝贝。

"你曾存在于我孩童时代的泥娃娃身上，每天早晨我用泥土塑造我的神像，那时我反复地塑了又捏碎了的就是你。

"你曾和我们的家庭守护神一同受到祀奉，我崇拜家神时也就崇拜了你。

"你曾活在我所有的希望和爱情里，活在我的生命里，我母亲的生命里。

"在主宰着我们家庭的不死的精灵的膝上，你已经被抚育了好多代了。

"当我做女孩子的时候，我的心的花瓣儿张开，你就像一股花香似的散发出来。

"你的软软的温柔，在我青春的肢体上开花了，像太阳出来之前的天空上的一片曙光。

"上天的第一宠儿，晨曦的孪生兄弟，你从世界的生命的溪流浮泛而下，终于停泊在我的心头。

"当我凝视你的脸蛋儿的时候，神秘之感淹没了我；你这属于一切人的，竟成了我的。

"为了怕失掉你，我把你紧紧地搂在胸前。是什么魔术把这世界的宝贝引到我这双纤小的手臂里来的呢？"

作者：泰戈尔

诗歌点读

《开始》是一篇优美、深切感人的抒情诗，也是一首对生命的礼赞之歌，它通过一个母亲对孩子的叙述，追溯了生命诞生孕育的全过程，满怀着母亲无限的爱意。

在这首诗歌里，你可以感受到生命的美好，而从现在开始，你的身体也将为孕育胎宝宝而尽情绽放。

第19天

智趣馆：妙趣横生的手指画

手指画简单好玩，特别容易上手，不用学什么复杂的绘画技法，所需要的工具和材料都非常简单，专用手指画颜料，加上专用的印台、调色板，再配上工作罩衫和套袖就行了！

手指画的神奇魅力

想象力和创造力：充分利用各个手指的特点，点、按、拖、拉，可以给你充分的自由想象空间，极大促进想象力和创造力的发展。

开发智能：手指画对色彩感知、右脑图像思维能力的锻炼十分有益。

自信与乐观：鲜艳色彩的情感魅力能有效激发你的积极情绪，手指画的艺术效果会让你充满成就感。这种积极、自信的情绪对胎宝宝的成长是有利的。

信手涂鸦：趣味手指画

准备材料：专用手指画颜料（在各大网上商城和儿童玩具店可以买到）、纸、笔。

漫画人物手指画技法

1 手指沾上喜欢的颜色，在纸上按下手指印。

2 用笔在手指印上勾勒出各种人物表情。

可爱小动物手指画技法

1 用同样的方法在纸上按下手指印。

2 发挥想象力，用笔在手指印上画出各种可爱的小动物形象。

只要发挥一点想象力，还可以画出很多漂亮的手指画哦。

范大夫连线

不要在意自己是否画得好，各人的擅长点不同，有的准妈妈临摹出色，不妨多临摹；有的准妈妈喜欢随心所欲地涂抹，就不必苛求真和准，感到快乐和满足就对了。

第20~21天

准爸加油站：释放怀孕给准妈妈带来的压力

压力不仅对准妈妈身心健康不利，也会殃及到胎宝宝，针对准妈妈孕期压力增大的情况，准爸爸要及时采取措施，帮助准妈妈做好心理调节。

给准妈妈讲故事	在睡觉之前给她讲一个故事，减轻她的不适感，同时还可以培养给宝宝讲故事的能力。
来次大清洁	给家里来次清洁，认真地将房间各个角落都打扫一下，清洁厨房和炉具等，整洁的环境会令人心情大好。
一起做运动	在计划好的运动时间，陪她一起去运动。怀孕后，准妈妈的快乐很多时候只在于你在不在她身旁，所以你能够陪她越多就越好。
将爱情进行到底	给准妈妈写一封信，告诉她你爱她的原因，然后附上一些小礼品，这样既纯朴又浪漫的事定会给她一片温暖。
给她买新衣饰	无论她衣服是多是少，也无论是衣服还是配饰，你给她买新衣饰的举动都能够给她带来惊喜，不过记得包装之前先将衣服洗一遍，让她好随时穿上。
帮她洗脚、剪指甲	洗脚和剪指甲是很私密的事情，如果自己的丈夫能够为自己这样做，准妈妈定然会很有安全感，进而感动和开心。
积极帮助她减轻孕吐反应	早晨醒后先让准妈妈吃一些饼干或点心，并给她准备些清淡可口的蔬菜、水果等。在孕早期最好不让准妈妈进厨房，油烟味会令她恶心加重，也可能对脑发育关键期的胎宝宝不利。

▶ 准爸爸可在休息日带准妈妈去风景优美的公园放松一下身心。

范大夫连线

在你的身体里，你的宝宝正在飞速成长，虽然才只有3周，尽管他是那样小，但确确实实是你素未谋面的亲人了呢！你若爱他，便不会害怕自己因此变“丑”，更不会时时因外貌而心生忧虑。

孕1月 孕2月 孕3月 孕4月 孕5月 孕6月 孕7月 孕8月 孕9月 孕10月

孕4周

第22~23天

受精卵着床，胚胎形成

绿豆大的胎宝宝

到了这周，受精卵将会完成着床的过程，成功植入子宫内膜层。从外观上看，这时候的小胚胎只有一粒绿豆般大小。

在内部，一场复杂的生命构造运动正在紧锣密鼓地进行着。胚胎的细胞组织将分化成两层细胞（看起来就像个双层汉堡）。这些细胞承载着来自父母的基因信息，构造着胎宝宝发育的雏形——就好像建房前打的地基。

胎宝宝最容易受损伤的时期

此时的小胚胎最容易受到损伤，多数的先天畸形都发生在这一时期，因此妈妈在此时要格外注意。不要接触X光和其他射线，不要做剧烈运动，并避免感冒、受凉，避免吃药，多吃营养健康的食物。

胎宝宝有话说

在我来到妈妈的子宫安家时，妈妈可能会发生少量阴道出血。这种出血也叫植入出血，出血量极少，持续时间也很短，并且不会发生腹痛，妈妈不要担心。如果阴道出血的同时伴有下腹部隐痛或小腹部不适，妈妈要怀疑是先兆流产、宫外孕的可能，及时去医院就诊，以免我或者妈妈发生意外。

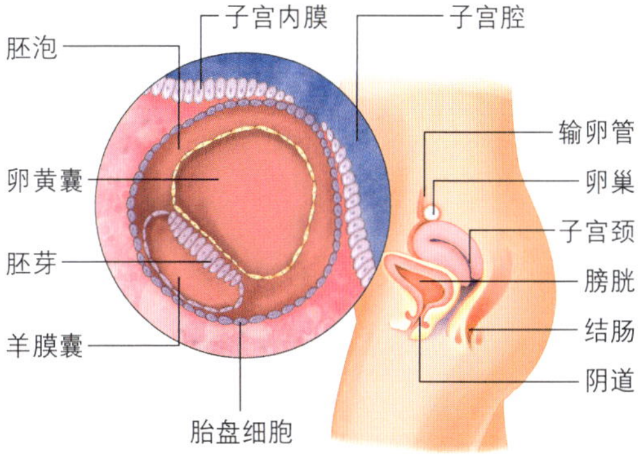

范大夫连线

常有一些准妈妈在怀孕后懊恼没有提前补充叶酸。其实孕前和孕早期补充叶酸最重要的目的是为了预防胎宝宝神经管畸形，如果准妈妈此前并没有不明原因的自然流产、早产、死产史，也没有分娩过神经管畸形儿，家族中也没有神经管畸形儿出生史，从现在开始补充叶酸也是完全可以的。有些准妈妈本身体内叶酸水平并不低，不额外补充并没有影响。

第24天

知识库：怎样确认是否怀孕？

月经超期、基础体温升高、频繁上厕所、乳房胀痛……你的心情是不是有点不安——可能宝宝真的已经来了，但你还是想再确认一下才能真正放心。赶紧用可靠的方式验证一下吧，让心中的石头落地，看看是不是你期待已久的结果。

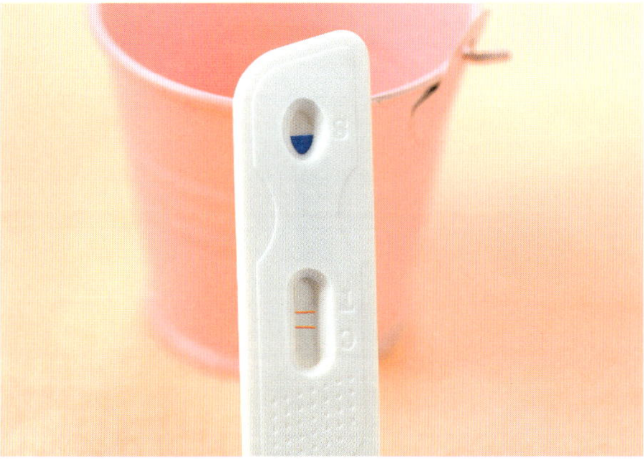

▶ 如果验孕棒显示为二道杠的"中队长"，说明你可能怀孕了，尽快去医院确认吧！

验孕纸或验孕棒

如果怀孕，你体内的HCG值，也就是人绒毛膜促性腺激素水平会升高，验孕纸或验孕棒可以比较准确地捕捉这一信息，但需要在同房后14天左右进行，准确率可以达到95%~98%。

使用验孕产品要保证方法正确，所以使用前你需要仔细阅读说明。一般只要按照说明做，结果都是准确的。如果显示一条红线，说明没有怀孕；如果有两条明显红线，说明已经怀孕；如果两条红线一深一浅，则不确定，需要第二天或过几天再测一次。

需要说明的是，葡萄胎也会导致验孕纸或验孕棒出现两条明显红线，所以最终还需到医院做精确验孕。

B超确认

最精确的验孕方法是到医院做B超，B超可以在月经超期1周后做。如果怀孕了，这个时候已经是孕5周了，超声波屏幕上能看到圆形的妊娠环。B超诊断还可以看出是否是宫外孕，能提高妊娠安全性。

范大夫连线

如果验孕试纸测试显示没有怀孕，先不要担心，试纸也不是完全准确的。这个时候你应该到医院去确认，即使没有怀上，也不要沮丧，怀孕也有自然淘汰的过程，很可能是受精卵存在缺陷。

第25天

心体验：让心境安宁的名画《开花的杏树》

这幅画是梵高送给刚出生的侄子文森特受洗的礼物，弟弟提奥是唯一支持、热爱梵高的人，他的儿子跟梵高名字一样。

▶ 文森特·威廉·梵高（1853-1890），荷兰后印象派画家。他是表现主义的先驱，代表作品有《星夜》《向日葵》《有乌鸦的麦田》等。

心体验

这幅画有青色的天空做背景，简简单单的粗枝上开着白色的杏花，很有东方特质。梵高很喜欢日本的版画画风，白色的花瓣就好像是覆上了一层圣洁的白色光圈，纯洁、温暖、平静，充满了对生命的向往，他一定是想把最美好的祝福送给侄子。

这幅画中有一种强烈的新生、向上的感觉，旺盛的生命力深入人心，风格奇特。白色的小花像快乐的孩子一样无忧无虑，带着欢乐的呼吸而开放，令观者在不经意间被触动。

第26天

智趣馆：还记得小时候玩的折纸鹤么？

你还记得小时候玩过的折纸鹤吗？还记得曾经的你有一颗怎样天真的童心吗？将纸鹤折法搜寻出来，就趁现在教给你肚子里的胎宝宝吧，给他讲讲你的童年故事。

纸鹤的折法

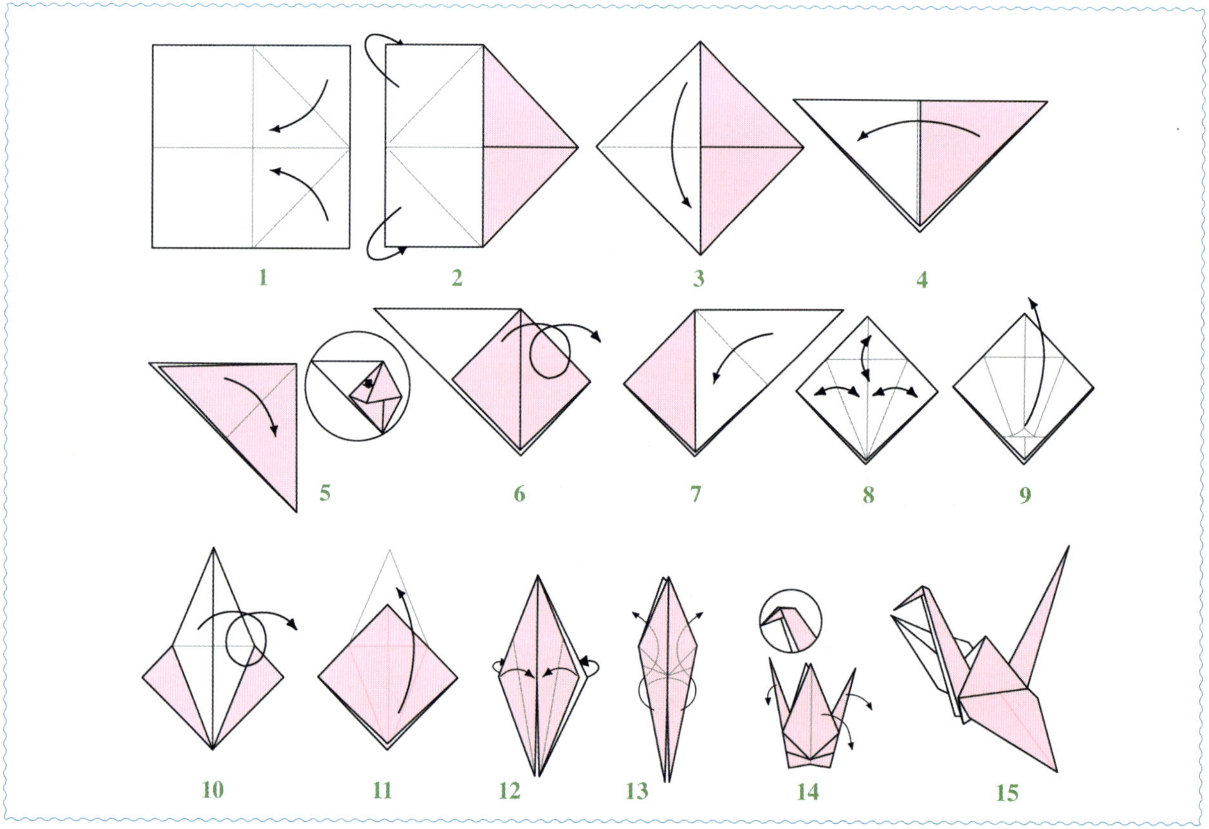

第27~28天

准爸加油站：准妈妈烦躁时给她听这些音乐

怀孕后，准妈妈容易疲劳、情绪波动较大，为了减轻她的烦躁情绪，准爸爸可以放一些舒缓、轻柔或欢快的音乐，这样的音乐可以给胎宝宝以安宁感，使胎宝宝心律平稳，准妈妈也就容易安宁下来。

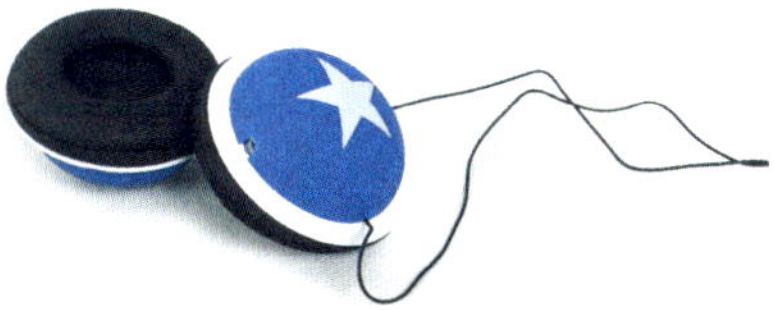

▶不同的音乐会营造不同的心境。

音乐的不同情感作用

音乐的曲调、节奏、旋律不同，人体可对其产生不同程度的情感和生理共鸣，以下几组音乐会有不同的效果，供准妈妈参考：

催眠	如古筝曲《渔舟唱晚》、德国浪漫派作曲家门德尔松的《仲夏夜之梦》等。这类作品具有轻盈灵巧的旋律、美妙活泼的情绪及安详柔和的情调。
镇静、舒心	如民族管弦乐曲《春江花月夜》、琴曲《平沙落雁》《江南好》《春风得意》及交响曲《自新大陆》《田园》等。这类作品优美细致，音乐柔和平缓，带有诗情画意。
解除忧郁	如《喜洋洋》《春天来了》及奥地利作曲家约翰·施特劳斯的《春之声圆舞曲》等。这类作品使人联想到春天，仿佛看到春天穿着美丽的衣裳，同我们欢聚在一起，曲调优美酣畅、起伏跳跃，旋律轻盈优雅。
消除疲劳	如《假日的海滩》《锦上添花》《矫健的步伐》、德国作曲家亨德尔的乐曲《水上音乐》等。这类作品清丽柔美、热情明朗。
振奋精神	如《娱乐升平》《步步高》《狂欢》《金蛇狂舞》等。这类作品曲调激昂，旋律变动较快，引人积极向上。

以上音乐你都可以在书店、图书俱乐部的音像柜台买到，还可以到正规音乐门户网站下载。

范玲指导
每天10分钟
快乐胎教

孕2月

爱+耐心是胎教成功的秘诀

宝宝

倘若那些恶心、呕吐以及种种不适

不过是因为你的到来而出现的考验

那么一切都不值一提

你知道的

妈妈为了你，什么都愿意

快快健康长大吧

就像你爸爸每晚祈祷的那样

本月胎教要点

准妈妈的身体变化

“好朋友”过期不来

月经规律的准妈妈会发现“好朋友”迟迟不来，一般停经37天后就可以用早早孕试纸验孕了。也有些准妈妈需要更晚才能验出来是否怀孕了，这与个人的排卵时间有关。如果月经延迟10天未来，建议最好去医院确认是否怀孕。

准妈妈虽然外观上仍然看不出什么变化，不过子宫已经开始慢慢膨胀长大，从孕前的5厘米左右，增大到拳头大小了。细心的准妈妈可能还会发现乳房变敏感了，有胀痛、乳头触痛等感觉，这在初次怀孕的准妈妈身上表现得更明显，这是乳房正在为以后的哺乳做准备。

逐渐出现呕吐、尿频等早孕反应

大多数准妈妈在怀孕第5周的时候开始出现早孕反应（也可能更早，出现的早晚时间因人而异），变得食欲不佳，伴有恶心、呕吐、唾液分泌多，特别厌恶某些气味，并且精神不济，常常昏昏欲睡，情绪低落、不愿多说话、不愿做家务、不愿运动，只想静静地呆在家里。在这个时期，准妈妈要尽量保证休息，感觉劳累就休息会儿。不想运动的话，不要强迫自己。

孕8~10周是早孕反应最严重的阶段，准妈妈可能会变得格外不舒服。尿频也出现了，其原因主要是因为子宫不断生长、扩张，压迫了膀胱（口渴导致不停饮水也是原因之一）。此外，准妈妈可能出现了烧心、胀气、放屁、便秘等多种不适，注意多调节生活方式，缓解这些不适症状。

疯狂的饥饿感

有不少准妈妈在孕早期感觉特别容易饿，有时候半夜醒来就想吃某种食物，或者看着别人吃东西就犯馋，但一到吃东西的时候却看什么都提不起胃口，这种又饿又没食欲的症状属于早孕反应的表现（也有些准妈妈不感觉饿，并且没有一点食欲）。准妈妈这时候更需要家人的关怀。可以给准妈妈准备一些清淡可口的小点心，让她感觉饿时就吃一点。

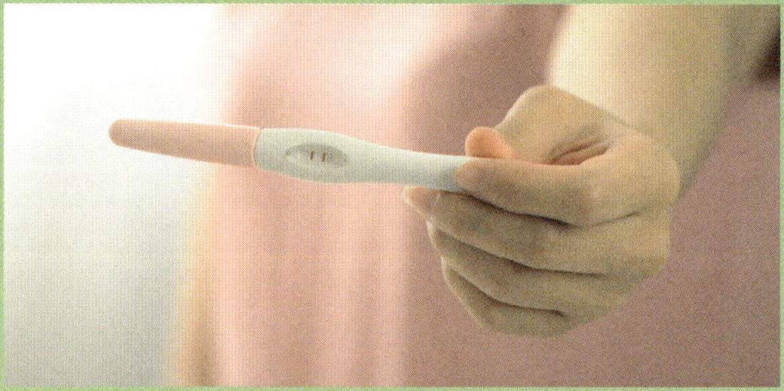

▶ 对于伴随怀孕而来的各种不适，最好的方法是用积极的心态迎接挑战。

专家的胎教提醒

步入了怀孕的第2月，在这个月，虽然你不一定能切切实实地感觉到宝宝正在你的身体里，但可能开始要面对种种妊娠反应，不要害怕，这些反应不会持续太久的。

好情绪是胎宝宝最需要的胎教礼物

经过两周的发育，这个月，胎宝宝仍然处于各种器官发育的关键期。现在的胎宝宝还比较脆弱，他需要你的支持与保护，并且会变得足够强壮。这个月，你给胎宝宝最好的支持和保护莫过于保持稳定的情绪、拥有愉悦的心情。

不要因为突然得知宝宝到来而担心他被照顾得不够周全，要知道，当胎宝宝安全地向你发出他到来的讯息时，就已经证明了他现在足够健康。因此，在接下来的日子里，你要多做一些自己爱做的事情，减轻妊娠反应给你带来的不适，让自己更快乐、更幸福、更轻松，胎宝宝会知道这是你给他的最好礼物。

营养胎教——舒舒服服进食就好

因为早孕反应，这个月，你的胃口会不太好，不要担心，也不用刻意加强营养，因为胎宝宝现在还很小，只要正常进食都可以满足需要。想吃的时候再吃，不想吃的时候也别勉强进食，只要吃得舒服就可以。如果发生呕吐，可以在事后吃清爽些的食物，如汤粥、蔬果等来补充营养。

散步是最适合孕期的运动方式

这个月，你可以多和老公到附近的公园散散步，呼吸一下新鲜空气，换换环境对身体有好处。同时，散步对于舒缓心情也很有帮助。现在你身体的每一项活动都是与胎宝宝联系在一起的，所以，适当运动对胎宝宝身体的发育也能起到良好的作用。

外出散步的时候，最好选择空气质量相对较好的时段。早晚车流高峰期，汽车尾气多，空气质量较差，不太适宜散步。

散步的时间不宜太长，以不感觉累为好。走路也不宜太快，放松身心以中速散步，既不会让准妈妈呼吸急促，也能起到锻炼效果。

范大夫连线

妊娠反应因人而异，一般持续到孕3月的时候就会逐渐好转。也有些准妈妈时间会更长，不过程度都会有一定的减轻。除了极少数幸运的准妈妈可能一直都没有妊娠反应外，也有极少数的准妈妈整个孕期都会有妊娠反应，这些都是正常的。

孕5周

第29~30天

好玩！“汉堡”形的胎宝宝

心脏跳动开始出现

这周，小胚胎将从“双层汉堡”发育成“三层汉堡”，胚胎的细胞将分化成外胚层、内胚层和中胚层3个胚层：外胚层会发育成神经系统、皮肤和毛发等；内胚层会发育成内脏；中胚层会发育成肌肉骨骼系统、循环系统和内分泌系统。胎宝宝进入了组织和器官形成的重要时期。在本孕周结束之前，刚发育的小心脏就已经开始跳动，血液也开始循环。

胎宝宝的神经管开始形成（准妈妈坚持补充叶酸就是为了预防神经管畸形），建议准妈妈继续坚持补充叶酸。

脐带：连接母婴的营养通道

在这一阶段，胎宝宝的营养主要来源于卵黄囊和储存在子宫壁的营养物质。

脐带被称为连接胎宝宝和胎盘的生命之桥，胎盘从母体吸收营养、氧气后会经由脐带传输给小胎宝宝，而小胎宝宝排出的代谢物和二氧化碳也会经由脐带输送到胎盘，再交给母体处理。胎盘和脐带会一直扮演营养输送者的角色，直到小宝宝“瓜熟蒂落”，才会完成最终的职责，娩出体外。

胎宝宝有话说

怀着孕的妈妈总是会焦虑，“电脑辐射真的比动感光波还厉害？”“怀孕前没有补充叶酸，宝宝就真的会不健康？”……亲爱的妈妈，您是不是听到大队人马在忙着用这些话来感染您呢？以为我像一颗揣在怀里的鸡蛋那么脆弱？

别担心，生命是顽强的，像上一周一样，您只需要注意尽量避免接触X光和其他射线、不要做剧烈运动、吃营养健康食物即可。

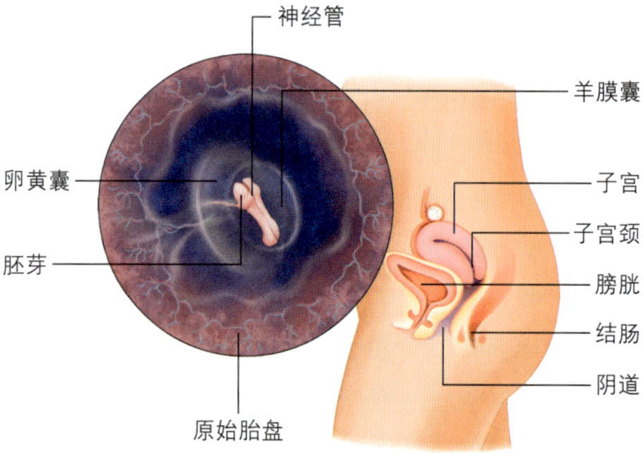

第31天

知识库：营养均衡利于胎宝宝神经系统发育

人体的适应能力很强，营养素的缺乏往往一开始都没有明显的症状，因而常常会被我们忽略，但营养素的摄入与平衡，与胎宝宝智力发育有着深深的关联，准妈妈千万不能忽视。关心自己的营养配置，是对胎宝宝负责，也是对他的关爱。

大脑与营养物质的关系

怀孕早期：这时处于胎宝宝细胞分裂期，当胚胎着床后就开始大脑的发育，这时受精卵不断地分裂，一部分形成大脑，另一部分形成神经组织。如果营养素缺乏，可能会使胎宝宝脑细胞的分裂期缩短，从而直接影响脑细胞的数量。

▶ 目前正处于胎儿大脑成形的关键期，准妈妈的饮食应多样化，以保证营养全面。

怀孕中晚期：这时是胎宝宝脑细胞的增殖期和肥大期，对营养的需求达到了高峰，每天需要大量的优质蛋白质、卵磷脂、叶酸等多种维生素和锌、铜等微量元素。如果缺乏，脑细胞数量和体积都会得不到充分增加。

范大夫连线

怀孕会引起你身体出现一系列生理变化，可能带来一些不适，如妊娠呕吐、偏食等，你要试着转移它们带来的消极影响。可以对孕期的生活和饮食做些安排，多看些孕产育儿类的图书、杂志，它们能让你更好地进入准妈妈角色，调动你的积极情绪。

大脑与食物的关系

富含大脑及神经系统发育所需营养成分的食品有：

肉禽蛋类	鹌鹑蛋、牛肉、兔肉、羊肉、鸡肉等
蔬菜类	黑木耳、黄花菜、海带、紫菜、芹菜、柿子椒、莲藕、西红柿、萝卜叶、胡萝卜等
水果类	草莓、金橘、苹果、香蕉、猕猴桃、柠檬等
五谷杂粮类	大米、小米、玉米、红小豆、黑豆、核桃、芝麻、红枣等

可选食物的种类繁多，如果想让各类营养素充分供应，饮食多样化、营养均衡化是非常必要的。

第32天

心体验：在《摇篮》中感悟为人父母的爱与责任

《摇篮》是法国女画家摩里索（1841–1895）作于1872年的一幅优秀作品，画家从母亲的守护与孩子的酣睡中，极具诗意地表现了温馨而博大的母爱。

心体验

纱帐中，宝宝在熟睡，母亲一边轻摇着摇篮，一边深情地凝视着恬静入睡的孩子，温馨的母子之情顿时从画面中弥漫开来，这种情景用任何语言都难以描绘。看到这一画面时，相信你会有更深切的共鸣，它能激荡你心中的责任感，即将为人父母的你，是不是觉得对肚子里小宝贝的爱意更加浓厚了呢？

第33天

智趣馆：推算宝宝的血型与星座

许多妈妈喜欢研究血型与星座，这是一种无伤大雅的爱好，如果喜欢，不妨继续。宝宝的血型和星座是可以进行较为精确的推算的，得到结果后，你就能帮腹中的孩儿也“算上一卦”了哦，虽然不一定准确，但过程很有趣。

宝宝的血型推算

血型是一种可以大致推算出来的遗传特征，已知准爸爸和准妈妈的血型，就可以推测出胎宝宝的血型。

宝宝血型推测表

爸爸妈妈的血型	宝宝可能血型	宝宝不可能血型
A*A	A，O	B，AB
A*O	A，O	B，AB
A*B	A，B，AB，O	
A*AB	A，B，AB	O
B*B	B，O	A，AB
B*O	B，O	A，AB
B*AB	A，B，AB	O
AB*O	A，B	AB，O
AB*AB	A，B，AB	O
O*O	O	A，B，AB

宝宝的星座推算

先算出预产期，按整个妊娠期280天计算，推算方法是：

预产期月份＝末次月经第一天的月份＋9或－3

预产期天数＝末次月经第一天的天数＋7（采用农历算，则改为＋15）

假如最后一次月经是在2月1日，月份：2＋9＝11月(满12则采取减3的方法)，日期：1＋7＝8日，那么预产期应该是11月8日。

如果遇到闰年，其闰月又正在孕期之中，计算时月份减3应改为减4。

预产期计算出来后，将其与星座对应就可以根据右侧的星座对应表查看了。

白羊座 3月21日-4月19日
金牛座 4月20日-5月20日
双子座 5月21日-6月21日
巨蟹座 6月22日-7月22日
狮子座 7月23日-8月22日
处女座 8月23日-9月22日
天秤座 9月23日-10月23日
天蝎座 10月24日-11月22日
射手座 11月23日-12月21日
摩羯座 12月22日-1月19日
水瓶座 1月20日-2月18日
双鱼座 2月19日-3月20日

第34~35天

准爸加油站：用《爱之梦》舒缓准妈妈的疲劳感

怀孕的最初几周里，无论昼夜，准妈妈都可能感到疲劳，全身懒散、无力，这是怀孕后激素改变导致的。准爸爸要给准妈妈营造轻松宁静的环境，放松心情，让她补足睡眠，得到应有的休息。给准爸爸推荐一首有助于舒缓疲劳感的音乐——《爱之梦》。

给准妈妈听那充满爱意的旋律

《爱之梦》是钢琴家李斯特最为著名的钢琴曲，一共有3首，其中最为出色的是第三首，即根据《尽情地爱》改编的《爱之梦》。一般提起李斯特的《爱之梦》，指的就是这首乐曲。

《爱之梦》的歌词由德国诗人弗莱里格拉特所写，原名为《尽情地爱》，大意是：

> 爱吧！
>
> 能爱多久、愿意爱多久就爱多久吧！
>
> 你守在墓前哀悼的时刻快要来到了。
>
> 你的心总是保持炽烈、保持眷恋，只要还有一颗心对你回报温暖。
>
> 只要有人对你表露真诚，你就尽你所能让他时时快乐……

李斯特根据这首诗创作了乐曲，音乐一开始，旋律深情而婉转，很容易深深打动人们的心，这就是乐曲甜美的爱情主题，其中含有爱的柔情和愉悦。

随着情绪的增进，难以抑制的爱的热情终于爆发出来，原来含情脉脉的内心独白，发展成大胆而炽热的爱情倾诉，散发着火一般的热情，旋律移到高音区。

音乐渐渐达到高潮，最后又回到开始时的那种抒情境界，重复爱的主题，在梦一般美丽的感觉中，恋恋不舍地结束全曲。

丰满的和声、优美的旋律，表达了对纯真爱情执著的追求，使这首钢琴小品成为一首令人难忘的“情歌”。

▶ 弗朗茨·李斯特是著名的匈牙利作曲家、钢琴家、指挥家，他将钢琴的技巧发展到了无与伦比的程度，极大丰富了钢琴的表现力，因此被誉为“钢琴之王”。

孕6周

第36~37天

胚胎像蜷缩的“C”

胎宝宝开始成形

这一周，小胚胎大约会长到一粒苹果籽大小，最大的变化是小胚胎的脊椎雏形形成了，四肢的雏形也在顺利萌芽，头部也开始出现几个浅窝——它们以后将会形成眼睛和耳朵。从外观上看，小胚胎就像一个英文字母C，可爱极了。

胎宝宝的神经系统和循环系统在这个时期最先开始分化，主要器官的雏形开始出现并生长，如气管、食道、胃、嘴巴、肝、肾、膀胱、甲状腺、泌尿器官。最令人惊讶的是，此时胎宝宝的大部分器官已经依照它们自己的方式开始发挥作用了。

此时期仍然是致畸敏感期，准妈妈应注意避免接触任何对胎宝宝发育不利的东西。

范大夫连线

民间将早孕反应带来的孕吐称为害喜。害喜可以看成是胎宝宝发出的自我保护的信息。有统计数字表明，害喜程度越重，就越可能生下一个健康的宝宝。不过，这并不意味着没有害喜，胎宝宝就不健康。

胎宝宝有话说

在接下来的二百多天里，我一刻不停地忙着为自己创造新生活，浑身是劲儿，可是妈妈总会感觉到疲惫和没有力气。妊娠早期的那些症状为妈妈带来了很多身体上和精神上的压力，它们使妈妈的身体透支，并且逼着爸爸去做一些他之前从来没有做过的事，比如去购物、下厨、耐心倾听等。

不管怎么样，妈妈都应该逮着机会就让自己轻松，早早上床、睡个懒觉，除了最爱的电影、肥皂剧，妈妈可以抛弃一切哦，盘子可以不洗、地可以不扫……我相信爸爸会理解并来承担这一切的。

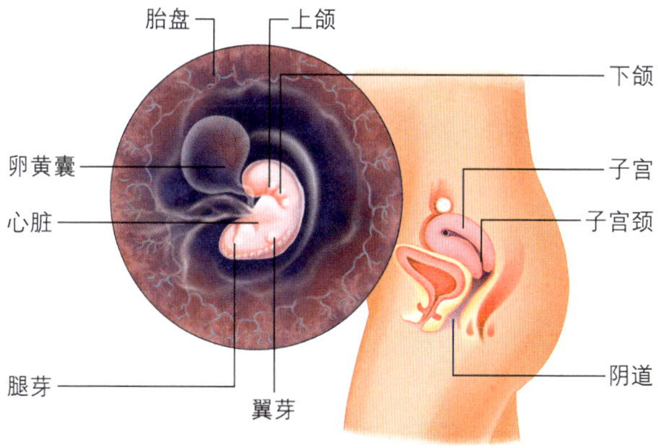

第38天

知识库：孕吐是胎宝宝发出的信号

怀孕时最常出现的反应就是呕吐，早孕反应可能让有些准妈妈感到害怕、担忧，其实，这是人体一种正常的生理反应，对生活和工作影响不大，是胎宝宝向准妈妈发出的信号，也是你幸福孕期生活的开始。

胎宝宝的自我保护本能

孕吐反应有很神奇的作用，是胎宝宝发出的存在信号，也是他的一种本能自卫反应，通过孕吐，可以提醒你调整自己的饮食起居，孕吐越厉害，流产的概率就会越小。

有一种说法认为，我们平常所吃的各种食物都含对人体有轻微损害的毒素，但不威胁健康，可是当怀有胎宝宝时就不同了。这弱小的生命承受不了这些轻微的毒素，所以它会分泌大量激素，增强孕期嗅觉和呕吐中枢的敏感性，最大限度将毒素拒之门外，保护自己不受伤害。

在生命的萌芽阶段，胎宝宝完全没有外力来表达他的存在，所以孕吐也是胎宝宝向你传递自己存在信息的手段，以此来提醒和督促你注意保护好自己。

小知识：你嗜酸吗？

孕吐出现会促使你对日常饮食做出一些调整，以适应胎宝宝生长发育的需要，不少准妈妈会变得爱吃酸味食物，你是否也出现了这样的嗜好呢？

其实，嗜酸也是胎宝宝对自己的一种保护。怀孕后，胎盘便分泌出一种绒毛膜促性腺激素，能抑制胃酸分泌，而胎宝宝骨骼发育、吸收铁元素和维生素C都需要在酸性环境下才能进行，当胎宝宝需要这些营养素时，就会促使你嗜酸来增加这些营养物质的吸收。

你不妨多吃一些西红柿、柑橘、草莓等新鲜水果，既能满足嗜酸的需要，又能增加营养。

有的准妈妈还会出现嗜甜等其他口味的嗜好，这都与胎宝宝的需要有一定关系，可以适度满足。

范大夫连线

很多准妈妈都特别担心孕吐会影响胎宝宝的营养供给，希望能够尽早控制孕吐，其实完全没有必要。怀孕初期宝宝营养需求相对后期要少，且呕吐症状一般都较轻微，一旦发生孕吐现象，应该顺其自然。多数孕吐在妊娠12周左右会自行消失。

第39天

心体验：《你是人间的四月天》中静静流淌的母爱

四月，是一年中春天最美的时候，在这样美好的季节里，你的宝宝也许正在孕育中，也许即将降临人世。让我们把这首诗送给你和宝宝，祝福你们像伴春飞翔的燕子，美丽轻盈，带着爱、温暖和希望。

你是人间的四月天——一句爱的赞颂

我说你是人间的四月天；
笑响点亮了四面风；
轻灵，在春的光艳中交舞着变。
你是四月早天里的云烟，
黄昏吹着风的软，
星子在无意中闪，细雨点洒在花前。
那轻，那娉婷，你是，
鲜妍百花的冠冕你戴着，
你是天真，庄严，你是夜夜的月圆。
雪化后那片鹅黄，你像；
新鲜初放芽的绿，你是；
柔嫩喜悦水光浮动着你梦期待中白莲。
你是一树一树的花开，
是燕，在梁间呢喃，——你是爱，是暖，
是希望，你是人间的四月天！

心体验

《你是人间的四月天》是著名才女林徽因为儿子的出生写作的，诗中洋溢着儿子出生带来的喜悦以及母亲对儿子的希望。诗人写出了心中静静流淌着的母爱，安然而又不掩喜悦之情，将四月的春景比作她心里的那个小天使，字里行间都充溢着爱与希望。

这首美丽的诗歌一定也让你受到感染了吧，当你饱含对胎宝宝的爱来读它时，你的享受和感动也会是胎宝宝的享受。

范大夫连线

在怀孕早期，也许你会担心自己的能量不够，其实孕早期基础代谢没有明显增高，能量供给量跟平时相同就没问题，在进入孕中期后，你所需要的能量才会相应增加。现在不妨给自己营造宽松的进餐气氛，少量多餐是比较适合孕期的进餐方式，你可以从现在开始尝试。

第40天

智趣馆：怡情养性学插花

插花是一项深受人们喜爱的艺术，可别小看了插花这一小小的动作，这里面可是饱含感情的呢，即使你是随手一插，也是蕴含着意境的，不妨动手来试一试，这对于你镇静心绪、培养情操是很有作用的。

蔬果插花

手工材料：柿子椒一个（还可以用苹果、西红柿等），花泥一块，牙签数支，樱桃数个，满天星数枝，小雏菊数朵（也可选择当下开放的其他鲜花）。

手工步骤：

1.将柿子椒横刀切成两半，泡一小块花泥。

2.将泡好的花泥切成略小于辣椒横切面的大小，用牙签固定在两半辣椒的中间。

3.将修剪好的满天星转圈围插到柿子椒四周的花泥中，再将樱桃插入花泥，最后插入小雏菊，注意插花时要用花朵将花泥遮挡起来。

纸筒插花

手工材料：废弃纸筒一个（茶叶筒、饼干筒等均可），试管数支（可用玻璃杯代替），小菊花数枝，龟背叶两片（可用栀子花叶代替）。

手工步骤：

1.将装好水的试管一一放进纸筒里，至装满纸筒为止。

2.将修剪好的小菊花一一插入试管中，摆出自己喜欢的造型。

3.将龟背叶插放到小菊花枝叶间，遮住纸筒口，调整到看不到试管即可。

范大夫连线

插花用的花泥泡水时不要用手压，让它自然吸水下沉即可，插花是一门与插花人的喜好和欣赏风格很有关系的艺术，因此你完全可以根据自己的风格来做出自己的作品。

第41~42天

准爸加油站：帮准妈妈减轻孕吐与恶心感

怀孕的最初几个月，准妈妈可能变得脆弱敏感，各方面的不适应让她容易因为小事就发脾气，准爸爸一定要理解、包容，同时还需要帮助准妈妈减轻孕吐和恶心感，帮助她顺利度过有点紧张的孕早期。

帮助准妈妈减轻孕吐反应

虽然这个月准妈妈妊娠反应还不会太严重，但由于还不适应怀孕，一点点的妊娠反应都会让准妈妈沮丧、烦恼，因此，准爸爸要积极采取有效措施帮助准妈妈减轻症状。

比较有效的方法有：

1. 早晨醒后先让准妈妈吃一些饼干或点心，半小时后再起床。
2. 多吃清淡可口的蔬菜、水果，避免吃油腻、油炸、含人工香精的食物，对于辣椒、胡椒等刺激性食物也应避免。
3. 以少量多餐为好，食物品种应该多样化，睡前可适量加餐。
4. 常做深呼吸。
5. 吃完饭后先做20分钟的轻松运动（散步、轻体力家务活、孕妇体操、瑜伽等）后再休息。
6. 避免孕期熬夜，及时就寝。
7. 多开窗通风，并经常到空气清新的地方去散步。

清除准妈妈身边的异味，缓解恶心感

怀孕后，准妈妈的鼻子会异常灵敏，平常用惯了的脸霜、洗发水、香皂等的清香味都可能变得不再喜欢，甚至闻之即犯恶心、受不了。几乎所有的准妈妈都忌讳油烟味，这种味道让准妈妈一闻就头晕恶心，甚至剧吐。准爸爸要注意观察准妈妈的感受，记录下准妈妈不喜欢或让她感觉不适的东西，暂时收起或清理它们。

在怀孕的最初3个月里，准爸爸最好不让准妈妈自己做饭，特别要远离煤气灶、蜂窝煤等，因为燃料燃烧时会产生一氧化碳等有害气体。准妈妈在厨房煮菜时切记使用抽油烟机，必要时打开窗户通风。

吃饭时，汤类食物先不上，在饭后一小时再给准妈妈喝，这样会减轻恶心感。

范大夫连线

如果准妈妈孕吐反应严重，可咨询医生是否需服药，以起到缓解作用。孕吐严重的准妈妈应避免服用铁剂，因为铁剂容易导致恶心、呕吐及上腹痛等。

孕7周

第43~44天

加油！长出小胳膊小腿了

长到黄豆般大小了

知道吗，你腹中的胎宝宝正在以每分钟复制100万个以上细胞的惊人速度不断成长着！到了这周，小胚胎的身长大约有1厘米了（大小如一粒黄豆）。在本周，小胚胎的神经管将发育出大脑，大脑神经细胞发育飞速，平均每分钟有10000个神经细胞产生，准妈妈坚持补充叶酸的成效将完美呈现。

心脏已经建设完成了。胃和食管的建设也在紧张进行。眼睑和舌头正在形成。此前已经成形的各个器官，也随着胎宝宝的长大不断拉长增大，小胳膊和小腿也渐渐长成了小芽状。

胎宝宝有话说

嘿，妈妈、爸爸，你们好啊！

很开心能成为你们的宝宝。不知道对于你们来说，我究竟是个乍然来到的惊喜呢，还是酝酿已久的收获呢？不管怎么样，今后你们就是我在这个世界上最亲爱的人啦！

现在我还只是一个小胚胎而已，要长得像爸爸妈妈那么漂亮，还需要时间和努力。放心吧，我会非常勤快地长出小手、小脚丫，眼睛、鼻子、嘴巴、耳朵也会慢慢地长出来。

妈妈肚子里的这所小房子，密闭而温暖，对现在的我来说简直棒极了！胎盘和脐带会源源不断地给我提供营养，温暖的羊水是我最好的保护屏，我只要专心长身体就行。亲爱的妈妈，谢谢你这么辛苦地孕育我！亲爱的爸爸，请多分担一些妈妈的辛劳。我爱你们，请耐心等我长大！

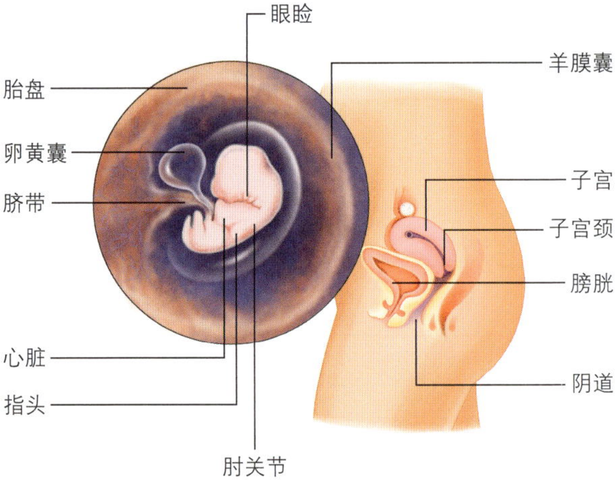

孕1月
孕2月
孕3月
孕4月
孕5月
孕6月
孕7月
孕8月
孕9月
孕10月

第45天

知识库：警惕噪声损害胎宝宝的听力

受精卵成长至4周左右，胎宝宝的耳泡便开始形成。到20~22周时，胎宝宝的内耳已长至成人大小。6个月时胎宝宝的听觉神经系统便基本发育成熟，可以听到外界的声音。

在生活中，每一个人都会不可避免地接触到噪声，只不过接触到噪声的性质不同、接触的时间长短不一样罢了。也许你已经习惯了某些噪音的存在，但怀孕后你还是要多留心，如果一些声音在你细听之下感觉不舒服，就要注意规避，否则胎宝宝可能会受到影响。

人对声音的感受级别简表

声级（分贝）	主观感觉	可比拟的相应声音
5	听不见	落叶的声音
15	勉强听见	手表的“嗒嗒”声、平衡的呼吸声
30	非常安静	夜间医院的病房
45	比较安静	住宅中的居室
60	响	中等大小的谈话声
70	响	会堂中的演讲声
80	很响	音量开大的收音机音乐声
90	很响	载重汽车通过时的噪音
100	很响	机械声音
110	难以忍受	木材加工声、大型机械声

噪声对胎宝宝的不利影响

1 噪声对胎宝宝正在发育的听觉系统有直接的抑制作用，接触强烈噪声还对胎宝宝的听觉发育产生不良后果。

2 噪声经常引起子宫收缩，影响胎宝宝的血液供应，进而影响了胎宝宝神经系统的发育。

3 接触强烈噪声的准妈妈，妊娠剧吐的发生率和妊娠高血压综合征的发生率相应提高。

怎样减少噪声对胎宝宝的伤害

1 尽量造就一个脱离噪声、相对安静的环境。

2 减少去闹市区的次数，不去歌舞厅、体育场等声音嘈杂的娱乐场所。

3 把家中电视机、录音机音量调小，将床远离空调机和电冰箱。

第46天

心体验：让宁静的《月光》帮你驱逐孤独感

怀孕是幸福的，也是特殊的，因为没有人能代替你去感受怀孕中遇到的种种事情，你可能偶尔觉得异常孤独，这个时候，就用音乐来赶走孤独感吧。

闭上眼睛，听一听钢琴小品《月光》

德彪西的钢琴曲《月光》描绘了月光的美丽与神秘，优美的旋律暗示了对月光的印象，仿佛能让人看到月光闪烁的皎洁，把灵艳的月光泻洒下的水一样的银辉展现得淋漓尽致，让人如同置身于晴朗而幽静的氛围之中。音乐如流水一样流淌在心间，留下了宁静与祥和，孤独无助的感觉不知不觉间就会烟消云散了。

月光是如水的灵物，能把人的心柔化到休眠的地步。每当在晴朗的月夜下仰望星空时，都难免令人想要久久驻足或是席地坐躺，接受月光的洗礼。这时心中的情感顿时都能化作一条细小的溪流，汩汩淌开，缓缓地浸润着心灵。

当你感觉孤独时，或者你想要听音乐的任何时候，闭上眼睛，播放这曲《月光》，让每一个音符在你的心里流淌，想象心中的那片月色。这种美丽让你回味无穷，你的情感和这静谧的背景定会搭配得天衣无缝，而这样的美感也会通过你的感觉神经静静地感染着你腹中的胎宝宝。

▶ 美好的音乐可以平复烦躁的心绪，让准妈妈回归安宁。

第47天

智趣馆：借助高科技，提前看胎宝宝模样

孕期一天天推进，你是不是迫不及待地想要知道宝宝的模样呢？这并非不能实现，随着科学技术的进步，通过一些仪器，你能提前看清胎宝宝长什么样。

B超

目前，三维B超可以将图像重组，并通过信息技术重建成一个非常现实化的3D图像，呈现逼真的效果。而四维B超，它甚至可以反映出宝宝的活动，将宝宝的图像以3D的形式显示出来，并且能够显示肚中宝宝的即时动态活动图像，就像看视频一样。

宝宝不仅在你的肚子里长大，也在你的脑海中逐渐成长，他的影像在B超中也逐渐清晰，每一次B超检查都是一次你与宝宝见面的机会。

整个孕期一般会做3~4次的B超。在第一次B超时，你将会发现一个快速跳动的小心脏，只有一颗豆子那么大；在第二次B超时，你会发现宝宝的头、胳膊、小手、蜷缩的腿、小脚丫、背以及他可爱的轮廓；第三次B超时，你已经能清晰地看到他的长相了。

根据B超图，想象宝宝未来的样子

得到第一张B超照时，你一定很激动吧！不妨时常拿出来看一看，通过想象，将胎宝宝的模样再还原得清楚一些。将想象的画面画出来，将来再拿出来和宝宝一起看，将是一件十分有趣的事。

小知识

B超分为黑白超和彩超，相比黑白超，彩超功能更多，对疾病的诊断亦更明确，其图像分辨力优于黑白超，价格也更高。另外，彩超的显示图像未必是彩色，如果没有精确检查的必要，可先做黑白超。

第48~49天

准爸加油站：说出心里话，缓解家庭矛盾

当你和准妈妈，或者准妈妈和其他家庭成员之间发生矛盾时，如果迟迟得不到解决，就容易影响到胎宝宝发育，时间拖得越长对胎宝宝越不利。家庭中不愉快的信息会被胎宝宝存储到自己的大脑记忆里，影响宝宝的性格形成。

▶ 不妨将怨言写下来，投入“真心话”瓶中保存，第二天再打开来看对方的心里话，想办法解决问题。这比直接发火或者激烈争吵更有效。

说出心里话，赶走矛盾

有家庭矛盾产生时，准爸爸是很重要的角色，所以你一定要有责任意识，力争尽快化解冲突，千万不要争吵、打骂或冷战，要先令双方冷静下来。

然后，准爸爸可以试着和准妈妈通过写纸条或网络留言等方式向对方说出真心话。很多时候，是误解导致矛盾的发生，人非圣贤，不可能一眼就看透别人的想法，有时候你不说出自己的想法，即便是最亲的人也可能误解你的行为。

所以，家庭成员之间首要的是不要相互指责和埋怨，而要多加沟通；不要把自己的精力耗费在猜测对方上，而要在经营双方的关系上多重视；相信对方会把该让自己知道的事和盘托出，给予对方解释的时间，尊重对方保持沉默的权利。

范大夫连线

岁寒知松柏，患难见真情，当柴米油盐冲淡了激情，当花花世界迷乱了双眼，夫妻间十指相扣的幸福是任何事物也无法取代的。相依相守、生儿育女的质朴感情，温暖而幸福。

孕8周

第50~51天

胎宝宝有点儿“人模人样”了

每天能长1毫米

此时，小胚胎的身长已经有1.25厘米了，并且以平均每天1毫米的速度继续长大，这个增长速度会一直持续到孕20周。

心脏已经发育得非常复杂，心跳速度达到了140~150下/分钟（是成年人的2倍左右）。脑干已经可以辨认出来了（脑干是一个非常重要的部位，人体所有的大血管和神经都必须通过它才能与躯体连接起来）。内脏的大部分器官在持续发育，并且大多初具规模。眼睛部分除了眼睑，还形成了虹膜、角膜、视网膜等。小手、小脚长得更长了，手指和脚趾甚至出现了若隐若现的萌芽。腿和胳膊的骨头开始硬化，关节也开始形成。

范大夫连线

有不少准妈妈在孕早期感觉特别容易饿，有时候半夜醒来就想吃某种食物，或者看着别人吃东西就犯馋，但一到吃东西的时候，却看什么都提不起胃口，这种又饿又没食欲的症状属于早孕反应的表现。

胎宝宝有话说

以前有人说，孕妇在电脑前的时间过长会让胎宝宝遭受辐射的侵害。电脑辐射需要提防不假，但是，迄今为止尚没有科学的研究证明电脑辐射会对我有实质性的危害哦。

妈妈也许会一直工作到产假开始，不过有个好消息，就是现产假已经由原来的90天调整到了98天。其中产前可以休假2周；难产的，增加产假2周；生育多胞胎的，每多生育一个婴儿，增加产假2周。

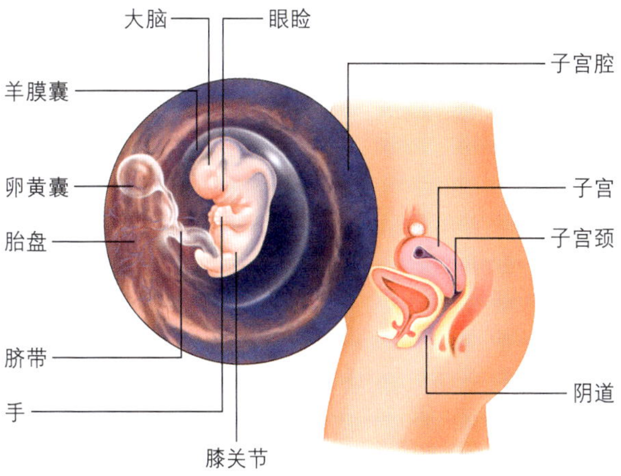

第52天

知识库：你是否正因致畸幻想焦虑？

一些准妈妈对胎宝宝致畸特别敏感，经常对照书里所写的情况，觉得自己犯了怀孕的禁忌，疑虑重重，产生焦虑情绪，有的患过一次感冒就要做人工流产。

越是清闲的准妈妈，这种致畸幻想就越是频繁和强烈，一些抑郁或敏感的准妈妈，越临近生产的时候越可能产生致畸幻想。

胎宝宝畸形到底是怎样导致的

有资料表明，在致畸因素中，药物约占1.5%，物理化学物质占1%，病毒及孕期疾病占1%~3%，原因迄今未查明者占65%。值得注意的是，约20%的致畸因素来源于父母的遗传性疾病而不是外部环境。

人的情绪受中枢神经和内分泌系统的控制，如果孕早期常常处于紧张和担忧之中，不仅无益于宝宝成长，反而还可能真的造成胎宝宝唇裂或腭裂等畸形。所以，只要没有致畸因素的威胁，准妈妈完全没有必要担心胎宝宝的健康问题。良好的心态，是准妈妈能够优孕、优生的重要因素。

转移注意力，消灭致畸幻想

如果出现了致畸幻想，准妈妈要及时自觉，不要让自己沉溺其中，以免心理压力太重。可以试着转移注意力，看看墙上挂着的宝宝图片，想想将来怎么打扮孩子，或者提早计划一下如何休产假，想想今天晚上吃什么，这样琐碎的事可以把自己从不良幻想中解脱出来。

范大夫连线

如果你非常担心胎宝宝的健康，那么应把你的担心说给医生听，让医生通过科学手段来确定，不要盲目担心、自己吓自己。

▶ 给自己找点事情做，转移下注意力，这样才不会整日胡思乱想。

第53天

心体验：看电影《星空》，告诉宝宝友谊与成长

看电影让人获得某些情感满足，就如同别人帮你说出了你想说但还没来得及说清楚的话，这个时候，你会有共鸣，因此而融入到故事中去，引发自己的感想。当你看一部什么样的电影，就相当于在告诉胎宝宝什么样的事情和情绪。

▶ 你知道吗，电影《星空》的海报背景图片，其实来自著名画家梵高。纽约现代艺术馆馆长评价《星空》时说："画面左侧是柏树，一棵燃烧的柏树！天空中有星星，她们翻滚着……小镇似乎笼罩在某种不安之中……她的线条那么粗糙，整个画面如此混乱，但她的效果却是震撼的！……也许当你了解了当时梵高所处的困境，你会很自然地感到一种情绪，也许是消沉，也许是郁闷，但我更相信是一种激愤！"

电影《星空》：成长与友谊

13岁的小女孩小美与爷爷在深山里度过了最纯真且充满想象力的几年，古朴的小木屋和寂静迷人的夜空，是她记忆深处最遥远和笃定的依恋。

终于有一天，小美要离开这里，她随着爸爸妈妈回到城市生活，繁华的都市五光十色，却无法带给她些许的归属与感动。

与小美有着类似感受的是频繁随着父母搬家与转学的男孩小杰，相似的境遇与心境让他们成为最要好的朋友。

某一天，小美带着小杰逃离城市，回到了深山，在山里的夜晚，他们看到了最美丽的星空。

爷爷常常对小美说：当你寂寞的时候，只要仰望星空，世界就会变得好大好大……

"在青春的旅程中，总有关于成长的苦涩与生命的不完美，但紧要的是我们如何拥抱着这样的遗憾，继续走向遥远且未知的未来。"——林书宇

"孤单时，仍要守护心中的思念，有阴影的地方，必定有光。"——几米

第54天

智趣馆：可爱简笔画，将来可以教给宝宝哦

简笔画提取了所画事物最典型、最突出的特点，简洁大方、生动形象、活泼可爱，是不复杂又可爱的一种绘画手法，无论你有没有绘画基础，都极容易上手。更重要的是，这种画十分富有童趣，能令画的人和看的人都进入到纯真的状态中，怡情养性，对调节情绪非常有帮助，也是锻炼左脑的好方法。将来宝宝出生了，这也是你们沟通交流的好项目。

例1：小蜻蜓的画法

例2：小帆船的画法

▶ 发挥你的想象力，画出一幅你心目中的可爱简笔画吧。

范大夫连线

心中有爱的人，才能画出甜美的画，即便是随手涂鸦，也格外令人感动。假如你觉得画画能令你感到放松，不妨给自己准备一本孕期绘画本，将你孕期时光里的故事、那些想对宝宝说的话、那些让你感动的人和事，用喜欢的图文方式表达出来，它能让你感觉充实、快乐。还可以选择给已经画好的图上色，书店中有这种专门的填色画册和油画稿。

第55~56天

准爸加油站：讲故事《猜猜我有多爱你》

胎宝宝喜欢听故事，更喜欢听生动有趣的故事，在读故事的时候，可以读出声来，甚至想象宝宝正在你的身边聆听你讲的故事。读故事时可根据故事情节的变化，变化多种音调，中间可以停顿一下，问一问胎宝宝的意见和感受，他真的可以给你“共鸣”。

发生在母亲和孩子之间的与爱有关的对话

这本图画书里有一只兔子妈妈和一只兔子宝宝，小兔子像所有的孩子一样爱比较，它们俩在比赛谁的爱更多一些。整个作品充溢着爱的气氛和快乐的童趣，讲述了母子之间温暖而美好的亲情。故事的作者山姆·麦克布雷尼是爱尔兰人，绘图者安妮塔·婕朗是英国人，这本《猜猜我有多爱你》是他们的经典作品。

精彩书摘

小兔子宝宝想要去睡觉了，它紧紧地抓住大兔子的长耳朵，它要大兔子好好听他说：“猜猜我有多爱你？”

“噢，我大概猜不出来。”大兔子说。

“有这么多。”它伸开双臂，拼命往两边张。

大兔子的手臂更长，她也张开手臂：“可是，我爱你有这么多。”

嗯，是很多，小兔子宝宝想。

“我爱你，有我够到的那么高。”小兔子宝宝举起胳膊说。

“我爱你，像我举着那么高。”

大兔子也举起胳膊说。这太高了，小兔子宝宝想，我真希望我也有那样的胳膊。

……

节选自绘本《猜猜我有多爱你》　作者：山姆·麦克布雷尼

多么可爱的小兔子，多么令人动容的兔子妈妈啊！当你很爱、很爱一个人的时候，也许你会想把这种感觉描述出来，但就像小兔子和兔子妈妈发现的：爱，不是一件容易衡量的东西。所以，只要你足够幸福、足够快乐，你的宝宝就会从你的幸福中感受到你的爱。

《猜猜我有多爱你》，在你想对准妈妈和胎宝宝表达自己的感情时，或者在她们需要你的时候，又或者在晚上入睡前，来讲一讲这个故事吧。

范玲指导
每天10分钟
快乐胎教

孕3月

让孕期的每一天都充满乐趣

心情不好的时候想一想
嘿，开心点
你的肚子里还有一个小宝宝呢
工作劳累的时候停一停
嘿，休息一下
你的肚子里还有一个小宝宝呢
食欲全无的时候想一想
嘿，吃点吧
你的肚子里还有一个小宝宝呢

本月胎教要点

准妈妈的身体变化

子宫增大，腰围逐渐变粗

本月，准妈妈的子宫持续在膨大，到本月最后一周，用手轻轻触摸耻骨上缘，可以感觉到子宫的存在。这个月，准妈妈可能已经有了真实的怀孕感受了，比如小腹部会有胀满的感觉，或者突然变换姿势的时候，会感觉腰际有轻微、短暂刺痛感，这是因为子宫比以前扩张得更大了。腹中的胎宝宝在提醒妈妈，做动作要轻柔些，不要伤害到他。

膨大的子宫会压迫膀胱、直肠，以致尿频现象更严重些，便秘、烧心、胀气等身体不适可能也在继续。一些准妈妈还会觉得有些腰酸，这可能是由于盆腔充血扩张所致，平常多注意休息。

细心的准妈妈会发现腰围变粗了，饮食状况良好的准妈妈到此期体重可能增加了，也有害喜严重的准妈妈没有增重，甚至体重稍有减轻，一般都没什么大问题，不用因此担心胎宝宝出现发育问题。等害喜症状减轻，食欲变好，体重会长上来的。如果体重增加，可以换些宽松的衣服穿了。

身体发肤的细微变化

乳房仍在持续的增大当中，乳晕的颜色也变深了，上面还长了很多小疙瘩，乳房上的静脉血管也清晰可见，如果感觉内衣有些紧了，就换大号的内衣穿。

由于激素在继续起作用，准妈妈的头发长得更快，指甲变脆，易折断或龟裂。激素也对皮肤产生影响，不过不同的准妈妈受影响的表现不同，有可能本来很好的皮肤变坏了，本来很差的皮肤变好了。总体来说，大多数准妈妈都有色素沉淀、颜色加深的现象（可能会出现妊娠斑）。

另外，仔细观察会发现臀部开始变宽，腰部、腿部、臀部肌肉增加，脂肪也开始增厚，且结实有力，这都是为将来分娩所做的准备。

妊娠反应开始减轻

孕早期快要结束了，孕吐、疲劳、嗜睡、烧心的症状也会逐渐好转，进入孕4月之后，准妈妈的精力会大大恢复。这是因为准妈妈体内激素分泌将逐步稳定下降而趋于缓和。也有些准妈妈的害喜反应会更晚结束，因人而异，不过都会逐渐减轻。

范大夫连线

还没有做过产检的准妈妈需要前往医院，在12周以前完成第一次产检。

专家的胎教提醒

你的身体已渐渐适应生理上的变化，心理上应对起来也更自如，在你日臻成熟的身心保护下，胎宝宝的人类特征越来越明显。那么本月胎教有哪些重点呢?

情绪胎教

早孕反应对于你心情的影响是无法避免的，因此而引起的烦躁、易怒、易激动或抱怨等情绪仍然是你可能遇到的问题，这些不愉快的情绪会对胎宝宝产生影响，所以，在这个月里，保持健康而愉快的心态仍然是胎教的关键。你可以依照前两个月里调整情绪的有效方法来做，听听舒缓的音乐，看看有趣的画，做做开心的事情，多想想腹中的小宝宝，跟其他准妈妈交流交流等，只要你喜欢，都可以去做。

抚摸胎教

怀孕3个月时，胎宝宝已具人形，对外界的压、挤等动作可以感应到。你和老公可以人为地对胎宝宝的感官进行适当超前的良性刺激，比如轻柔地抚摸你的下腹部或是坐在摇椅中轻轻摇动，这样可以给予胎宝宝触觉的刺激，促进神经系统和感觉器官的发育，还可以帮助调整你的情绪。

运动胎教

除了坚持散步外，你可以做一些适合孕期的运动，比如孕期瑜伽。在进行运动前，需要咨询医生和专业的瑜伽师。

语言胎教和音乐胎教

胎宝宝的听力从上个月起就已经开始发育了，因此，在以后的日子里，对胎宝宝听觉的刺激是一件需要常常做的事情。千万别忘了，每天在你和他人，尤其是和老公聊天时多提及到胎宝宝，多放一些喜欢的音乐听。不过，此期的音乐主要还是你在听。

可以让准爸爸每天晚上对着胎宝宝读个简短有趣的小故事，锻炼一下准爸爸讲故事的能力，同时也可以更快地让准爸爸进入“爸爸”的角色。

范大夫连线

如果你还在工作岗位上，那么现在要考虑一下什么时候让同事和上司知道你的好消息了，以便在工作中取得他们的谅解和配合。有意思的是，不少准妈妈在宣告自己怀孕的消息后，孕吐反应会很快消失。

孕9周

第57~58天

胎宝宝的小尾巴消失了

像一粒小橄榄

快速生长的胎宝宝已经长到2.5厘米长了，大小看起来就像一粒小橄榄。如果准妈妈现在去医院做体检，已经可以通过B超看到小胚胎的活动了。胎宝宝现在是个名副其实的大头宝宝，头部差不多占到了身长的二分之一。面部的五官越来越全，小眼睛、小耳朵、小鼻子的轮廓日渐明显。小手指和小脚趾也长长了。

在本周之前，宝宝的胸腔和腹腔都是相通的，到了本周，才会发育出膈肌，像成人一样把胸腔和腹腔分开，腹腔的容积逐渐增大，之前一直呆在腹腔外的肠道将逐渐被收纳进来。

范大夫连线

胎宝宝大脑发育有两个高峰期，第一个高峰期是孕3~6个月，此期胎宝宝的脑细胞迅速增殖，这时脑细胞的体积和神经纤维的增长，使脑的重量不断增加。第二个高峰期是孕7~9个月，主要是神经细胞的增殖与神经细胞树突分支的增加。据估计，此时的小胎宝宝每分钟能生成约10万个神经细胞。

胎宝宝有话说

妈妈这时候在为什么时候公布怀孕的消息而忐忑吧？部分叔叔阿姨迟早都要被迫暂时承担本来属于妈妈的那部分工作，他们会为你高兴吗？还有上司，千万别让他通过小道消息得知你怀孕的信息哦。

建议妈妈精心安排一次会面，开诚布公地跟老板谈怀孕这件事情，抱着一种积极的态度，倾听老板的顾虑，同时证明对公司的忠诚和对这份工作的重视。

准爸爸在这个时期一定要关心体贴准妈妈啊。

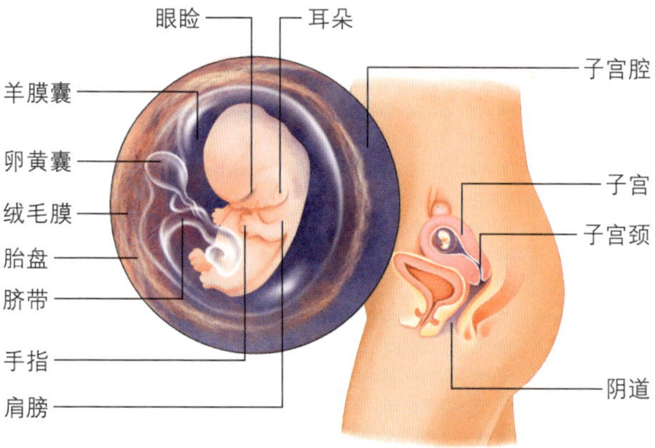

孕1月
孕2月
孕3月
孕4月
孕5月
孕6月
孕7月
孕8月
孕9月
孕10月

第59天

知识库：怀孕会让你的心境变得更柔和

经历了孕吐、情绪波动大、容易被激怒等情形的准妈妈，现在开始慢慢进入到孕期角色中了。这个时候，你会发现，你的心态有所改变，很多时候，这种改变是积极的。

心态变得平缓，心境变得更为柔和

因为怀孕的特殊，你在最初的时候会不适应，所以容易紧张、焦虑，等慢慢接受了，你的整个心情都会变得开朗。即便遇到一些不顺心的事情，基本上也不会像从前那样受影响，可能由于你的注意力更多放在和胎宝宝的相处上，你更倾向于保持平静和开心。

▶ 一个小生命正在你的子宫内成长，成为母亲这一事实会让你变得更加包容与柔和。

怀孕给你带来意想不到的好处

1 你有最充分的理由来宠爱自己，感觉累的时候不要勉强自己，让老公下下厨房，给你做做按摩，他会相当乐意。

2 充分挖掘你的新潜能，不管是编织可爱的宝宝鞋袜，还是组装折叠小床，你会有兴趣尝试各种新技能，并发现自己的潜能无限。

3 养儿方知父母恩，怀孕后，你或许开始对自己的妈妈有全新的理解，相似的经历能让你和妈妈或婆婆更亲近。

4 你的肚子会一天天变大，想到有个小人儿在里面也一天天长大，这是一种多么奇妙的人生际遇啊！怀胎十月后，这个你生命中无法放下的人就会真实地来到你眼前，这样的过程是你一生难忘的珍贵记忆，也许，你会对人生有更美妙的感觉。

范大夫连线

十月怀胎，每一天，你都和宝宝心灵相通。虽然怀孕的过程有些辛苦，但是感受着宝宝在你身体里一天天长大，那样的幸福除了你，谁也无法感受得到。

第60天

心体验：与胎宝宝一起感受大自然的精彩

大自然是无比美妙的，日月星云、山水花鸟、草木鱼虫、园林田野等，这些都是大自然引人入胜的杰作。在大自然中，人很容易就被感动、被吸引，激荡起对生命的希望。去接触和欣赏大自然吧，精彩的大自然会给你和胎宝宝带来许许多多的益处。

到林间或草地去走走

早上起床后，如果天气不错，不妨到有树林或者草地的地方去散散步，走一走，感受一下一天中大自然带来的最清新的感觉，呼吸一下新鲜的空气。

在风和日丽的日子，到风景宜人的郊区进行短途旅行，能让准妈妈的心情彻底放松。到大自然中运动，不要登险峻的高山，不要走坎坷的路，也不要进入冰凉河流、溪水中，更不要参加惊险刺激的探险项目，最适合的还是散步、冥想、采花等平和的项目和游戏。

在居室之中，如果你来了兴致，可以摆几盆鲜花、喂养几尾金鱼，在庭院种养一些绿草、栽植几株花木等。

跟胎宝宝说一说大自然的样子

当你漫步在大自然的美景中时，美好的感受一定会在头脑中留有印象，试着将这种印象清晰化。如果你兴致还好，尽量说出你看到的、想到的、听到的，比如花儿会有五彩斑斓的颜色，树上的鸟叫什么名字等等。胎宝宝呼吸着新鲜的空气，感受着美丽的画面，他会像喝足水的庄稼一样高兴起来，就如同他也亲眼看到了美丽的大自然一样。

▶让胎宝宝和你一起感受自然的博大与多彩。

第61天

智趣馆：逗趣的手影游戏

手影游戏十分简便，只需要有一盏灯就可以玩了，但其中的奇思妙想和游戏本身带来的欢乐却是无穷的。动动脑子，动动手指，改变一下手势，就能通过影子的变化创造出各种活灵活现的动物形象。准爸爸和准妈妈都可以学习一下，不仅自娱自乐，以后还可以表演给小宝宝看，通过手影的变化，启发宝宝的联想思维。

手影游戏之孔雀

孔雀是单手表演的，很简单：大拇指和食指捏在一起，中指、无名指和小拇指直立。

手影游戏之忙碌的啄木鸟

两只手来做，一只手做木头，一只手做啄木鸟，做啄木的动作。

手影游戏之栖息的鹦鹉

用两只手，一只手食指、中指朝前，剩余手指朝下做鹦鹉尾巴，另一只手拇指与食指捏成圆形握拳，表演时鹦鹉的头可以做一些动作。

第62~63天

准爸加油站：帮助感情升温的小情趣

无论是婚前婚后，维持快乐、健康的关系都是要花费些许功夫的。为了加深感情所做出的任何努力，对于你和准妈妈来说，都是一种享受。

现在准妈妈怀孕了，她可能关注你们的宝宝胜过关注你，如果你因此而沮丧就太不明智了，不如多花点心思来升温你们的感情吧。

有助于感情升温的小情趣

1 坚持打扮自己。这似乎听起来很矫情，却是一个立竿见影的良方，每天梳齐你的头发，刷亮你的牙齿，每天洗一次澡或者淋浴一次，收起那些皱皱巴巴又过时的衣服，向准妈妈展示你的好形象。注意，最好不要经常穿那些已经挂在衣柜若干年的衣服，它们会让准妈妈感觉不到你所做的努力。

2 给准妈妈倒一杯水，或者坐在一起看看杂志和电视。这个时候别忘了多些肢体接触，比如拉着她的手，或者把你的手放在她的膝盖上，身体接触能给准妈妈带来无声的安全感和温暖。

3 当她不理会你而独自做自己的事情时，不妨坐在她身边，温柔地观察她的脸，看看她做的事情，或者你愿意的话，对她说出你的赞美之情："老婆，你真漂亮。"

4 关注准妈妈需要某物的微妙流露或者表达，下次你们一起逛街时，如果你发现她的目光在她喜欢的什么东西上稍作停留时，留意记下来，找时机去商店里买给她。不论生日、假日还是周年纪念日，都是可以送点小礼物的理由，将挑好的礼物送给她，给她一个惊喜，夫妻间的浪漫不在于礼物有多昂贵，在于心意。假如你经常听到她哼唱哪首调子，可以弄清楚是什么歌曲，学会了唱给她听，或者下载这首曲子播放给她听。

5 保持家里整洁、干净，擦洗地板，打扫卫生间，如果以前这些家务琐事都是准妈妈在操办，她会立即感觉到你的呵护。

范大夫连线

无论是准爸爸还是准妈妈，只要每天坚持一点点创造性的努力，浪漫就会变成你们的第二天性。不妨每天花一点时间问问自己："今天我将如何向他表达我的爱意？"不要让抱怨占据你本该用来思考的时间。

孕10周

第64~65天

“人模人样”的胎宝宝

变成了一粒大橄榄

到本周，胎宝宝已经长到3.8厘米左右了，从一粒小橄榄长成了一粒大橄榄，体重也增加到了大约15克。最重要的，从外形上看，胎宝宝已经“人模人样”了，虽然头部还占了身体的二分之一，但已经不是之前蜷缩起来的C形胚胎，而可以真正称为胎宝宝了。

胎宝宝的面部已经比较清晰，眼睛、鼻子、嘴巴已经找到了自己的正确位置；手、脚、手指、脚趾都已经完全成形，几个主要的关节，如肩膀、肘、腕、膝盖、脚踝的外形已经清晰可辨，甚至指甲和趾甲都开始生长。从一个受精卵到现在的小人儿，胎宝宝完成了人类进化的一次飞跃。

目前为止，胎宝宝90%的器官已经建立，并且很多已经开始工作，在工作中不断完善自己。另外，胎宝宝的齿根、声带、上牙床和上颚开始形成，20个味蕾出现。

胎宝宝有话说

这也不能吃，那也不能做，口耳相传的孕期禁忌不胜枚举。虽然实际上研究证明做一些事情对我没有伤害，但是妈妈还是抱着“只怕万一”的心理，怕产生不好的影响，这些真是令人纠结的事情。

看，妈妈你又在对着冰淇淋眼馋了，你要是实在想吃，放心吃一点吧！坦白说，你为了我做了太多可以令你身心放松的事情，这些事情本身就证明了你对我的爱和纵容，那么我是不是也该纵容下妈妈呢？因为我觉得，妈妈的好心情会让我的子宫生活更舒适一些。

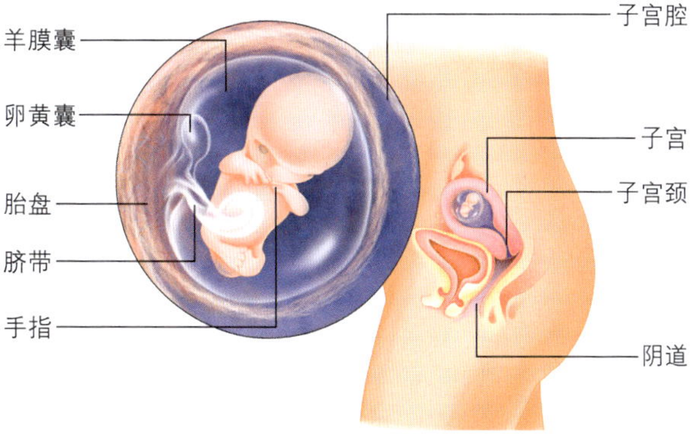

第66天

知识库：孕妇瑜伽是适合孕期的运动

在怀孕期间，适量做些温和的运动是有必要的。孕妇瑜伽是很适合孕期进行的运动，它不仅能缓解孕期不适，还有助于顺产和产后恢复，更重要的是，瑜伽重在学习如何控制并缓和呼吸，以及透过冥想排除压力、放松心情、安定情绪，你不妨试一试。

练习前的准备活动

选择一个宽敞安静的地方，你家的大床或客厅都是很不错的选择。穿上宽松舒适的衣服，当你想要练习时，半小时内不要进食或洗澡，这些可以留到练完后进行。

接下来，你需要做一点热身：可以盘坐下来，挺直腰背，双肩放松，下巴微收，吸气，慢慢呼气，同时头部轻轻转向右侧，然后吸气，头部还原，反方向重复，直到完全放松。

范大夫连线

如果你孕前没有至少半年以上的瑜伽锻炼，在练习孕期瑜伽前，要咨询医生或专业的瑜伽教练。在练习时只需要以自己的舒适度为准，不必强求自己一定要跟着标准动作做，那些不是特别费劲的呼吸或是冥想会更安全。

孕妇瑜伽

❶ 跪坐，深呼吸数次。双手撑在膝盖前方的地面上，保持双臂、大腿与地面垂直。

❷ 抬起左腿，向后伸直，与地面平行。

❸ 然后慢慢抬起右手，向右侧伸直，与地面平行。停留片刻后改换右腿、左手做同样的动作。

注意：练习时动作要缓慢，呼吸要平稳，注意保持身体平衡。

第67天

心体验：让人会心一笑的《油灯猫鼠图》

《油灯猫鼠图》是近几年从海外征集到的回流画作，20世纪60年代为日本所收藏，较为特别，也很罕见。它简洁的画风充满童趣，值得准妈妈一看。

心体验

画面上，一只老鼠立于垂着油灯的长竿上，与猫呈上下对峙的局面。

画面构图简单，位置却安排巧妙，静中有动，暗含一触即发的张力。而且，猫和鼠从体积大小和笔墨运用上，也形成了微妙有趣的对比关系，令观者不禁会心一笑。

不仅如此，画上的题款也颇值得玩味。款曰：“昨夜床前点灯早，待我解衣来睡倒。寒门只打一钱油，哪能供得鼠子饱。值有猫儿悄悄来，已经油尽灯枯了。”

范大夫连线

白石老人是一位木匠出身而又诗、书、画、印无不卓绝的大艺术家，在艺术上的经历很有传奇色彩。对这四绝，他自认为篆刻第一，诗词第二，书法第三，绘画第四，十分谦逊。他的画作大多童趣十足，你不妨系统地欣赏一下。

第68天

智趣馆：爱的手语

准妈妈轻柔地舞动着手指，与小宝宝心灵相通，这是不是很美好？

手语同语言一样，是一种交流的方式，在手语的传递中，准妈妈的心绪会很宁静，这能对胎宝宝产生良性刺激。另外，手语是全球唯一真正通用的语言，一种没有隔阂的语言，说明这是人类最本真的表达自己的方式。

幸福手语——妈妈爱你

妈妈：一手伸食指贴在嘴唇上。

爱：一手轻轻抚摸另一手拇指指背，表示一种“怜爱”的感情。

你：一手食指指向对方，正确的手语表达“你”的时候是指向对方，但是，在这里，你可以指向腹部，并温柔地注视。

幸福手语——欢迎你，小宝贝

欢迎：这是两个分解动作，第一步双手鼓掌。第二步双手掌心向上，往旁移动一下，如邀请动作。

你：一手食指指向对方。

小：一手拇指捏小指指尖。

宝贝：第一步双手掌心向内，一上一下，虚置胸前，做抱婴儿状。第二步左手伸出拇指，手背向外，右手轻拍几下左手背。

第69~70天

准爸加油站：陪准妈妈去做第一次产检

准妈妈需在孕12周前做第一次产检，一般都安排在建档时。在第一次产检之前，准爸爸应和准妈妈一起仔细考虑一下产检时会遇到的问题，帮助准妈妈搜集和记录更全面的信息，做出一个第一次产检的爱心贴士，并预约产检医院，到了预定的日期，陪准妈妈从容地去检查。

着装问题

做产检时穿的衣服要宽松、易穿脱。不要穿连衣裙，以免在某些检查时，需要把裙子全部提起，导致全身暴露而尴尬。最好的搭配是前开口的上衣和宽松的裤子。鞋子要避免复杂的系带鞋子，尽量好穿脱。

医生的提问

在产检时，医生会问一些问题，包括准妈妈的月经周期、末次月经时间、怀孕的次数、分娩次数、流产次数和流产方式、既往病史、手术外伤史以及药物过敏史等。另外，还会问准爸爸的年龄和身体状况，以及夫妻双方的家族遗传病史等。家族有无遗传病史，准妈妈要提前了解一下。

产检项目准备

产检项目比较平常，包括身高、体重、血压、宫高、腹围、胎方位、胎心、尿常规、血常规、心电图等，不需要提前准备什么。有的医院会安排采血，提前咨询医生，听从医生安排即可。

其他问题

如果你和准妈妈还有一些其他健康问题，包括心理问题或其他你有疑惑的任何问题，可以记录下来，产检时主动告诉医生，确保获得更加周到的孕期保健服务。

去做产检时建议穿前开口的上衣和宽松的裤子，搭配不系带的鞋子，方便穿脱。

孕11周

第71~72天

看！胎宝宝在子宫里“行走”呢

抵抗外界干扰能力增强了

腹中的小宝宝已经彻底脱离了胚胎期，进入胎儿期了。从本周起，胎宝宝的所有器官都已经成形，差不多有你的手掌一半大小了。腹中的小宝宝已经成功度过了致畸敏感期，抵抗外界干扰的能力大大增强了，发育畸形的概率逐渐下降。

胎宝宝的成长速度也在加快，骨骼逐渐变硬，脊神经开始生长。体表开始长出细小的绒毛。眼睛的虹膜开始发育，不过，眼睛此时仍然没有睁开。

胎宝宝此时的能力也在增长，可以把自己的手放到嘴里吮吸，会吞咽羊水、打哈欠。另外，手脚也会经常活动一下，两脚还会做交替向前走的动作，进行原始行走。只是现在的这些动作还很轻微，准妈妈还感觉不到。

范大夫连线

这时候你的肚子已经“显山露水”了，注意保护好腹部，不要磕碰或者受凉。穿上柔软舒适的平底鞋，也可以去商场选购一些漂亮的孕妇装了。

胎宝宝有话说

因为身体长大的速度还在增加，所以我对营养的摄取会比以前更多，妈妈一定要记得坚持已经养成的良好饮食习惯哦。

现在妈妈要记得为自己挑几双合脚的鞋啦，因为我长得很快，妈妈要承受的重量会越来越大，所以一双宽松、轻便、低跟、透气性好的鞋对妈妈是很重要的。

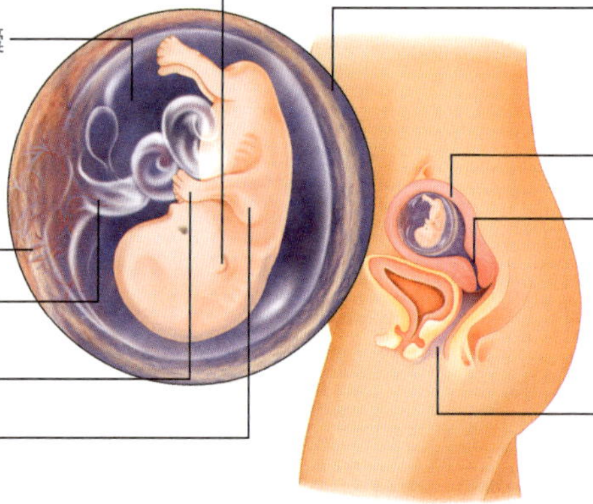

第73天

知识库：让自己健康地工作

怀孕后，你很可能还会继续工作，但怀孕的一些不适仍然会“光临”，你需要想办法让自己在工作中尽量保持舒适，即使你的工作很轻松，也要注意照顾好自己。

给自己一点休息时间

如果你一直站着，可以把脚抬起来，来回走动走动。如果你一直坐着，每隔两小时可以起来站一站或走一走，倒杯水，或者眺望一下窗外等，站起来的时候，你可以做一些伸展运动来舒缓你的背部。

多喝水

在工作的地方备一个大水杯，并经常将它灌满，倒水本身也给你一个休息走动的机会。想小便的话，别忍着，一有需要，就应该去卫生间。

准备些舒服的小道具

小凳子：垫在脚下抬高双腿，减轻脚部压力。

小毛毯：保暖。

小靠垫：减轻腰部压力。

你感觉需要的，能让自己舒服的，不妨备一份在办公室里，不过不用的时候，记得收起来，避免给人不严肃的印象。

创造条件午睡一会儿

如果工作的地方有休息室再好不过，没有的话，可以坐在位置上，用小凳子把腿垫高，头靠在椅背上休息一会儿。

接受同事的帮助

如果同事想给你些特殊照顾，而你也不介意，那就接受吧。你很幸运，能在一个得到同事理解的环境中工作，同事的支持有益于顺利完成工作，有益于你的健康。

办公桌边的运动

在身体还算灵活的时候，你可以站起来收拾办公桌、扫地、擦桌子，还可以站在桌边做一些运动：

手扶椅背，慢慢吸气；手臂用力，使身体重力集中于椅背；脚尖立起，使身体抬高；腰部挺直，下腹部紧靠椅背；慢慢吐气，手臂放松，脚还原。

这些运动能减轻腰部酸痛。

范大夫连线

怀孕后，你要学会对加班保持警惕，合理安排好白天的工作量，不要让自己被迫加班，如果领导无理由让你加班，要学会拒绝。繁重的工作会令你异常疲劳，这无论是对你还是胎宝宝都非常不利。

第74天

心体验：冥想，细细体会孕育的感动

冥想是一种在宁静环境下增强良好状态的温和运动，冥想的时候，你的心情会格外平静，这个时候想象最容易在脑海中飞翔。

孕期做冥想的好处

1 令准妈妈心情平静。

2 促进血液循环，有利于顺利分娩。

3 胎宝宝在母腹时能收到良性的信息刺激，对大脑和良好性格形成有益。

在冥想中体会孕育

用舒适的方式坐或站着，闭上眼睛，感受一下身体中的小生命，细细体会，从得知怀孕到现在，那些令你激动和难忘的瞬间，一定让你感动。

最初，多少次你难以置信地看着两道红杠杠，不可思议地自问：“我真的要做妈妈了吗？”还是那样小的胎宝宝用他的方式回应了你：“妈妈，我在这里，你感觉到了吗？”

你们有缘，你做了他的母亲，而他成为了你的孩子。虽然他还没有出生，但是你已经开始关心他的长相了，不是吗？你是否希望他有妈妈的肤质，有爸爸的眉毛，遗传妈妈的长腿，继承爸爸的大眼睛，最好还能有洗发水模特那样的发质。

你的肚子稍微隆起了一点，腹中那个小生命越发真实。你似乎已经习惯了当母亲，但当你和准爸爸进行第一次产检时，听到那“咚咚”的胎心音，你还是忍不住眼泪盈眶。以后的日子里，数着宝宝的心跳声，你却怎么也不感觉腻烦，反而一天天更加期盼。那种幸福感，即便多年以后，你也许仍然会记忆犹新。

第一次检测到“二道杠”的感受：

第一次听到宝宝心跳声的感受：

第一次看到B超照片的感受：

第一次跟宝宝说的话：

第75天

智趣馆：亲手做一串宝宝生肖的幸运手链

中国人喜欢用中国结手链，寓意好运和团结，手链也常常与生肖结合，来表达对戴手链的人的祝福。这里介绍一种非常简单的手链编法，你可以参考，给宝宝编一条生肖幸运手链，表达你对他的祝福。

需要准备的材料

编手链的细绳一根，可挂在手链上的相应生肖一个（编织时随意穿到绳子上就可以了）。

幸运手链的编法

1 红绳对折，在有两个线头的一端编一个纽扣结，然后搓成麻花状，将纽扣结嵌入另一端的圆环里。

2 纽扣结的编织方法为：

将线如图穿绕，箭头处用左手捏住。

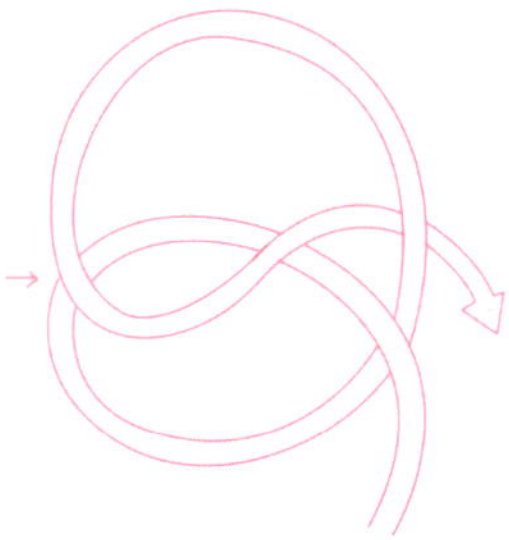

用一压一穿的次序，穿过上一步中的中心圆点处。

再将线头穿入中央的洞中。

将右边的线如图中白线所示穿入中央的洞中，拉紧箭头所示部分。

抽紧头、尾的线后，调整纽扣结的形状，将线头藏到结体里。

范大夫连线

虽然你做的手链是给宝宝戴的，但一定要多点等待的耐心，不要在宝宝出生的最初几个月就戴上，因为新生宝宝皮肤娇嫩，又对什么都好奇，很可能去撕扯手链。

第76~77天

准爸加油站：与准妈妈一起用各国语言说“我爱你”

什么是最好的胎教？最好的胎教莫过于用你的真心对爱人和宝宝表达：我爱你。

“我爱你”的各种语言表达法

汉语	我爱你
英语	I love you
法语	Je t`aime (汉语发音近似：杰天嘛)
德语	Ich liebe dich (汉语发音近似：衣西里拔弟兮)
日本	あいしてる (汉语发音近似：阿依兮带路)
俄罗斯	Ялюблю тебя (汉语发音近似：亚六布六介别亚)
西班牙	Te amo (汉语发音近似：得阿摸)
意大利语	Ti amo (汉语发音近似：提阿么)

范大夫连线

如果你在和准爸爸进行游戏时感觉头有点痛，甚至头晕体虚，身体轻飘飘的，不妨试着躺下并把脚抬至高于头部的水平，能感觉好些，不要担心，这一般是进入孕中期前身体正常的反应。

小知识

不同国家的语言差异不小，但对“妈妈”这一称呼的发音却出人意料地相近。

最初，对于小宝宝来说，“mama”是他张嘴吐气后能发出的最简单的发音而已，并不具备母亲的含义。宝宝无意识地发出“ma”这个音，妈妈听到后却认为这是宝宝在叫自己，并对此做出反应，如抱起宝宝或者给宝宝喂奶等，于是久而久之，“mama”这个发音对宝宝来说就代表着乳汁和温暖，当他饥饿、害怕、疲劳的时候，就会叫“mama”。

孕12周

第78~79天

小脸蛋上的器官已经全部就位啦

像一个微雕小宝宝

胎宝宝现在仍然很小，甚至还不如成人手掌大，但是从牙胚到指甲，他已发育俱全，身体的雏形已经构造完成。尤其是胎宝宝的面部，五官的位置比以前更接近成人了，整体看上去，就像一个微雕的小宝宝，漂亮极了。

这部小小的“人体机器”正在欢快地运转着。脾脏已经开始造血，肝脏也开始分泌胆汁。胎宝宝还有了完整的甲状腺和胰腺，不过它们还不具备完整的功能。这两个腺体的形成对胎宝宝来说意义非凡，甲状腺可分泌甲状腺素，甲状腺素是维持人体代谢的基础物质，而胰腺分泌胰液和胰岛素，帮助消化，并调节全身生理机能，都是非常重要的。

胎宝宝现在还有了触感，所以，准妈妈或者准爸爸在爱抚还没怎么显怀的肚子时，住在里边的小宝宝有可能也感受到了。不过，准妈妈目前还感受不到胎动。

胎宝宝有话说

妈妈向亲戚朋友们宣布怀孕的消息后，收到了好多好多善意的嘱咐，要妈妈多吃点好的，想吃什么就吃，爸爸和奶奶也都在想方设法让妈妈大补特补。

我不得不在子宫里抗议下了，妈妈，其实我对营养的需要也是在一定限度内的，当现有的营养刚好可以满足我的需要时，我就能够成长得很好，如果过多就会造成营养过剩。

我可不想成为营养过剩的巨大宝宝，增加妈妈难产的风险，所以妈妈一定要注意控制体重哦。

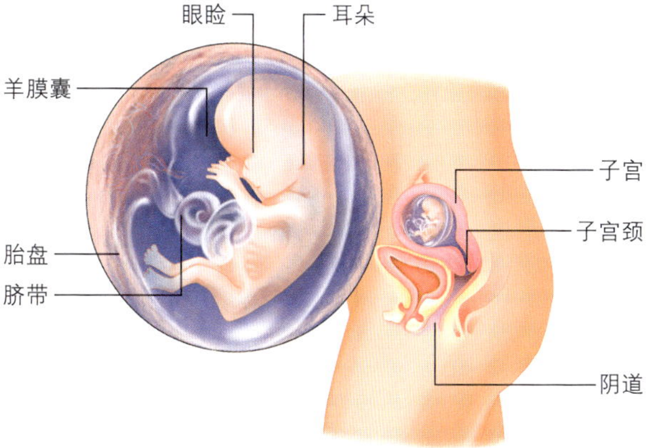

第80天

知识库：不妨试试用食物来调节情绪

人的情绪与营养摄入有某种关系，如果你常常感到情绪紧张、闷闷不乐或痛苦不堪，或许可以试试用食物来调节。

愤怒时

瓜子	富含可以消除火气的B族维生素和镁，还能够令你血糖平稳，有助于平静心情。
玫瑰花	泡茶时放入几朵玫瑰花，饮之即可顺气，也可以单独泡玫瑰花饮用。
莲藕	藕能通气，并能健脾胃、养心安神，亦属顺气佳品。
萝卜	萝卜最好生吃，有胃病的人可饮用萝卜汤。
鱼	鱼肉中的脂肪酸和维生素B_{12}会帮你赶走消极情绪，特别是鲑鱼、沙丁鱼和鲭鱼。

悲伤时

鸡汤	缺乏色氨酸是诱发抑郁悲伤的重要原因，浓浓的鸡汤含有多种游离氨基酸，能提高大脑中的多巴胺和肾上腺素，使人体充满活力和激情，克服悲观厌世的情绪。其他富含色氨酸的食物有花豆、黑大豆、南瓜子仁、鱼等。

焦虑时

燕麦	燕麦富含维生素B，而维生素B有助于平衡中枢神经系统，使你慢慢平静下来。

平日应吃些清淡的并且含有胆碱的食物（如大豆、鸡蛋、大米、面粉），以及富含烟酸的食物（如花生、面包、番茄等），这是因为胆碱和烟酸结合可形成乙酰胆碱，有利于缓解焦虑不安的情绪。

多疑时

绿茶	绿茶可以放松人的心情，使精神处于轻松愉悦的状态。
蔬菜	蔬菜中的钾有助于镇静神经、安定情绪。

犯懒时

豆腐	豆腐里面含丰富的蛋白质，会提高人的警觉水平，并增强行事的动机，使人处于比较主动的情绪之中。

躁动、注意力不集中时

鸡蛋	鸡蛋富含胆碱，胆碱是B族维生素复合体的一种，有助于提高记忆力，使注意力更加集中。

第81天

心体验：梦幻音乐《摇篮曲》，胎宝宝很爱听

《摇篮曲》原是一首通俗歌曲，作于1868年。相传是勃拉姆斯为祝贺法柏夫人第2个儿子的出生而作的。法柏夫人是维也纳著名的歌唱家，1859年勃拉姆斯在汉堡时，曾被她优美的歌声感动，从而与她建立了深厚的友谊，后来就利用她喜欢的圆舞曲的曲调作为伴奏，作成了这首平易近人、感情真挚的《摇篮曲》送给她。

《摇篮曲》中文歌词

（许地山 译词）

快安睡，小宝贝，夜幕已低垂，床头布满玫瑰，陪伴你入睡。

小宝贝，小宝贝，歌声催你入睡。小宝贝，小宝贝，歌声催你入睡。

快安睡，小宝贝，你甜蜜地睡，月光洒满大地，微风轻轻吹。

小宝贝，小宝贝，歌声催你入睡。小宝贝，小宝贝，歌声催你入睡。

睡前给胎宝宝听一听《摇篮曲》

勃拉姆斯的《摇篮曲》节奏舒缓，曲调恬静而悠扬，带来的将是宁静与闲适，仿佛是母亲在轻拍着宝宝入睡，深切表现了母亲温柔慈爱的内心情感，让你和胎宝宝在与旋律一同摇摆的过程中，享受着梦境般的美好。

这首《摇篮曲》特别适合伴随着你和胎宝宝进入甜美的梦乡，因此在晚上临睡前听一听非常不错哦。听的时候不妨慢慢闭上眼睛，想象自己正在轻轻摇着睡梦中的宝宝。

或者你可以在午睡或夜晚睡觉前轻轻哼唱《摇篮曲》，你富有感情的声音就像对着尚未谋面的可爱的宝宝，倾诉一番母爱柔情，那恬静、优美的旋律将很快在你和胎宝宝的身心周围弥漫开来，你所发出的每一个音调都如同一个爱的天使，在你和胎宝宝之间传递着满满的爱的讯息。

约翰奈斯·勃拉姆斯（1833-1897），德国作曲家，被视为19世纪浪漫主义音乐时期的“复古者”。代表作品有“四部交响曲”、《A小调小提琴和大提琴协奏曲》《D大调小提琴协奏曲》《匈牙利舞曲》《学院节日序曲》等。

第82天

智趣馆：动手做一本宝宝纪念册

DIY的过程是让精彩回忆再现的过程，伴随着你的创意和心情，那些已经走过的美好时光，得以在DIY过程中被一次一次地定格，重新温暖心怀。

一本宝宝纪念册不需要很繁杂的工序，或者简单点说，就好比是你小时候玩过的剪贴本，你将喜欢的图片贴到中意的地方，通常你还会乐意将自己的心情文字散落在上面，既自由，又独特。

给宝宝的纪念册不必等到他出生，不妨从现在就开始为他记录：他第一次胎动时拍下的照片，你们一起玩游戏时的照片，你与他说话时的照片，还有那些你怎么说也说不完的温馨絮语，用照片书的形式呈现出来吧，当你积攒了厚厚一叠时，该是多么幸福的事情啊。

宝宝纪念册的材料

挑一本你喜欢的活页本（大一点小一点都没有关系，能放下你洗的照片就可以了），尽量选择纸张略厚的，容易翻看。

剪刀、胶水、笔（如果你对颜色很喜欢，不妨使用彩色笔）。

宝宝纪念册做法

1 冲印出喜欢的照片。

2 将照片贴到本子上，在上面写下你的心情文字。

范大夫连线

不少准妈妈心灵手巧，打算自己来做相册，这当然更有意义，但是千万不要让自己太累，如果工程实在太大，就让准爸爸也参与进来，健康与手工双赢才是最有效的。

第83~84天

准爸加油站：制作专属于准妈妈的胎教音乐CD

你也许会难以置信：胎宝宝很快就能听得到外界的声音了。

怀孕4~6个月的时候，胎宝宝的听力逐渐形成，准妈妈的心跳声、肠鸣声，他听得很真切，外界的声音也透过子宫传进来，若隐若现，让他对世界充满了好奇。

如果经常给胎宝宝播放舒缓、优美的音乐，会给他留下美好的记忆，并把这种好印象深深刻在脑海里，大多数受过音乐熏陶的胎宝宝出生后会喜欢听音乐。

音乐的神奇之处还在于，当人们听自己喜欢的音乐时，都会激起内心的幻想，从而让心灵得到安慰或愉悦，所以听音乐会让准妈妈心旷神怡，进而促进胎宝宝大脑发育。

音乐是胎教必不可少的一部分，如果能收集一些喜欢又好听的胎教音乐，将它们集中到一张CD或U盘上，在播放时将会十分方便。你不妨花点小心思，制作这样一份礼物，给准妈妈一个惊喜。

什么样的音乐适合做胎教音乐

一般来说，优美抒情的中国民乐、西方古典乐如《摇篮曲》或《圆舞曲》等，对母子身心健康都是有益的。经典胎教音乐经过了时间和历代人的考验，一般都是比较适合的，下列推荐曲目你可以参考：

1	爱之梦
2	春江花月夜
3	渔樵问答
4	摇篮曲
5	小星星变奏曲
6	天鹅湖
7	四季
8	小狗圆舞曲
9	快乐的农夫
10	雨滴
11	牧歌
12	渔舟唱晚
13	G大调小步舞曲
14	月光
15	童年的回忆

此外，每个人都有各自不同的喜好，你可以留心将收集的音乐找机会放给准妈妈听，观察她是否喜欢，如果不喜欢，就不要入选了。

但如果准妈妈倾向于听歌词复杂、曲调时而低沉时而高亢甚至近乎嘶吼的音乐，也要谨慎选择。因为相比这样的音乐，胎宝宝更喜欢单纯、优美的旋律。

范玲指导
每天10分钟
快乐胎教

孕4月

将生活中的感动带给胎宝宝

胎心音变得很有力了

听

扑通扑通扑通……

那么有节奏，那么有力量

就像一列快速前进的小火车

那么真实，那么鲜活

这让妈妈的心变得格外柔软

亲爱的小宝贝

因为你的到来，世界格外美妙

本月胎教要点

准妈妈的身体变化

进入舒适的孕中期

随着体内的激素分泌量下降并趋于平稳，你进入了最美好的怀孕阶段——孕中期。对于饱受孕吐、恶心折磨的你来说，这绝对是个福音。

早孕反应到本月之后大多消失了。你的食欲明显好转，即使早孕反应没有消失，你也会发现它大大减轻了。记住，保持良好的心境有助于减轻早孕反应。

体重上升，能看出孕相了

不少准妈妈的体重现在开始明显上升，身材开始变得丰满，腰围也有所增加。大部分的准妈妈可能都开始关注起体重问题：长多少合适？降低了是否正常？

这一时期，你的乳房继续增大，而且形状也有所改变——乳房的下端向两侧扩张。

随着子宫的继续膨大，大多数准妈妈的肚子都有些“显山露水”了，眼尖的人估计可以隐约猜出准妈妈有身孕了。

现在胎宝宝也基本稳定了，流产的概率大大降低，找个恰当的时机跟大家分享一下好消息吧。

日渐容光焕发

随着体内血容量的增加，血液循环速度的加快，加上本身体温比普通人略高，准妈妈现在的皮肤看起来显得红润许多，再加上早孕反应的逐渐减轻，准妈妈整体看起来越来越容光焕发。不过，由于激素的影响，皮肤色素沉着可能更多，肤色原本就比较黑的准妈妈，可能会看起来更黑了。等到分娩之后，沉积的色素才会逐渐褪去。孕期不建议准妈妈使用美白护肤品，而建议使用纯天然的护肤品。美白护肤品中可能含铅等对人体有害的物质。爱美的准妈妈还可以尝试自己用新鲜果蔬来制作天然面膜美白皮肤。

由于怀孕后体温会比普通人高1摄氏度左右，所以准妈妈可能会经常觉得热，出汗也多，建议尽量穿透气、吸汗的棉质衣服，并勤换洗衣服，让自己更舒适。尤其是内裤，要勤换勤洗，以免因为阴道分泌物增加而让自己难受。

范大夫连线

从本月开始，每个月要前往医院做1次产检。16~18周是做唐氏儿筛查的最佳时间。

专家的胎教提醒

进入孕中期，胎宝宝的神经系统、感觉系统、听觉系统开始发达，细部肌肉对外界刺激会形成特定的反应，例如他不高兴时会咧嘴，紧张时会握紧自己的拳头，听音乐的时候他还会摇摆自己的脑袋。

让你和老公的声音训练胎宝宝的听力

这个时期，胎宝宝能听到和分辨各种不同的声音，并进行“学习”，因此，语言胎教应当成为每天胎教内容的重点。

你可以多与胎宝宝对话，经常唱一些轻柔的歌曲给他听，如果擅长讲故事，那么不妨多给胎宝宝讲几个好听的故事，这些努力将会带给胎宝宝良好的刺激，你和老公的声音将会成为他良好的听力启蒙。

让听音乐成为一种习惯

选择几首你和胎宝宝都喜欢的乐曲，曲目要固定，每天听一段时间。天天听会对乐曲有熟悉的感觉，形成习惯后，乐曲能在胎宝宝的头脑中留下比较深的印象，可以起到促进胎宝宝大脑和智力发展的作用。因此，现在给胎宝宝听音乐可以有目的性，让听音乐成为一种习惯。

每时每刻都在进行的情绪胎教

你的情绪会陪伴胎宝宝直到他出生，胎宝宝的感知能力越来越敏锐，你良好的情绪能让他觉得安全，而不安的情绪会使他躁动不安，因此，你要保持一颗愉悦平和的心。

运动胎教可慢慢增多

到了第四个月，胎宝宝比较稳定了，你可以适当多做些运动，加大运动量，一些容易操作的家务活，比如洗碗、扫地等都可以量力而为。另外像孕期体操、孕期瑜伽、散步等运动也是这一时期不错的选择。

范大夫连线

如果你还没有准备穿孕妇装，不妨先穿一些过渡性的衣服，像宽松的毛衣、T恤及伸缩性好的护腿等，那些不限制活动或不会阻碍血液循环的衣服都会让你更舒服。

孕13周

第85~86天

胎盘和脐带发育完成

形成独一无二的指纹

在本周之前，胎宝宝一直是耷拉着脑袋的，因为脖子还没发育到足以支撑起头部。这种状况将在本阶段得到改善，现在他的脖子已经发育到足以支撑起头部了。胎宝宝长在头部两侧的眼睛逐渐向面部正前方移动，耳朵也逐渐向正常位置移动，面部五官更加集中了。

另外，胎宝宝的牙槽内在本周开始出现乳牙牙体，声带也开始形成。还有一个胎宝宝重要的身份识别信息也开始形成了，这就是手指和脚趾纹印，这是独一无二的，在宝宝出生后，脚纹将被印在出生记录单上作为证明。

令人高兴的是，随着胎宝宝器官和机体的发育成形，流产的概率大大降低。

范大夫连线

进入相对稳定的孕中期，流产的可能性大大减少，你可以适当锻炼，这对胎宝宝的生长很有利。

胎宝宝有话说

这个月，妈妈的胃口开始好起来了。妈妈一定很好奇我在子宫的伙食怎么样吧？呃，说实话，我是尝不到什么滋味的，即使我长出了舌头也一样，因为我的所有营养都是通过脐带传送来的。

在这里点菜很方便，但是也有风险，因为我把所有的食物都交给妈妈来掌管了，所以，如果妈妈爱我，一定要把自己的小零食改成有营养的食物哦。比如薯片、椒盐脆饼干、辣椒酱、炸鸡等等，就尽量少吃，可以换成烧土豆、苏打饼干之类的。

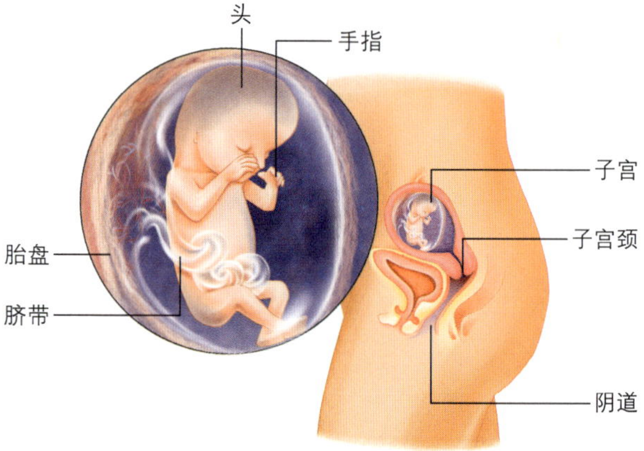

第87天

知识库：随时随地进行的对话胎教

进行过对话胎教的宝宝，出生后情绪稳定，视听能力强，容易安抚。如果你怀孕时多开口，并将这种有益的教育延续到出生之后，将来宝宝在语言、认知、情绪和行为能力等方面都将更为出色。

试着讲述你一天的生活

人们都有这样的生活经验，平时说起话来是妙语连珠或深情款款，可一到了某些场合需要表现时，反倒说不好了，你是否也遇到这样的情况了呢？

▶ 早晨起床后，也跟腹中的小宝宝道一声早安吧！

其实，你与胎宝宝的谈话是很私人的，不是比赛也不需担忧哪些话该说与不该说，胎宝宝就像一个忠实的倾听者，他喜欢你，模仿你，渴望听到你的声音，所以不妨随时跟他说点什么，生活中琐琐碎碎的大小事情，都尝试着用语言表达出来。

早晨起床后，你的第一句话可以是："早上好！我最可爱的小宝宝，让我们一起共同度过这美好的一天吧！"打开窗户时说："啊，太阳升起来了，阳光洒满大地，今天的天气多么晴朗啊。"同时描述太阳的味道、气温的高低、风力的大小等。

洗脸刷牙时，可以讲解如何刷牙护齿，如何梳妆打扮，为什么早晨要喝一杯温开水，早晨散步的益处，早餐的营养学知识。

饭后道别上班，说一说路上的汽车、自行车、行人、动物和鸟的形态，表现季节的树木繁花，橱窗陈列的各种商品，公园里嬉戏的孩子们等。

另外，在你做家务活时，也可以巧妙地与对话胎教结合，一边做家务一边与胎宝宝说话，能够大大减轻做家务时的孤单枯燥感，又能不失时机地进行胎教，益处多多。

第88天

心体验：《借物小人阿莉埃蒂》，勇敢去沟通

有一些故事，它不复杂，也无悬念，却能穿过你的眼球、耳朵，深深地让疲乏的内心生出感动，让你进入到恬静的感觉之中，那些简单真挚对话后的余音、清新的画面、悠扬的音乐，仿佛时间静止。

电影《借物小人阿莉埃蒂》：勇敢与生命力

故事里，身高只有一支铅笔那样长的少女阿莉埃蒂，与她的小人家族，在日常生活中必须跟老鼠作战，还必须要躲过杀虫剂和捕蟑屋等各种不同的危险，小人家族要通过种种努力，才能获得生存或者更好的生活。

他们必须“借用”许多人类的日用品来生活，又不能被人类发现他们的存在。一天，一个在乡间老宅中休养的小男孩翔发现了阿莉埃蒂，他们成为了朋友，好心的翔为小人族提供帮助，但被管家发现了，管家想尽办法对付小人族，不得已，小人族必须逃离现在的家，移居到野外展开新生活。

翔帮助了阿莉埃蒂，赢得了信任，也找到了自己的慰藉，阿莉埃蒂对这位人类大哥哥无限感激，最终，小人族一家勇敢地走上了去往新家园的路。

将这部电影推荐给你，你可能从中获得许多感悟，除了勇敢与沟通，还有父亲的鼓励、母亲的呵护、大哥哥的信赖，有喜欢你和你喜欢的人……

范大夫连线

这个世界里，有许许多多让你心生贪念的事物，但并不样样都适合纳入囊中，也并非所有的都属于你。保持平常心，不管是否善意的，都不要去触碰它，静静地看着或听着，感受它给我们的温暖和希望吧。

第89天

智趣馆：加点小创意，便装变美丽准妈妈装

俗话说“瞒三不瞒四”，你的身材很快就要显露出来了，怀孕前的普通衣服会穿不下，需要准备漂亮得体的孕妇装。但孕妇装几乎是一次性的产品，你一生可能只有这个阶段会用到，所以自己动手改造便装是最好不过的了，既省钱又趣味多多。

巧用准爸爸的衣服

准爸爸那些宽大的衣服，以及你自己那些xxl或者xxxl的衣服，不要将它们尘封在衣橱里了，试着发挥你的创意将它们改造成孕妇装吧。

如果是你自己的宽大衣服，可以不用大动，在肚子合适的时候穿就可以了，如果觉得款式有点旧，可以和马甲、围巾等配饰搭配出时尚的感觉。

如果是准爸爸的大衣服，你可以发挥点小创意加以改造，比如：准爸爸秋天穿的长袖绒衫，你可以比照自己的肩宽和袖长，剪掉多余的布料，再用小女人味的泡泡袖方法缝上，多余的布料还可以用来在腰间制作一条松紧带，或者是在领口、袖口缝制几个精致小巧的蝴蝶结，还可以缝制两个实用的大口袋，或者在袖口和底边缝上一条花边等等。

合理利用夏天的衣服

孕妇装都比较简单，宽松合体即可，用夏天的旧裙子能很容易改成孕妇装。可以用颜色搭配和谐的两条裙子拼接起来，设置一条系带，这样可以根据腰围的变化来调整。

上班服装巧搭配

即使怀孕了，作为上班族，也不宜衣着太随便，而应在兼顾舒适的同时，让自己看起来仍然像以前一样精干利落。

上班服装可以选择容易搭配的单件上衣、衬衫，以及不可或缺的背心裙，通过多种搭配来实现视觉上的变化。赶上一些较正式的场合，只需一件较有质感的宽松长裙，再搭配一条项链或披肩就可以了。

过高的高跟鞋建议不要再穿了，较矮的中跟鞋可以穿，但一定要确保鞋子舒适透气、不会累脚。建议准妈妈上下班途中穿平底鞋，到上班的地方再更换其他带跟的鞋子。

范大夫连线

平时你可以收集一些蕾丝、雪纺、薄纱等布料，在DIY时经常用得到，当你完成作品后，可以用这些布料来镶边或美化。

第90~91天

准爸加油站：给准妈妈准备营养早餐、工作餐

如果准妈妈还在继续上班，你不要吝啬自己的爱心，帮她准备一份营养的早餐和工作午餐吧，好营养和爱心胎教都是胎宝宝不可或缺的重要部分。

营养早餐要点

1 热稀饭、热燕麦片、热奶、热豆花、热面汤等食物，都可以起到温胃、养胃的作用，若是在寒冷的冬季，这点尤为重要。但要注意每顿必吃油条、油饼的习惯很不好，应改掉。

2 准妈妈每天应该摄取足量的钙。奶、豆制品可提供丰富的钙，除牛奶外，酸奶也富含钙，同时也有助于胃肠道健康。蛋类可提供丰富的铁质、蛋白质。

3 除了酸性水果如山楂等，各种水果都可以吃一点。水果中富含维生素、叶酸和大量的食物纤维，可以帮助准妈妈保持体力，防止因缺水造成的疲劳。

4 瘦肉富含铁，并且易于被人体吸收，怀孕时孕妇血液总量会增加，多吃含铁食物可保证营养通过血液供给胎宝宝。

一日早餐推荐：牛奶或豆浆1杯、馒头或面包2片或瘦肉粥1碗、鸡蛋1个、少量蔬果。

营养工作餐要点

1 远离油炸食物，尤其是回锅油类制品。

2 少吃味重食物，制作过程应控制盐、辣椒的量，否则容易加重水肿。

3 饭后吃个水果，你可以给准妈妈清洗1~2个水果，用保鲜碗或保鲜膜包好后，与餐盒一起装入便携袋中，带到单位去吃。

4 带上一袋牛奶或酸奶，补充钙质。

5 带上一些面包，饿了随时吃一点，补充早餐、午餐的不足。

一日工作餐推荐：话梅蒸肉+菠萝炒木耳+米饭

话梅蒸肉

材料：里脊肉100克，腌渍话梅50克。

调料：糖少许

做法：1.里脊肉切片，话梅去核切碎。

2.肉片排在盘中，撒上梅肉和梅汁，淋上水，上笼蒸15分钟即可。

菠萝炒木耳

材料：菠萝50克，木耳50克，面块100克，姜丝10克。

调味料：盐适量，糖少许

做法：1.菠萝切片，木耳用手撕成片状即可，面块切成圆形。

2.用油爆香姜丝，加入菠萝、木耳、面块略炒，调味并用少许水略烧即可。

孕14周

第92~93天

Hello！精致的小人儿

可以看出胎宝宝性别了

从这一周开始，胎宝宝身体的生长速度超过头部，头重脚轻的状况将得到很大改善，身体外观的比例将逐渐协调。支撑小脑袋的脖子也比以前更加伸展，胎宝宝甚至有力气抬起头来了。小小的脸蛋有时还会出现皱眉、斜眼等可爱的动作。

骨骼在继续发育，软骨开始形成。四肢的生长速度出现了分化，胳膊的生长速度超过腿部，而且灵活性也优于腿部，会时不时挥动胳膊，并做出抓或握的动作，还会把手放入嘴里吮吸。胃内消化腺和口腔内唾液腺形成，内脏的功能在不断完善。

还有一个很重要的变化，就是从外观上看，胎宝宝的外生殖器已经完全能够区分性别了。此时通过B超已经可以看出宝宝是男是女了。

范大夫连线

许多口腔疾病都容易在妊娠期发生或加重，一方面是因为身体变化，另一方面跟你不停地吃东西也有关。

胎宝宝有话说

无论生活中遇到什么事情，我都希望妈妈微笑着去面对，始终保持开朗、乐观的心情。妈妈会发现，因为有我，生活中多了很多值得开心的事情，也很少有事情是真的值得伤心难过的。

妈妈愉悦的情绪可促使大脑皮层兴奋，使血压、脉搏、呼吸、消化液的分泌均处于平稳、协调状态，有利于身心健康，同时还有利于改善胎盘供血量，促进我的健康发育。

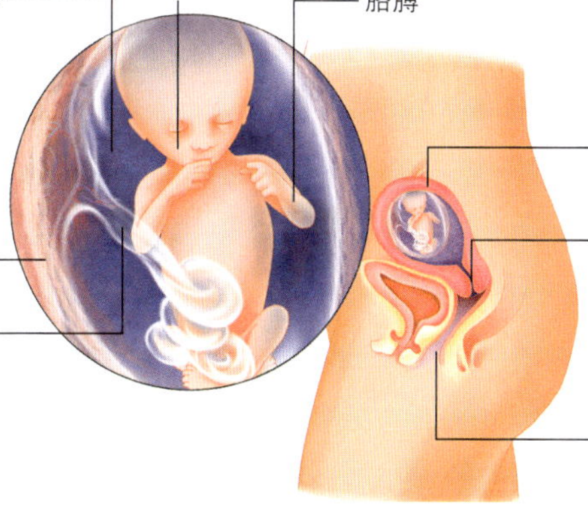

第94天

知识库：解读“胎梦”，不要对不好的梦境耿耿于怀

你一定也或多或少地对胎梦产生过疑问吧？也许以前你做过的梦都记不大清，但怀孕后做的梦却记得格外清晰，你的长辈们也许直到现在都还清楚地记得当年怀孕时的梦。这是为什么呢？

胎梦是准妈妈的心理释放

其实，胎梦也是准妈妈自然而然做出来的梦，只是正处于怀孕之时，准妈妈的注意力大多容易集中在胎宝宝身上，所以对梦境格外敏感，也记得更清楚，再加上孕期身体和心理上的变化，做梦可能较常人要频繁。

胎梦就是你的心理释放之地。胎梦中之事，大多反映了你一些需要考虑或关注的事情，比如梦见自己不能喂宝宝，很可能反映了你担心自己不知道怎样照顾刚出生的孩子。

与自己的梦做沟通

你可以根据梦中的意象，结合平时的生活，审视自己的所思所想，主动而客观地去与自己的梦沟通：

1. 将孕期所做胎梦用文字记录下来。
2. 同时记下梦里的感觉或情绪。
3. 凭自己的感受展开自由联想与象征隐喻。
4. 回想并写下做梦前可能的相关生活细节。
5. 将梦、感觉、梦境隐喻、自由联想的结果与生活脉络相对应。

不妨把梦当作解读自己内心世界的一个机会，一旦认识到自己的担心，通常就能坦然地去面对它们了。

向别人说出你的梦

如果相较于自省，你更喜欢与人分享和交流，不妨将你的梦讲给家人或好朋友听，将自己的担忧说出来，还可以请医生分析一下梦境。朋友或专家的意见可能会让你有别有洞天、豁然开朗的感觉，那些不好的梦境会减少甚至消失。

如果是有趣的梦境，不妨细心地写下来，以后可以说给宝宝听，也是自己孕期的美好回忆。

范大夫连线

好梦才能好“孕”，如果你出现梦多、做噩梦的情况，白天精神不佳，并且因为梦境而产生心理负担，说明你的身心不够放松。充实一下自己，找医生进行分析，尽快放下心中的疑虑。

第95天

心体验：欣赏名画《维纳斯与小爱神》

心体验

这幅幽静的画是法国杰出的风景画家让·巴蒂斯特·卡米耶·柯罗（1796-1875）所作。画面中，一片黄褐色的林子展现在眼前，林子的远处，有灿烂的阳光，仿佛是晨间，又像是黄昏，宁静而富有诗意。林子近处，一个孩子试图抢回仙女手中高举的小弓箭，看来这个孩子很调皮呢，不然娴静的仙女怎么会逗弄他，将他的小弓箭举得那么高呢？画面没有浓墨重彩的渲染，但细节之真，人物情节之趣，都跃然纸上，这与画家热爱大自然、善于观察、悉心领会大自然一丝一毫的变化不无关系。

小知识

画中长着翅膀的小男孩名叫丘比特，也就是画名中的小爱神，被人们喻为爱情的象征，他的箭一旦插入青年男女的心，便会使他们深深相爱。相传他是一个顽皮的、身上长着翅膀的小神，在奥林匹斯山的众神中，最叫人无可奈何。据说丘比特射箭时眼睛是蒙起来的，因此人们把相爱说成是缘分。

第96天

智趣馆：培养耐心的迷宫游戏

这个迷宫是不是让你看花了眼呢？迷宫是一个很古老的游戏，最早来源于实际需要。为了防止珠宝被盗，人们将藏珠宝的地方建成迷宫的结构，后来人们将它移植到纸上，成为了一种纸上游戏。玩迷宫游戏可以提高专注力，加强耐心和毅力。

爱心迷宫

爱神丘比特射出了一支箭，它要穿过迷宫，最终射向那颗爱心哦，请你和胎宝宝帮它找出一条畅通的路，让爱之箭顺利射中爱心。

范大夫连线

迷宫游戏对锻炼空间智能非常有好处，在孕期应多玩一玩，宝宝出生后也可以将孕期玩过的迷宫游戏拿给他看，大一点时试着让他自己玩。如果你喜欢围棋，不要放弃，花点时间去下，这个游戏在锻炼耐力和脑力上有很大的优势。

第97~98天

准爸加油站：改变家居，为准妈妈营造好心境

怀孕之后，准妈妈的心情变得非常重要，居室环境与她的心情直接相关，你要多留心，看看准妈妈喜欢什么样的细节，稍做改变，这会令她心情更好。

装饰品

家居的装饰、色彩选择，你可以参考准妈妈的性格、生活习惯、爱好。不妨在墙上挂几幅赏心悦目的山水、风光、人物等美术作品的图片，如达·芬奇的《蒙娜丽莎》，又如安格尔的《泉》、莱顿的《仙女波赛克之沐浴》等世界级名画，让准妈妈在感受艺术气息的同时，还能在潜移默化中进行胎教。

在孕育宝宝的时候，准妈妈经常会想象宝宝的模样。因此，在家里挂一些可爱漂亮的宝宝图片，也会使准妈妈心情变得愉悦。

▶ 清新的色彩和环境会让准妈妈身心更加舒畅。

清新、整洁

清新、整洁的环境可以使人心情舒畅，如果家里的东西杂乱无章，容易使准妈妈心烦意乱，因此，要保持家居环境的井然有序。

准妈妈的身体会越来越笨重，因此，尽量选择一些圆滑的家具，这样可以避免碰伤腹部。建议你在卫生间或厨房门口铺上防滑地垫，这样能有效避免摔倒事故的发生。

打造绿色环境

绿色植物是生命的象征，孕育生命的过程中，用它们来点缀十分应景，能让心情恬静安宁。而且很多绿色植物还具有去除有害物质的功效：芦荟、虎皮兰、吊兰，它们可去除甲醛等有害物质，绿萝之类的藤蔓植物，也具有此功效。

范大夫连线

家里可以经常放一些优雅的音乐，好的音乐不仅能够消除疲劳感，还能和景物相呼应，让人感觉赏心悦目，心境自然也会变得平和起来。

孕15周

第99~100天

味蕾发育，胎宝宝能够品尝味道了

学会了打嗝

胎宝宝的身上开始长出细细的毛发了，头发和眉毛也零零星星地开始生长。脑袋与身体的比例逐渐向正常值靠拢。不过脑门还是大大的。两只眼睛上的眼皮已经完全盖住了眼球，如果遇到明显的光线刺激，可能会微微眨动眼皮或者将脑袋转开。小胎宝宝的腿部也将超过胳膊的长度，整个身体变得更加协调。

吞吐羊水是胎宝宝喜欢的游戏，这样做可以促进胎宝宝肺部气囊的发育。最有趣的是，胎宝宝竟然学会了打嗝，这可真了不起，胎宝宝在为学习呼吸做准备呢！由于各主要关节都发育完成，胎宝宝的动作更协调了。

在内部，稚嫩的内脏们有条不紊地训练着自身的功能，为将来的出生做准备。保护内脏的腹壁也增厚了，有了一定的防御能力。

胎宝宝有话说

我现在能够辨识味道了哦，而且这也成为我适应宫内环境的能力之一，我会津津有味地“品尝”羊水，并辨别出味道，从而决定吞咽与否，或吞咽多少。

悄悄告诉妈妈吧，我对甜味和苦味的反应会比较迅速。

等我出生的时候，妈妈或许会发现我有个神奇的本领，那就是在吃奶时能闻出妈妈的气味，我不需要睁开眼睛，只要一接近妈妈就能辨别出来。

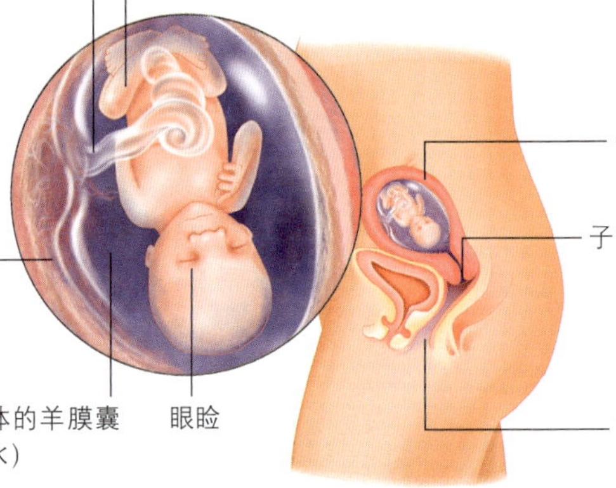

第101天

知识库：保持饮食好习惯，给胎宝宝做榜样

你一定要有这样的意识：准妈妈的饮食习惯很可能会影响将来的宝宝。如果你经常有偏食、挑食、对吃东西不感兴趣等不好的习惯，不要忽视它，试着改变，保持良好的饮食习惯，这会让你和宝宝受益终生。

三餐定时、定点、定量

定时

也许怀孕的你还在上班，但是不管多么忙碌，都应把吃饭的时间还给自己。最理想的吃饭时间为早餐7~8点，午餐12点左右，晚餐下午6~7点；用餐的时间最好控制在30~60分钟，进食的过程要从容，心情要愉快。

定点

如果你希望未来宝宝吃饭时能坐在餐桌旁专心进餐，那么准妈妈现在就要养成定点吃饭的习惯，用餐的时候最好能选择在一个气氛和谐温馨的地点，且尽量不被外界的干扰影响或打断。

定量

准妈妈可以适当少吃多餐，但绝不能把必要的三餐忽略或合并，也不要今天多吃一些，明天少吃一些。三餐分量要足够，摄入量可呈倒金字塔形——早餐丰富、午餐适中、晚餐量少。

多吃不同种类的食物

准妈妈要平衡膳食，尽量从食物中摄取身体所需的各种营养素，这并不是说吃得多就可以了，而是食物的种类要多。建议每天吃15种不同的食物，营养才充足。

不同的孕期应侧重不同的营养摄入

孕早期，胎宝宝较小，生长缓慢，需摄取的营养素不多。准妈妈只需在膳食中增加一些含矿物质和维生素较多的食物即可。

孕中期，胎宝宝发育明显加快，营养需要量也越来越多。准妈妈应多喝水，多吃粗粮、青菜、水果等含粗纤维多的食物。

到了孕晚期，胎宝宝肌肉、骨骼和大脑发育迅速，准妈妈需要补充一些含钙、蛋白质和维生素较丰富的食物，如鱼、肉、蛋、肝等食物。

范大夫连线

许多孩子都出现了这样的问题：零食不离手，吃起来没个消停，到了吃正餐的时候又没有胃口，纠正起来不知要费多少心力。你从现在起就要注意多吃原始食物，如五谷、青菜、新鲜水果等，烹调方式以保留原味为主，日后也要悉心教导宝宝，这样一定能事半功倍。

第102天

心体验：在腹式呼吸的起伏中感受胎宝宝

腹式呼吸法能刺激人体分泌微量的激素，使人心情愉快，你这种愉悦的心情也会使胎宝宝感觉很舒服，同时，还能为子宫传送更多的新鲜空气。在静静的呼吸中用心感受胎宝宝的存在吧，或许你已经能够感觉到他正在你的腹中调皮地动来动去。

腹式呼吸前的准备

首先要找一个空气清新又比较安静的地方，可以先把卧室的窗户打开通一下风，然后在床上或是在地板上进行。

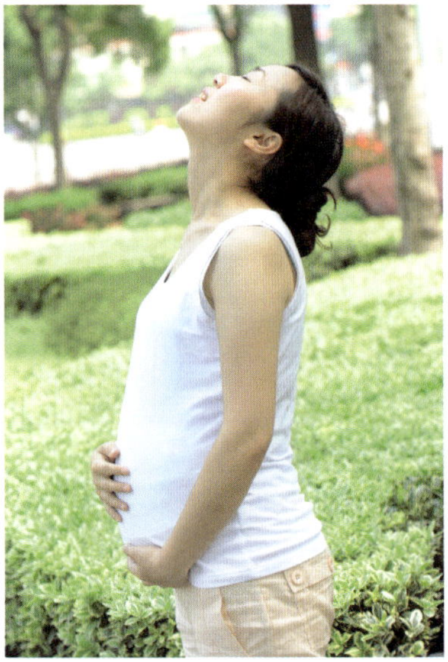

练习前，你可以轻轻地跟胎宝宝说："宝宝，妈妈马上要把新鲜的空气传送给你了哦，开不开心呢？好，那我们现在就开始吧。"

腹式呼吸法的步骤

1 挺直腰部，双腿自然盘坐，双手轻轻放于腹部，想象胎宝宝正居住在宽广的空间里。

2 吸气，慢慢地用鼻子吸气，直到腹部鼓起为止，让气流带动双手自然分开。

3 呼气，腹部向内收，将腹中的气全部吐出。

▶ 腹式呼吸法可以向子宫传送更多的新鲜空气。

呼吸后的结束活动

呼吸结束后，也别忘了跟胎宝宝交流一下呼吸的效果，你可以问问胎宝宝："宝宝，妈妈已经把新鲜空气传给你了，你感觉到了吗？"不要急忙起身，不妨先享受一下呼吸后的舒缓心情。

范大夫连线

腹式呼吸是一项对整个孕期都非常有益的运动，你要坚持练习。到孕晚期，胎宝宝的身体会将子宫完全占领，子宫的空间将会很狭窄，而此时你已经能够熟练进行腹式呼吸，它将帮助你获得大量新鲜空气，对保护胎宝宝能够起到很大的作用。

第103天

智趣馆：胎宝宝最喜爱的色彩

你在怀孕后，对色彩的反应会变得很敏感，你会发现自己尤其偏爱某些颜色，而讨厌另一些颜色，尤其表现为对淡绿、淡紫等颜色特别感兴趣。除了淡绿和淡紫外，你还比较偏爱淡蓝和雪青色，而不喜欢热烈、鲜亮的红色和明朗欢快、扩散性较强的黄色。

如果你看到某些颜色很喜欢，心情就会很好，愉悦的信号传达给胎宝宝，这个颜色也会是胎宝宝所喜欢的哦。

淡而暖的色调能令情绪稳定

你对色彩的偏好与其属性有很大关系，淡紫、淡绿、淡蓝等你偏爱的颜色光波弱、缓，较为温柔，对人的感觉器官没有多大刺激。这些颜色大多淡而暖，能使你感到安详、宁静，有助于休息，从而使你保持稳定的情绪，你体内的胎宝宝会更安然、健康地成长。

如果卧室是你实施胎教的主要地点，那你和准爸爸就可以通过布置卧室的色调，来调节你的心理状态，从而取得更好的胎教效果。淡而暖的色彩环境会很不错，应避免红色、黑色等刺激性较强的色彩。

缤纷的色彩胎教

看见不同颜色的物体时，向胎宝宝描述一下颜色，这种颜色能给人什么感觉，以及有什么形容此物的诗句等等，都可以给胎宝宝说一下。

欣赏画的时候，告诉胎宝宝一幅画里都用了什么颜色、什么颜色跟什么颜色搭配得好、哪两种颜色融合可以形成第三种颜色、这种颜色有什么特点等等。

范大夫连线

准爸爸的衣服颜色一般比较深，不过家居服可以选几件浅色的，像浅蓝、浅粉的T恤都可以，如果T恤上能有可爱的图案和花纹会更好，有喜感的衣服能让准妈妈笑口常开。

▶ 多数准妈妈喜欢淡雅、柔和的颜色。

▶ 浓烈刺激的颜色会让人感觉紧张而有压力。

第104~105天

准爸加油站：学做两道鲜榨果蔬汁，营养又通便

这段日子以来，因为胎宝宝，准妈妈一定戒掉了不少饮料，不再喝可乐，也不再买很多果汁类饮料，这是非常好的，要鼓励她继续坚持。如果她想喝一杯饮料了，那么你不妨动手给做一杯营养又舒心的果蔬汁，既暖心又健康。

胡萝卜橙汁

原料：橙子2个，胡萝卜1根。

做法：1.橙子去皮去籽，切成小块；胡萝卜洗净去皮，切成小块。

2.将橙子肉和胡萝卜一起放入榨汁机，榨出胡萝卜橙汁。

苹果草莓蔬菜汁

原料：草莓5颗，苹果1个，荠菜1块，香菜2根。

做法：1.苹果洗净，去皮、去核，切成小块；草莓洗净；荠菜、香菜分别洗净，切成2厘米的小段。

2.先将1杯纯净水倒入榨汁机中，再将所有材料放入榨汁机中榨成汁即可。

如果准妈妈的口感比较清淡，则可以放半杯凉开水一起榨汁，而如果喜欢甜一点，不妨放点蜂蜜，但最好不要放糖，以免消耗过多的维生素。

蔬果汁不仅营养丰富、润肠通便，而且鲜亮的汁液还能带给你无尽的温暖感，当看到你榨出来的这杯果汁时，准妈妈一定会很高兴的。

范大夫连线

新鲜果汁含有丰富维生素，若放置时间过久，会破坏维生素的效力，使得营养价值变低，因此要现打现喝，最好在20分钟内喝完。另外果汁也不宜喝太多，一次最好不要超过500毫升。

第106~107天

美妙！胎心音清晰可辨

胎宝宝有将近一巴掌大了

头部现在大约只占到胎宝宝整个身体的三分之一，胎宝宝的身体比例协调多了。到这个月底，胎宝宝能长到大约16厘米长了，接近于准妈妈的手掌大小了，体重也将增加到120克左右。小胳膊小腿也发育完全了，关节活动更灵活。神经系统也开始工作，肌肉对于来自脑的刺激有了反应，能够协调运动了。这些成长让小小的胎宝宝越来越好动，不时就会翻个筋斗或者踢蹬一下腿，不过，由于有羊水的缓冲，准妈妈目前大多还感受不到胎宝宝的动作。大约到孕5月后期，大部分准妈妈都可以感受到胎动了，别着急。

胎宝宝的循环系统几乎都进入了正常的工作状态，可以把尿排到羊水中，但羊水仍然是安全的，因为胎宝宝的尿液是干净无毒的，其中的代谢废物早已经随着准妈妈的循环系统排出体外，所以胎宝宝还是会把羊水吞咽下去练习呼吸。另外，胎宝宝的眼珠子开始慢慢转动，不过眼睛仍然不能睁开。

胎宝宝有话说

这一周，我的小心脏开始像钟表一样“滴答滴答”清脆整齐地跳动了，爸爸妈妈是不是特别兴奋呢？医生还给妈妈交代，学会听胎心音可以监测我在子宫里的健康状况呢，过快、过慢或不规则都说明我情况异常。

先找到胎心的位置，最简单的办法就是产检时请医生帮助确定，然后记住这个位置，以后依葫芦画瓢即可。然后妈妈躺在床上，伸直双腿，爸爸将耳朵贴在妈妈的肚皮上，仔细地听就会听出我的心脏跳动的节律了。

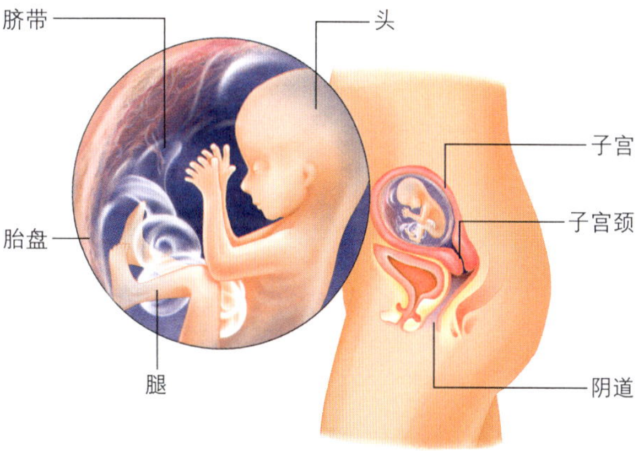

第108天

知识库：适时进行抚摸胎教

进入孕中期了，胎宝宝的神经系统发育迅速，触觉已经很敏感。你可能不知道，小至吞咽、眯眼、咂拇指、握拳头，大至伸展四肢、转身、翻筋斗等动作，他都可以做啦！你可以通过抚摸来与他沟通，这会受到很热烈的欢迎呢。

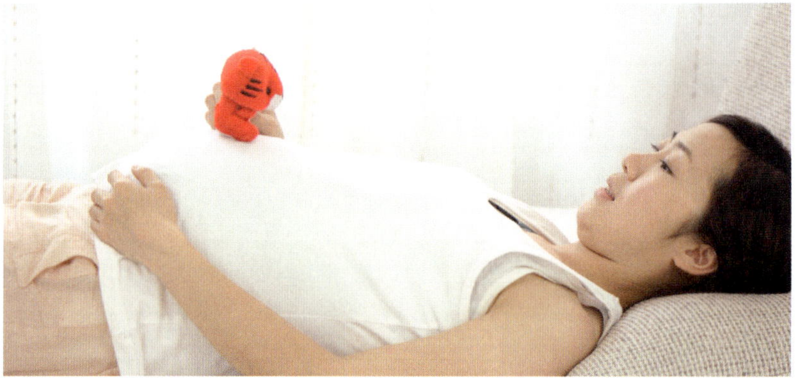

▶ 做抚摸胎教时，动作要轻，每次抚摸胎教以不超过5分钟为宜。

抚摸胎教的益处

1 抚摸胎教可以锻炼胎宝宝皮肤的触觉，并通过触觉神经感受体外的刺激，从而促进了胎宝宝大脑细胞的发育，加快胎宝宝的智力发展。

2 抚摸胎教还能激发起胎宝宝活动的积极性，促进运动神经的发育。经常受到抚摸的胎宝宝，对外界环境的反应也比较机敏，出生后翻身、抓握、爬行、坐立、行走等大运动能力发育都明显提前。

3 进行抚摸胎教的过程，不仅能让胎宝宝感受到父母的关爱，获得安全感，还能使准妈妈身心放松、精神愉快，也加深了一家人的感情。

抚摸胎教的方法

准妈妈仰卧在床上，头不要垫得太高，全身放松，呼吸匀称，心平气和，面部呈微笑状，双手轻放在胎宝宝位上，也可将上半身垫高，采取半仰姿势。不论采取什么姿势，一定要使自己感到舒适。

然后双手从上至下、从左至右，轻柔缓慢地抚摸胎宝宝，抚摸时内心一定要充满感情，可想象你是真的爱抚在可爱的小宝宝身上，有一种喜悦和幸福感。

宝宝如果感觉到你的动作和话语，会对此做出反应，记得回应他，说出你的感受。需要注意的是，抚摸时动作宜轻，时间不宜过长，每次2~5分钟。

第109天

心体验：电影《小情人》，重拾美好心境

还记得童年时的玩伴吗，那些和你一起玩跳皮筋、唱着“一二三四五六七，马兰开花二十一”的小伙伴，那些总是拿着毛毛虫来吓唬你的调皮男生，你还记得他们吗？

电影《小情人》：无关爱情的纯真童年

一个周末，阿捷准备参加好友的婚礼，途中他收到母亲的电话，说她朋友的女儿，也就是跟他青梅竹马的奈娜，稍后要出嫁。挂上电话后，阿捷开始回想起读小学的那些往事。

那个时候，阿捷10岁，住在小镇，和奈娜家都经营理发店，他的世界除了家人和奈娜，还有电视剧、日本动画、玩不完的户外游戏和小学的同学。阿捷跟奈娜和其他女生玩，但他也渴望被男生认同，为了表现男子气概，阿捷做了很多努力，包括撒手骑车、全裸跳河，当然还有欺负奈娜这样的女同学。

阿捷后来剪断了奈娜的橡皮筋，但后来当他想把新编的橡皮筋交给奈娜时，却发现她搬家了。后来他们再也没见过，他们好像都彼此忘记了，直到有一天，听说奈娜要出嫁了。

电影的情节也许显得有些老套，但那些童年的共同经历，那些过家家、跳皮筋，还有第一次戴上红领巾时的情节，那种种怀念，都是我们将它推荐给你的理由。

范大夫连线

童年单纯而美好，那么简单，无需安上任何深刻的含义，和别人玩就快乐地玩，要走了也没有那么多心事重重的忧虑。如果你有了感想，也在怀孕日记里写下那些让你共鸣的句子吧，放下防备，好好地回味一下那些令你快乐无比的情境。

第110天

智趣馆：编织最舒适的宝宝鞋

漂亮可爱的小鞋子，一定勾起了你对胎宝宝的爱怜之心吧，想要为他做好多小衣服、小鞋子，那就开始行动起来吧，准备好钩针和毛线，一步一步来，送给宝宝的第一双鞋很快就会大功告成的。

编织图中宝宝鞋的方法

1 起锁针，根据宝宝脚的大小，一般新生宝宝需起11针左右，锁针要起奇数的。

2 钩长针后，钩3针长针，依次钩外钩变形长针一次、内钩变形长针一次，直至够脚的长度，并钩完每排。

3 把底部一圈依次钩起，转角处如果针数不够，可以多钩一针补满，一直钩完鞋帮（脚背的高度），然后钩鞋头部分，边钩边与鞋帮两边用引针连接。

4 鞋头完成后将鞋帮继续钩完，按照你的喜好加点小装饰即可。

范大夫连线

宝宝出生的头一两年还无法控制自己的动作，有些宝宝调皮，喜欢乱蹬乱抓，一会儿就将自己的鞋子和衣服弄松了，大人不及时发现，很容易感冒，所以你在给他做新衣服新鞋子时，尽量采用系带的方式，还能根据大小进行适当调整。

小知识

一般并不需要特地给新生的宝宝准备鞋子，编制的毛线鞋或者购买的地板袜就行，主要都是起到保暖作用。等到宝宝开始学习行走了，才需要为他准备双舒适合脚的鞋子。在此之前，只要温度合适，建议多让宝宝光着脚，这对宝宝的脚部发育有好处。

如果给宝宝选鞋袜，记住都要选略大一些的，大的不使脚趾感到受挤压，但也不能太大以致几乎一抬脚就掉下来。

第111~112天

准爸加油站：与准妈妈一起烘焙爱心蛋糕

胎宝宝已经100天了，小人儿在准妈妈腹中是个可爱的小娃娃了呢，想不想和准妈妈一起，试着为他做一个百日爱心蛋糕呢，来学着做做吧。

材料

烤箱、手工打蛋器、八寸蛋糕模（可用能耐高温的类似盆具代替）。

步骤

原材料：黄油50克，酸奶200毫升，鸡蛋4个，面粉适量，白醋少许，白糖3大匙。

做法

1 将黄油隔水融化（装黄油的容器放在水中），加入酸奶，用手工打蛋器搅拌均匀。

2 将鸡蛋磕破一个小孔，蛋清均倒入一个空容器中，留蛋黄在壳内。

3 放入一个蛋黄到酸奶黄油中，搅拌均匀，再放入第二个，拌匀，依次放入所有的蛋黄。

4 将面粉倒入蛋黄糊中，翻拌均匀。（不要转圈搅拌，而应像炒菜一样翻拌）

5 烤箱预热，温度设定在165~170摄氏度，用一个烤盘装上开水放在烤箱最下层，倒数第二层放烤网。

6 蛋清中加几滴白醋，用手工打蛋器低速打出粗泡沫，加入一大匙白糖，低速打20秒左右后，加入第二大匙白糖，中速打20秒左右，再加入第三大匙白糖，高速打20秒左右，换成中速一直打到硬性发泡（用打蛋器头舀起蛋清糊，有三角瓦片状出现）即可。

7 将打好的蛋清糊舀起三分之一放入蛋黄糊中拌匀，再将蛋黄糊全部倒入蛋清糊中，翻拌（不是转圈搅拌）均匀。

8 将拌好的蛋黄糊倒入八寸蛋糕模中，放到烤网上，烤制60分钟就好了。

范大夫连线

如果你常常做烘焙，可以看看这样一个技巧：将打好的蛋黄糊放入烤箱前，如果其中有大气泡，可稍微抬起蛋糕模具，摔落台面两次，就可以震破气泡了。

▶ 自己动手做的蛋糕更加香甜。

孕5月

胎宝宝能感受到抚摸时的爱意

感受到胎动了吗

那一刻的感动让一切语言苍白

像蝴蝶划过水面

像鱼儿轻吐泡泡

肚子里那个调皮的小宝宝

正在以他的方式告诉你

妈妈，我在这里，我爱着你

他如此顽皮、如此聪明

让你忍不住要对他倾注全部的爱

本月胎教要点

准妈妈的身体变化

身体重心改变了

准妈妈臀部渐渐圆起来，体态明显丰满，子宫仍在不断增大，现在很容易就可以摸到了。有的准妈妈在这段时间会感到腹部一侧有轻微的触痛，还有的准妈妈会感到背痛，这是因为子宫增大的同时，子宫两边的韧带在迅速拉长、变软造成的。

乳房不断增大，简直可以用膨胀来形容，乳腺也很发达了。膨大的乳房和隆起的腹部会让准妈妈的身体重心发生改变，准妈妈得习惯这样的改变，并重新找回平衡感，以免一不留神摔倒了。

黑色素沉积明显

不少准妈妈到孕中期后，会发现皮肤变黑（原本肤色不白的更明显），额头、脸颊、鼻头等部位可能也会冒出黄褐色的雀斑（一般称为妊娠斑），这与孕期激素分泌有关。皮肤分泌的黑色素增加了，色素沉积就增多了。

胃部蠕动频繁

胃部经常有蠕动的感觉，而且很频繁，这都是胎动引起的，用心去感受这种奇妙的感觉吧。

出现新的不适

由于孕激素的影响，准妈妈的关节变得不像以前那样稳固，容易受伤，建议减少让身体有过大的伸展和弯曲的运动（如弯腰、深蹲）。跑步、跳跃等动作也不适合了，因为这会让羊水中的胎宝宝感觉不舒服。

在这一阶段，有的准妈妈会有些新的不适，如消化不良、伤风感冒、口干舌燥、耳鸣等。

▶ 这个月多数准妈妈都能感觉到胎动了。

范大夫连线

本月可以进行居家监护了，监护的内容包括监测胎动、胎心音，测量宫高、体重等。

专家的胎教提醒

胎宝宝的各项感觉功能逐渐完善，能对各种外界刺激做出反应，并且能潜移默化，储存于大脑之中，正是胎教的天赐良机。

用音乐与胎宝宝沟通

经常聆听那些适合胎宝宝的音乐，反复的声波经过不断强化，可以促进他的右脑发育。如果你能每天哼唱一些抒情歌曲，也可达到母子心音的谐振，是你与胎宝宝进行心灵沟通的有效途径。

可以开始做抚摸胎教了

由于胎动变得明显，用触摸方法进行胎教的次数可以增多了，在胎动最为频繁与活跃时做抚摸胎教最好。在进行抚摸的过程中，配合语言或音乐的刺激，可以获得更好的效果。不过，如果你有早期宫缩的现象，则不可抚摸。

语言胎教是不可缺少的

每天都应与胎宝宝进行语言交流，你和老公应经常跟胎宝宝对话，可以讲每天喜闻乐见的事，也可以念诵一些诗歌、儿歌以及故事，这会让胎宝宝感觉安宁，对加强一家人的感情极为有益。

补充钙质，饮食均衡

你现在的食品要多样化，食物要荤素、粗细搭配，避免偏食或过多进食脂肪和糖，过胖或过瘦对胎宝宝都不利。另外，特别需要注意补充钙质。

让生活中充满有趣的事情

这个月里，胎动会让你的孕期生活更加充满乐趣，你的身心均处于较为稳定的时期，不妨多找些有趣的事情做，和老公说一下一天中发生的趣事，度过色彩斑斓的孕五月。

有些准妈妈可能怀孕后便不再上班，安心在家待产，千万不能因此就整天无所事事。无聊的时候要学会给自己找些事做，或培养一下新爱好，让生活变充实。

范大夫连线

据科学研究发现，通常胎宝宝喜欢听能与子宫胎心音合拍的音乐，像巴赫、莫扎特的乐曲，它们的节奏与大脑中的阿尔法波和心跳波形相似，很容易被你和胎宝宝接受。

孕17周

第113~114天

胎动像鱼儿触动水面涟漪

动作越来越有力

在这段时间，胎宝宝的棕色脂肪开始形成。棕色脂肪可以在孩子出生后释放热量，帮他保温。不过，现在的胎宝宝还没有囤积太多的脂肪，看起来很苗条。皮肤也因为下面没有脂肪层，看起来呈透明状，可以清晰地看见血管、肋骨。

听觉开始发育了。胎宝宝现在已经可以通过羊水的传导，听到准妈妈的声音和心跳了，甚至偶尔还会做出反应。

心脏发育几乎完成，搏动有力，每分钟心跳约145次。其他的脏器也在不停锻炼和完善中。骨骼开始变硬，保护骨骼的卵磷脂也形成并覆盖其上，通过B超可以隐约看到胎宝宝排列整齐的脊柱。另外，胎宝宝的手指现在已经非常清晰，只是关节还不容易看出来。

胎宝宝现在的动作越来越多，而且也越来越协调，还会拳打脚踢。动作幅度较大时，准妈妈就会感觉到胎动。

胎宝宝有话说

妈妈常常担心我在子宫里会很无聊，其实，我是很会自己打发时间的。

这周，给我输送养分的脐带长得更粗、更强壮了，它成了我的一个好玩具，我特别喜欢用手拉它、抓它，有时抓得特别紧，紧到只能有少量的氧气输送。不过我很聪明的哦，这只是我跟自己玩的一个游戏而已，很快我就会放手，让自己得到充足的氧气和养分。

在以后的日子里，子宫中最好的玩具就是脐带了。

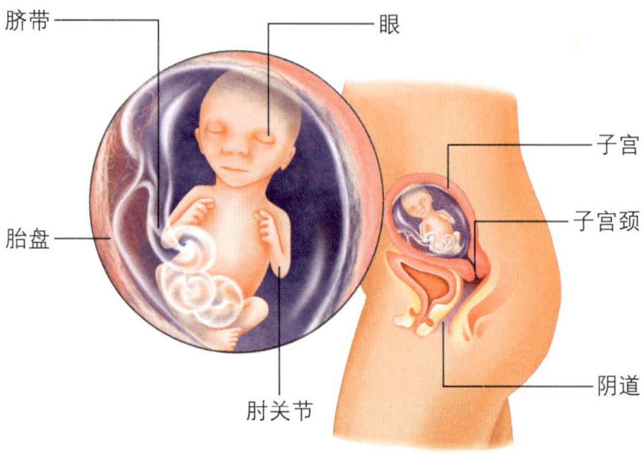

第115天

知识库：从现在开始学会观察胎动并计数

也许你已经感受到了从子宫内传来的动静吧，多么令人高兴的时刻啊，那仿佛是胎宝宝在对你说："妈妈，我很好哦，你呢？"

胎动的规律

胎宝宝在子宫里做伸胳膊、蹬腿、打嗝等动作，就是我们常说的"胎动"。胎动次数是直接反映胎宝宝在子宫里安危的"晴雨表"，一开始胎动次数较少，随着孕周增加，胎动逐渐增多，到了怀孕29~38周时达到高峰，38周后又开始逐渐减少。

胎动一天有两个高峰，一个在傍晚19~21时，另一个是在午夜23时至1时，早晨最低。

一般正常胎动持续在20~30次／12小时，如果胎动次数过多，表明胎宝宝在子宫里明显缺氧，常常与脐带受压有关；如果胎动次数少于20次即为异常，少于10次则要引起注意，这可能是一种危险信号；如果准妈妈自觉胎动消失，很可能表示严重缺氧，常常与胎盘功能不足引起，导致胎儿慢慢缺氧，所以胎动从减少到停止，是胎儿宫内严重窒息，即将死亡的信号。从胎动消失到胎儿死亡一般为12~48小时，因此，发现胎动消失需要立即就医。

怎样数胎动

在安静和精神集中的状态下，仰卧或左侧卧在床上，两手掌放在腹壁上，可感觉到胎宝宝有伸手、蹬腿等活动。在每天早、午、晚固定的时间里各数1次，每次数1小时，然后把3个小时的胎动次数乘以4，这就是12小时的胎动次数。

这种计数方法既简便又有实用价值，你和准爸爸应该充分重视，认真观察胎动，并计数和做好记录。

若你每天不能数3次胎动，则至少每天数1小时，即于晚上20时以后数1小时。1小时内胎动明显少于2次，可继续重复数1小时，若还是少于2次，或根本没有胎动，必须立即去医院检查。

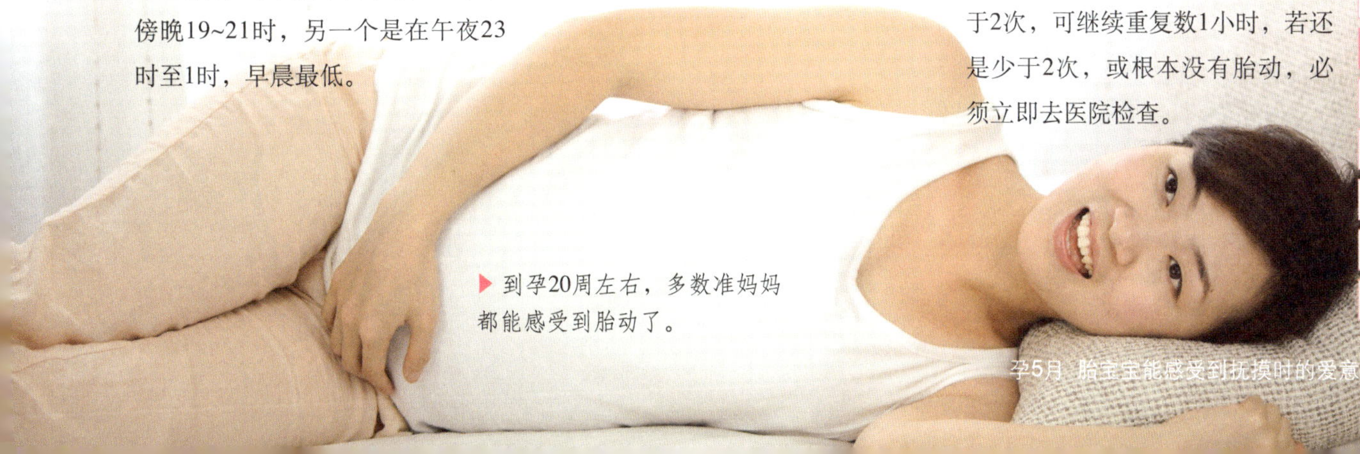

到孕20周左右，多数准妈妈都能感受到胎动了。

第116天

心体验：别忘了二人世界的浪漫

告别了孕前的二人世界，紧张、欣喜、忙碌，这是你进入孕期角色后的切身感受吧。因为有了胎宝宝，你的身边总是不缺人，朋友们纷纷送来祝福，长辈更是常常聚集到你们的小家里，可能你们已经很少有过恣意、轻松的二人生活了。

当然，有了宝宝的生活会是另一种快乐的人生，你正在为此努力，并享受着这样充实的幸福，但是也别忘了给二人世界留点空间。

对准妈妈说的话

和女性天生的母性相比，男性通常对宝宝的到来有一点点恐惧，觉得升格做爸爸挺不可思议的，有点兴奋又有点不知所措。但是他还是满心欢喜地接受了这个事实，小心翼翼地迁就你怀孕后的坏脾气，想方设法逗你开心，包揽了家里的大小活计，一有空闲就搜罗各种孕育知识，学着做各种营养好吃的食物……

也许他也有疲惫感，对你怀孕后的小懒惰有一点意见，但是这些他都包容了，以至于你丝毫没有发现。当下一次他又忘记了情人节的玫瑰，不要耿耿于怀，不妨换个角色，这次你来给他送朵花或是小礼物吧，这样的浪漫会融化掉你们所有的不满和烦闷。

对准爸爸说的话

也许你还不适应，老婆没有以前那般关心自己了，总是这也要你注意，那也要你防备，好像全世界都布满地雷，但有的时候她又比瓷娃娃还脆弱，干什么都要跟着你，几分钟不见就要给你打电话。多迁就她吧，腹中多了一个小生命，许多改变都不由她做主，烦人的孕吐弄得她晕头转向，种种莫名其妙的情绪变化让她身心俱疲。

人都是只对自己最亲密的人才会依赖，甚至当出气筒，如果她不是因为太爱你，怎么会对你耍小性子呢？对她说出你的甜言蜜语吧，哪怕只是简单的“我爱你”，也是对她莫大的安慰和支持。记得给她一顿烛光晚餐，为她洗脚，帮她按摩，努力记住你们爱的纪念日，这些私密的温柔行动，相信会一次一次俘获她的芳心。

范大夫连线

准爸爸是你和家庭成员之间特别好的调解员，胎宝宝也是如此，比如当胎动过于激烈时，准爸爸可一边安抚胎宝宝，一边温和地说：“乖宝宝，要轻点哦，妈妈会吃不消的。”效果很好，而且也能增进夫妻情感。

第117天

智趣馆：成功人士多生女孩，真的吗？

这是一个有趣的现象：社会上那些地位和权势比较高的人，也就是我们说的成功人士们，往往是要么儿女双全，要么是只有女儿但没有儿子。美国近几届的总统不外乎都是这样的情况，像奥巴马、克林顿、小布什等，许多富豪和贵族都是女儿多儿子少。这是为什么呢？

▶ 饮食结构可能会影响体质，进而影响胎儿性别。

性别取决于精子

我们知道，生男生女是身不由己的，它取决于准爸爸的精子。精子分为两种，一种是X型精子，受精后发育成女孩，另一种则是Y型精子，受精后发育成男孩。

X型精子在酸性环境中很活跃，而Y型精子则更喜欢碱性环境，如果准妈妈的体内环境偏酸性，或者Y型精子过少，生女儿的可能性就变大。

成功人士的身体特点

1 育龄偏大。成功人士花了更多时间去打拼事业，生育年龄普遍偏大，而精子数会随着年龄的增加而减少。女性年龄偏大会使子宫碱性分泌物逐年降低，生女孩的机率也大幅提高。

2 压力较大。越是成功的人压力越大，紧张不仅会使精子数目减少，也会使得女性体内酸性环境增强，高压之下更容易生女儿。

3 饮食结构偏差。由于应酬和生活环境等各方面的原因，成功人士往往在饮食上比较精致，大鱼大肉较多，喝酒和饮料也相对多，这样的饮食结构更容易形成酸性的体质。

小趣闻

有一项统计发现，漂亮的父母首胎生女儿的概率比生儿子高26%，至于是否有道理，还需要进一步研究。不妨由此假想：想要个女儿的话，就找个漂亮的另一半吧！

范大夫连线

在人类繁衍的问题上，自然是一个非常美妙、非常符合人类发展的天平：男女性别一直保持着比较恒定的比例。无论生女儿还是生儿子，都是人类与大自然的杰作哦。

第118~119天

准爸加油站：陪准妈妈去散散心

外出散步宜穿舒适的平跟鞋，最好到空气新鲜、人少、道路平坦的地方散步。

散步是准妈妈在整个孕期都适合的运动方式，容易实现，也容易坚持，更为难得的是，陪准妈妈出去散心还是一段孕期难得的温馨时光。

孕期常散步好处多

散步可促进血液循环，增加呼吸量，促进胃肠蠕动和腹部循环，因此，散步具有健身防病、促进睡眠、促进消化吸收和排泄的作用。此外，散步不仅仅是运动胎教，它更是环境胎教和情绪胎教。

只要天气和身体允许，你就可以鼓动准妈妈出去散散心："老婆，出去走走怎么样？宝宝，爸爸陪你出去看看风景吧？"

孕期散步要点

1 宜选择在林荫道、江边、公园或郊外等空气新鲜又人少的地方散步。

2 刚开始时最好步子放慢一些，每次散步距离约1千米左右，可以每周3次，以后逐渐增加散步次数和距离。

3 散步时尽量避开有坡度或有台阶的地方，特别是在孕晚期，以免增大摔倒的概率。也不要到小孩比较多的地方去，因为奔跑中的孩子是最容易撞到准妈妈的。

4 天气太热时，不宜在上午10点至下午3点之间去散步。城市中，下午4点到7点之间空气污染相对较严重，准妈妈要注意避开这段时间。

5 注意观察准妈妈，想休息就休息，而且要随时补充水分。

孕18周

第120~121天

胎宝宝在子宫里玩得欢实

胎宝宝产生了原始的意识

胎宝宝身体比例更趋协调，下肢比上肢长，下肢各部分也都成比例。胎宝宝也越来越爱动，胎动会越来越频繁，如果这时做B超，可能会看到胎宝宝做吮吸、踢腿、抓脐带等动作——对于现在的胎宝宝来说，子宫的空间还较大，他可以像鱼儿一样在里边快活地游动。

听觉能力已经发育得不错了，胎宝宝会经常微眯着眼，倾听妈妈身体里的肠鸣声、血流声以及心跳声，或者外部人们说话的声音。

脑发育已趋于完善，大脑神经元树突形成，大脑的两个半球不断扩张，小脑两个半球也开始形成。胎宝宝此时的大脑具备了原始的意识，但是还不具备支配动作的能力，因为中脑还没有充分发育。肺也开始了正式的呼吸运动，但呼吸的都是羊水而非气体。消化道开始积攒羊水，变成糨糊状的胎便，会在出生后排出身体。

范大夫连线

高龄准妈妈可以去做羊膜腔穿刺了，用以检查胎宝宝是否患有染色体异常、神经管缺陷等疾病，还能用来确定唐氏综合征筛查结果。

胎宝宝有话说

报告妈妈，我现在一切正常。妈妈每天要带着我，会不会很辛苦呀？等我出去了，一定好好报答妈妈！

妈妈，你现在一定能特别明显地感觉到胎动吧，那是因为我会经常戳、踢、扭动和翻转。如果我把你踢疼了，你可不要怪我，那是因为我玩得太高兴了。

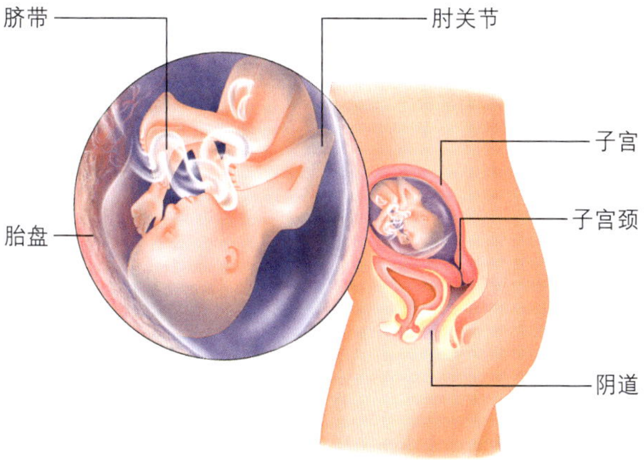

第122天

知识库：补充钙质，促进胎宝宝骨骼发育

现在，胎宝宝的骨骼和牙齿正在很努力发育，它们是否能发育良好，就要看营养是否跟得上了。骨骼和牙齿的基础营养是钙质，从孕中期起，你就要有补钙的意识了。

▶ 每天喝500毫升的牛奶就可以补充约500毫克的钙了。

什么时候开始补钙

普通人及孕早期对钙的需求量是800毫克／天，由于每天的饮食中都或多或少有钙质的摄入，一般不需要特别补钙。到了孕中期，钙的需求量逐渐增长为1000毫克／天，到了孕晚期，你对钙的需求量将增加到1200毫克／天，这时食物中钙的摄取可能满足不了母子两人的需要，因此，你可能需要咨询医生，看是否需要补充钙剂。

可能缺钙的表现

如果你出现小腿抽筋、牙齿松动、关节和骨盆疼痛等症状，则预示着已经缺钙了。缺钙严重的情况，还会手脚抽搐，甚至因为骨质疏松引起骨软化症。另外，身体缺钙还容易诱发高血压。但如果你每天合理、充足地补钙，就能有效来避免。

合理补钙

每天喝500毫升牛奶或酸奶，如果你不习惯喝奶，每天可以补充含钙500毫克左右的钙片，再吃一些虾皮、腐竹、黄豆、紫菜、动物骨头以及绿叶蔬菜等钙含量丰富的食物。

补钙同时适量补充维生素D，因为维生素D能够调节钙磷代谢，促进钙的吸收。除了服用维生素D外，也可以通过晒太阳的方式在体内合成维生素D。你每天只要在阳光充足的室外活动半小时以上，就可以合成足够的维生素D。

第123天

心体验：《了不起的狐狸爸爸》，那是为人父的责任

不是每个家庭都过着同一个模式的生活，也不是人人都喜欢同一种东西，但正因为不完美，才显得有趣，才会让人对某个事物产生特别的钟爱之情，仿佛那就是为你而作，共鸣大约就是这样来的吧。《了不起的狐狸爸爸》正是这样一部电影，它那样滑稽又是如此简单，是一部讨人喜欢的、适合全家老少共同观看的影片。

动画电影《了不起的狐狸爸爸》：家庭、责任和理想

这部电影里有爱、信仰和家庭生活，狐狸一家就好像生活在我们身边的邻居，他们朝九晚五，为了面包和牛奶而奋斗。狐狸爸爸不是丛林英雄的传说，谈起狼还会害怕得发抖，他是一个既忧郁又滑稽的中年狐狸，有一个爱意融融而又麻烦不断的家庭，儿子看上去还那么不争气，帅不过表兄，成绩也不好，忧郁眼神简直与狐狸爸爸如出一辙。

可是狐狸爸爸始终是一个爱家庭爱孩子的好爸爸，当儿子被老鼠抓走后，狐狸爸爸身上的光辉散发出来了。尽管人至中年，狐狸爸爸仍然激情四溢，对生活充满了信心，与各路敌人斗智斗勇。

这是一个简单的关于生活的故事，每个人的理想都不同，但都同样美丽。追寻理想的自由感会在你生命中适当的时候被激发，给你带去勇气和光亮。

狐狸爸爸的世界

狐狸爸爸：（叹息声）我是谁呢？凯利。

凯利：谁知道，谁能知道呢？

狐狸爸爸：为什么是一只狐狸？为什么不是一匹马，不是一个甲虫或者是一个秃头的老鹰呢？听上去我像是一个什么存在主义者，可是谁知道呢？难道一个狐狸只有在咬着鸡的时候才能体会到快乐么？

凯利：鬼知道你在说什么，但是这听上去是违法的。

第124天

智趣馆：和胎宝宝一起认识图形

在你看来，胎宝宝的一举一动都是你和他之间相互交流的手段。同样，在胎宝宝看来，你的一言一行都是他学习的榜样，这就像是你们之间的沟通秘密。用你的言行和想象来教胎宝宝认识一下各种图形吧，会取得事半功倍的效果。

与生活结合

图形学习与数字学习一样，重要的是将学习内容与生活紧密地联系在一起，将图形视觉化后用生活中存在的东西来进行描述是最有效的。

例如学习正方形时，你可以找出身边是正方形的实物来进行讲解，你可以引导胎宝宝来发现这样一些东西，如：“宝宝，你看和这个图形一样的东西在哪儿呀？”然后和他一起寻找，“有坐垫、桌子、镜子、电视机……”这时，你要将这些东西的样子在头脑中成像，传递给胎宝宝，然后告诉他：“宝宝，这些都是正方形。”同时，你还可以用手描这个图形的轮廓，这样胎宝宝就能更好地认识正方形了。

▶ 准妈妈可以用积木来教胎宝宝认识图形。

循序渐进

对任何事物的认识都有一个过程，一般学习都是循序渐进的，根据这个规律，在教胎宝宝认识图形时，也可以一步一步来。当然，如果你想让胎宝宝先认识正方体，那也没问题，只要你和胎宝宝能度过愉快的一天，先认识什么后认识什么是没有关系的。

如果按照循序渐进的方法，可以先学完正方形、长方形、正三角形、圆形、半圆形、扇形、梯形、菱形等平面图形，然后再认识立方体、长方体、球体等。

范大夫连线

如果有兴趣的话，现在可以去买一套积木玩具，在认识图形时将积木与生活用品进行联想，如怀表与圆形积木，这对认识图形很有帮助，而且宝宝出生后玩时也会有熟悉的感觉。

第125~126天

准爸加油站：计划一次甜蜜的短期旅行

有多久没有去看看郊外的风景了？想去呼吸一下那里新鲜的空气了吗？不要错过孕中期这个好时机，这个时候准妈妈已经适应了孕期生活，胎宝宝也在稳定成长，若正好赶上好天气，很适合做一次短期旅行，不过你最好能事先做好完备的出行计划。

旅行计划要点

在制订旅行计划时，你一定要考虑到胎宝宝，行程不要安排得太紧，也不要过于劳累。最好不要选择在旅游黄金周出游，而且要避免人多、繁乱的地方。一般而言，空气清新、宁静的地方最理想，最好离家不太远，如有绿色草地、清澈湖泊则是最佳的选择。准妈妈如感到心旷神怡的话，胎宝宝也会从中受益。

▶ 孕期建议不要做长时间的外出旅行。

旅行前的准备

1 在出行前，要好好跟医生商量、讨论，带上医生开具的病历和相关证明，以及医生的联络方式，如果身体情况不适合，应果断取消行程。

2 随身携带药品，胃肠药、治疗外伤的药水药膏、创可贴、花露水等，使用前要先看说明书上有无孕妇慎用的字样。

3 旅途中随时注意身体状况，若有任何身体不适，如下体出血、腹痛、腹胀等，应立即就医，不要轻视身体上的任何症状而继续旅行，以避免错过最佳诊治时机。

交通工具

孕期最好不要长时间乘坐飞机、船或公交车等交通工具，对准妈妈而言，这不同于平常的活动，身体活动虽少了，但必须长时间采用一种姿势，这种旅行带给准妈妈的不是欢乐而是疲惫。

范大夫连线

现在跟团旅游非常普遍，各种短期旅游名目繁多，但是不建议准妈妈跟团游，因为无法控制路程，一上车可能就要坐5个小时以上，下车后也无法自由休息，准妈妈会吃不消。

孕19周

第127~128天

嘿，宝宝，听见妈妈的声音了吗？

胎宝宝皮脂形成

为了保护皮肤，防止在羊水中浸泡过度导致皲裂、擦伤或硬化，胎宝宝的皮脂腺开始分泌一种白色的油脂样物质——胎儿皮脂。这层胎脂包裹着娇嫩的胎宝宝，会一直保护到宝宝出生，出生后1~2天会被皮肤自行吸收，不用特别处理。

本周最大变化是感觉器官开始分区域迅速发展，到了本周末，他的味觉、嗅觉、触觉、视觉、听觉等都在大脑中占据了专门的区域。遍布胎宝宝体内的神经被称为髓鞘的脂肪类物质包裹起来，大脑神经元之间的连通开始增加。十二指肠和大肠开始固定，具备了一定的消化功能；胃通过不断地吞咽羊水，逐渐增大（约有一粒米的大小）。整个消化系统开始最初的运行。

范大夫连线

当出现失眠、烦心等问题时，不要过分焦虑，这样会使情绪变得更焦躁，更不要擅自服用镇静安神类的药物，而是做深呼吸，用意念来控制自己的情绪。如果失眠、烦心的情况很严重，则应就医。

调皮的胎宝宝除了睡觉就是运动，不时动动小手、踢踢小腿，一刻不得闲。

胎宝宝有话说

我的反射行为正在慢慢增多，现在经常练习的3种是吸吮、吞咽和眨眼，这对我来说可是具有求生价值的哦。到出生时，我将拥有超过70种的不同反射动作。

还有，妈妈不要觉得玩游戏是出生后的孩子的专利，我现在一样会做游戏。今天醒来时，我就伸了一下懒腰，打了一个哈欠，还用脚轻轻蹬了一下妈妈的肚子，这使我感到很满足。

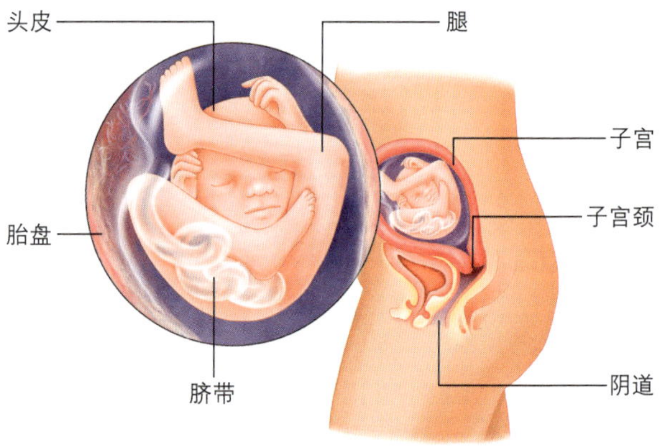

第129天

知识库：小妙招应对此时期常见的失眠与烦心

你可能正在被晚上的失眠困扰，那种烦心的滋味实在有些难以招架。你知道吗，几乎所有的准妈妈都和你一样，经历了失眠与烦心的阶段，如果这种感觉已经到来，不要担心，那同时也表示它很快就会过去哦。

荷尔蒙引起的不适

怀孕后，你的孕激素和雌激素都会大大增加，身体适应激素水平的升高需要一点时间，这时你可能会产生困倦、尿频、睡眠紊乱、烦心等不适反应，适应得快、善于调整的准妈妈也许不会受此影响，大部分准妈妈到了孕中期都能适应过来。

应对失眠、烦心的小妙招

无法安然入睡时，先深呼吸，调整好自己的情绪，闭上眼睛，想象一下睡眠中的胎宝宝，在安静、平和的心态下，你会更容易进入睡眠。

爱人的关怀在各种时刻都很奏效，当你失眠烦心时，将这个困扰说给准爸爸听，他可以帮你按摩、给你讲故事、拥抱你入睡。

▶ 睡前听听轻柔舒缓的音乐有助于入睡。

入睡前你还可以试试这样的小方法

1 换一张较大的床，这可能更容易使你保持舒适的体位。

2 采取左侧卧位，在头、脚下或腰间加垫一些软垫子。

3 上床前喝一杯热牛奶将对睡眠大有好处，但睡前不宜喝太多水，以免尿频影响睡眠。

4 临睡前洗一个热水澡，可使肌肉放松，对大多数准妈妈都有一定的催眠作用。如果做不到，用热水泡泡脚也有一定的镇静安神效果。

5 听听轻音乐，一方面有助于胎教，另一方面也能使你心境平和、安静入睡。

范大夫连线

孕期失眠时，不要擅自服用镇静安神类的药物，如果失眠、烦心的情况很严重，甚至影响到了正常的生活，需要就医，用科学的方法来治疗。

第130天

心体验：失眠时不妨听听安眠音乐

音乐不是一种单纯的消遣，它或是对于心灵的一种理智上的裨益，或是镇定灵魂的一种抚慰。

——罗曼·罗兰

如果失眠仍然困扰着你，不妨听听音乐吧，柔和、静谧的音乐会赶走烦恼、舒缓神经、调节情绪，使你的大脑放轻松，容易进入睡眠状态。

什么音乐有助于睡眠

莫扎特钢琴曲、班得瑞的音乐等都是不错的睡前音乐，可以使血压和脉搏正常，缓解神经紧张，常常聆听，不仅可以改善失眠症状，还有助于胎宝宝的发育呢！

莫扎特安眠音乐推荐

1 舞随光动 Dancing with the Neon Light
2 深蓝梦 Dream in Dark Blue
3 心灵感悟 Sentiment of My Heart
4 细水长流 Running Water in the Long Rill
5 花絮轻撒 Rose Petal Floating
6 爱的轮回 Love is Around
7 月影摇曳 Shadow Shaking in the Moonlight
8 逐梦 Catching Dreams
9 萦绕天使 Angel Flying Around
10 夜宴 Deep Night

班得瑞安眠音乐推荐

1 希望之翼 Gold Wings
2 海王星 Neptune
3 钻石 Diamonds
4 清晨 New Morning
5 满天星 Starry Sky
6 真爱 Melody of Love
7 初雪 The First Snowflakes
8 日落 Sunset Glow
9 款款柔情 Tenderness
10 紫蝴蝶 The Purple Butterfly

你可以让准爸爸在每晚睡前20分钟左右开始播放，你则静静躺在床上聆听，大脑中想起美好快乐的事情，不知不觉就会进入睡眠状态。

第131天

智趣馆：手缝宝宝最爱的七彩布球

球类是特别好的早教工具，它能滚动能弹跳，往往初次见面，宝宝就会迷上这个玩具。图中这个漂亮的七彩球是手工缝制的哦，虽然看上去似乎有点复杂，但学起来并不困难，做出来的成就感是任何语言也无法描述的呢，来试一试吧。

材料准备

选择你喜欢的各色布料，布料不宜太硬，不然缝起来费力，会加大工作量。

针线、剪刀、硬纸、铅笔、尺子、填充棉。

七彩布球的做法

1.先用硬纸板裁剪正五边形和正六边形各1个，五边形和六边形的边长是一样的。

2.按硬纸板用各色布料剪12个正五边形和20个正六边形。

3.将5个六边形和1个五边形缝到一起。

4.再从四周缝5个五边形，将5个缺口处缝上，成为三分之一个球形。

5.下一层按照以上方法缝上10个六边形，成为三分之二个球形。

6.再在下一层的5个缺口缝5个五边形。

7.下一层再缝5个六边形。

8.最后，缝上缺口处的一个五边形，留下一个边，把布翻到平整的一面，塞进填充物后封口。

范大夫连线

如果你是手工迷，不要忽视了这个特长，只要稍微发挥一点点创意，就能带来大大的好处哦，比如做孕期纪念布贴画、袜子娃娃、绒布相册，编织小衣服、小袜子等。是不是觉得孕期时间有点不够用了？充实的你会让每一天都过得轻松又有意义，不知不觉中还培养了宝宝呢。

第132~133天

准爸加油站：给胎宝宝取个可爱的名字

胎宝宝已经5个月了，可以听到来自外界的声音，你和准妈妈有没有每天都跟他讲故事，说好多话呢？想起自己摇头晃脑给他背诵唐诗宋词的样子，你一定觉得有些不可思议吧！怀孕带给你们的趣事还会有很多，你们的关系越来越亲密，是时候给他取个可爱的名字了哦。

爱的礼物——取名

每个人都有属于自己的名字，有的时候还不止一个，除了大名外还会拥有一个小名，方便分辨和称呼外，还寄托了父母对孩子的希冀和爱意，让孩子更为独一无二，也是父母给孩子的一份礼物。

起名的思路

给胎宝宝起的昵称应响亮一些，可以用叠音，这样叫起来顺口，容易听，也容易记住。不用像起大名那样郑重其事，比如皮皮、球球、丁丁、咚咚、嘟嘟等，还可以用拟物的名词，比如小黄豆、小土豆、小洋葱、小油菜等，俏皮又可爱，而且男孩女孩通用。

至于宝宝的大名，你和准妈妈可以慢慢考虑。虽然说名字只是个代号，好听达意即可，但很可能起上十几个了还会想换呢，没关系，还有很长的时间去等待灵感到来，相信你们一定能给宝宝取一个中意的名字。

小趣闻

有人做过这样一个实验，在孕期给胎宝宝起一个小名，并常常呼唤，宝宝出生以后，当听到呼唤他的小名时，会突然停止吃奶或在哭闹中安静下来，甚至还会露出近乎高兴的神情呢。

范大夫连线

如果打算给宝宝起个英文名，可以与中文名相互呼应，发音接近，如果还能有美好的含义就更好了，比如Grace（优雅）、Sunny（阳光）等。

记得呼唤他

随时随地呼唤胎宝宝的昵称，散步的时候可以说：“小黄豆，爸爸和妈妈在散步，有没有打扰到你睡觉呢？”如果遇到胎动，还可以说：“小黄豆，再给爸爸妈妈伸一下腿。”

在你做每件事情的时候，都尽量跟胎宝宝打声招呼，让他也参与进来，你将有足够的机会和胎宝宝进行良性互动。

孕20周

第134~135天

搞怪！胎宝宝在子宫变换各种姿势

胎宝宝：胎动频率增加

到本孕周，胎宝宝的体重将增加到250克左右，头部到臀部的长度为14~16厘米，全身的比例更匀称了。面部越来越好看，嘴变小了，两眼距离更近了些，只是鼻孔仍然很大，而且是朝天鼻，不过鼻尖慢慢会发育起来，并且鼻孔逐渐朝下，那时就会更漂亮了。

随着皮下脂肪的积累，胎宝宝的皮肤不再像原来那样呈透明状，而是变得发红了。骨骼发育开始加快，四肢、脊柱已经进入骨化阶段，胎宝宝需要大量的钙帮助骨骼生长。如果宝宝是个女孩，她的卵巢里已经产生了200万个卵子。男孩的外生殖器也已有了明显特征。

另外，此时的胎宝宝大脑具备了记忆功能，这是一个很让人惊喜的变化。而且他还在逐渐形成自己的作息规律，这可以从胎动的频率看出来。胎宝宝醒着时，胎动多而有力；胎宝宝睡眠休息时，胎动少而弱。

胎宝宝有话说

妈妈是不是觉得我现在变得不老实了呢？现在我长了不少本事，所以迫不及待想要展示下，因此，我频繁地在子宫里做着各种动作，有时候摇摇头，有时候摸摸自己的脸。

除此之外，我还多了一项本领——能像新生宝宝一样时睡时醒了。如果妈妈感觉某段时间胎动减少了，那很有可能是我睡着了。嘘，不要吵醒我哦！

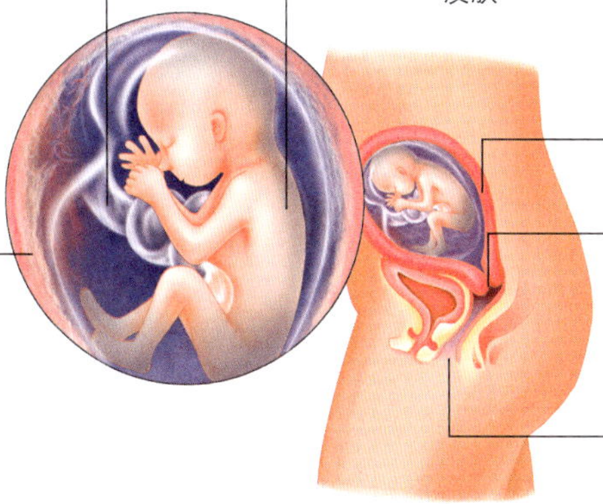

第136天

知识库：妈妈爱学习，宝宝更聪明

刚怀孕时，准妈妈很容易犯困，全身懒洋洋的，不爱动，也不愿意想事情。到了孕中期，身心都比较适应了以后，你的心情越来越放松，这时记得多为自己找些动手动脑的事情来做，只要投入进去，你会迷上这种状态的。

▶ 准妈妈的勤奋好学也会感染到胎宝宝，让小宝宝将来成为一个勤奋好学的孩子。

保持求知欲

准妈妈与胎宝宝之间是有信息传递的，由于血肉相连，胎宝宝能够感知母亲的思想，如果怀孕的母亲既不思考也不学习，胎宝宝也会深受感染，变得懒惰起来。显然，这对于胎宝宝的大脑发育是极为不利的。而倘若母亲始终保持着旺盛的求知欲，则可使胎宝宝不断接受刺激，促进大脑神经和细胞的发育。

所以，你要从自己做起，勤于动脑，勇于探索，在工作上积极进取，在生活中注意观察，把自己看到、听到的事物通过视觉和听觉传递给胎宝宝。要拥有浓厚的生活情趣，不断探索新的问题并弄清根本，保持求知欲和好奇心，充分调动自己的思维活动，这将使胎宝宝受到良好的熏陶。

小趣闻

有这样一则报道，说的是某家出了个3岁的小神童，对文学、音乐、自然、外语充满了兴趣，尤其善于用词，孩子的妈妈认为，这很可能是她怀孕时准备研究生毕业论文的“副产品”。当时她每天都要听外语、背诗词、读名著，以至于“无心插柳柳成荫”，孩子在胎儿期受到这种强烈的求知欲刺激，出生后自然而然对世界充满好奇，对感兴趣的事物寻根溯源，乐此不疲。

范大夫连线

工作的过程也是学习的过程，如果工作不会对胎宝宝产生不利，可以继续坚持，只要注意适度休息即可。如果工作中有胎动，一定不要忽略，可以站起来走走，或是用手摸摸肚子表达爱意。

第137天

心体验：换位思考，解决婆媳矛盾

“给婆婆买了一件衣服，可她逢人就说我乱花钱。”“脏衣服都收拾好放到了洗衣机里，可下班回来婆婆却连按一下洗衣键都不肯。”……

也许每个儿媳都或多或少对婆婆有过不满，婆媳关系是一种微妙的关系，两个本没有关联的女人，因为对同一个男人的爱而相处，相处得好便如母女，相处不好犹如仇敌。虽说感情的事情冷暖自知，但相识即缘分，不会有故意让儿媳不好过的婆婆，也没有哪个儿媳就是要惹婆婆，之所以会产生矛盾，以己度人而已。

矛盾生于揣测

有矛盾说明有分歧，看法不一样，但又无法说服对方。每个人对事情的看法都来自主观揣测，当我们信任别人时，会愿意听取他的想法，并说出自己的想法，最终获得一致的观点。婆婆和媳妇因为辈分、血缘、礼仪等各方面的影响，很难做到推心置腹，或多或少有所保留，这给揣测留下了空间：为什么婆婆总在别人面前说我不好，肯定是对我有意见……人一揣测，就容易生出矛盾和事端，不得到解决就会愈演愈烈。

换位思考、放下警惕

我们往往不会一开始就意识到自己只是以己度人，因而容易产生误会，当你平静下来以后，不妨提醒自己从别人的角度来看自己，比如：

婆婆跟别人说你乱花钱，很可能这是表达对你的喜欢。很多老人家腼腆，不善于在媳妇面前表达赞赏之情，跟别人说起，一来是儿媳给自己买了衣服，很自豪，二来觉得媳妇都是挑好的买给自己，觉得高兴又有点不舍得，但也愿意跟邻里炫耀一下。如果你不是闷着生气，而是跟婆婆说：“您当我是女儿一样待，给您买件衣服是应该的。”试想一下，矛盾还会不会继续下去？

婆婆没有按下洗衣机的洗衣按钮，很可能是怕误洗了你的衣服，其实按按钮是很小的事情，举手之劳而已，哪有婆婆会不愿意做的呢？也许是你忘了跟婆婆说一声衣服是要洗的，以至于婆婆误以为是你安排好的，怕弄乱了你的东西，一整天都不敢动一下洗衣机，甚至自己换下的衣服都没有洗呢。当你下班回来发现时，给婆婆道个歉，并问一下有没有衣服要一起洗，这样一来不仅消除了矛盾，婆媳关系也会拉近许多。

第138天

智趣馆：学会做简单的婴儿服装

当宝宝来到这个世界上，穿上你亲手给他做的小衣服，这件事情想想都觉得美，是不是有一点跃跃欲试了呢？那么现在就来学做一件衣服吧，这里介绍的是一种非常简便的宝宝装的做法，你很快就能上手，熟练后还可以加点小创意哦。

新生儿和尚服图纸

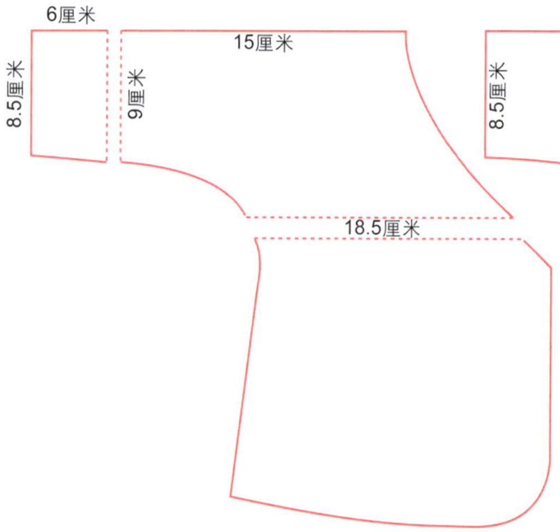

图1：和尚服前襟图纸（半幅）

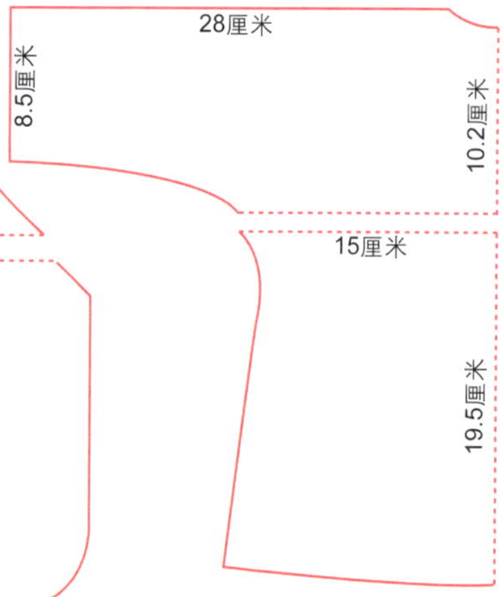

图2：和尚服后背图纸（半幅）

上图中的虚线为裁切线，该图纸未留缝合的布料，准妈妈可在裁切布料时自行留出大约0.7厘米的缝合布料。

如果想做更多款式、更漂亮的宝宝衣服，准妈妈可以从一些手工网站上搜索一下各种和尚服做法，相信会有不错的收获。

不少网店还出售专门的婴儿服材料包，直接购买的话，制作起来就更方便了。

范大夫连线

新生宝宝比较适合穿和尚服，就是那种穿脱方便、不分上下装的衣服，这样方便换尿布，也能减少穿脱衣服的时间，以免着凉感冒。

第139~140天

准爸加油站：学测宫底高，表达你的爱

这个月的产检，医生就会为准妈妈安排测量子宫底高度的项目了，结合腹围情况，就可以估计胎宝宝在宫内的发育情况。你也可以用软皮尺来帮准妈妈测量一下，记录好数据，这需要一点耐心，也恰是一个表达爱意的好机会。

测量子宫底高的方法

子宫底高是指从下腹耻骨联合上端处至子宫底间的长度，测量的难点是如何找到子宫底，子宫底在饱腹时不容易找到，空腹时则相对容易，准妈妈平躺的时候比较容易找到。

寻找子宫底时，先让准妈妈平躺下来，找到耻骨，然后在肚脐上、下或平的位置轻轻触摸，直到摸到一个圆圆的轮廓，这就是子宫底了。

如果找不到，可以一只手放在肚脐的位置，另一只手轻轻从腹股沟的位置上下推动，这时候可以明显感觉到子宫被上下移动了，找到子宫底也就比较容易了。

找到子宫底后，你拿软尺量出从耻骨联合处到子宫底的长度并记录下来就可以了。

子宫底高可以每周测1次，如果不是很有把握，你可以在这个月产检时请教医生后再自行操作。

子宫底高的规律

怀孕24周之后，获取的子宫底测量数据通常会与孕周数（24周时宫底高约为24厘米，此后同理）吻合，也可能存在一些差异（增加或减少1~2厘米）。假如测量数据差异多次超过1~2厘米，若增加可能意味着多胎妊娠或羊水过多，若减少大于5厘米则提示宝宝可能发育不良，要引起注意，并及时向医生反映。

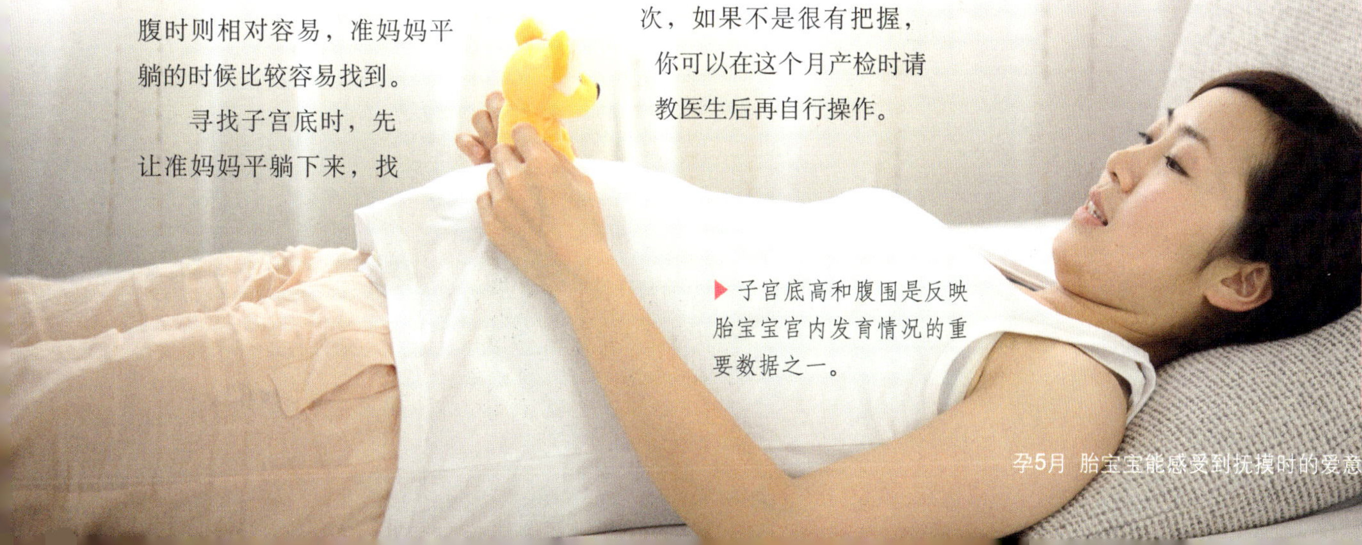

▶ 子宫底高和腹围是反映胎宝宝宫内发育情况的重要数据之一。

范玲指导
每天10分钟
快乐胎教

孕6月

进入高效的黄金胎教期

肚子中的小宝宝

和你有着最亲密无间的关系

你高兴时他也开心

你忧伤时他的情绪跟着低落

甚至只是听着你体内血液奔流的声音

和心脏稳健跳动的声音

也会让他心安

跟他说说这个世界、说说心里话吧

告诉他，你多么爱他

本月胎教要点

准妈妈的身体变化

有了十足的孕妇相

子宫进一步增大上升，子宫底逐渐升高，准妈妈的腹部明显突出，从外观上看，已经有十足的孕妇相。

子宫压迫到肺部和肠胃

子宫在以后的一段时间内将经历一个从脐下上升到超越脐部的过程，会压迫到肺部和胃部。

这时准妈妈觉得呼吸比以前要急促多了，特别是上楼梯的时候，走不了几级台阶就会气喘吁吁的。另外，子宫增大不仅压迫肺部，还会压迫到肠胃，胃肠被迫向上推移，致使胃肠蠕动速度降低，从而使胃的排空变慢，所以准妈妈常有上腹饱足感和胃灼热。建议准妈妈每餐不要吃太多，少食多餐会舒服一些，饭后散步将有助于消化。

行动变得迟缓

由于孕激素的作用，准妈妈的手指、脚趾和全身关节韧带变得松弛，有的准妈妈会觉得不舒服，行动有点迟缓和笨重，这是正常的，不必担心。

身体出现轻微浮肿

准妈妈的身体开始或多或少出现浮肿。这是由于在整个怀孕过程中，准妈妈的体液会增加6~8升，其中4~6升为细胞外液，它们贮留在组织中造成水肿。增大的子宫压迫血液循环也会造成下肢水肿。脚掌、脚踝、小腿是最常出现水肿的部位，有时候甚至脸部也会出现轻微的肿胀。

生理性浮肿不会对胎宝宝产生不良的影响，在产后会慢慢自愈，准妈妈不必过于担心。但如果肿胀特别明显，可能是子痫前期的先兆症状，一定要咨询医生。

避免或缓解浮肿需注意：不要站立或蹲坐太久，坐在沙发或椅子上时可以把脚抬高休息，还可以转动踝关节和脚部，增加血液循环。把两手高举到头部，先弯曲再伸直每个手指，有助于减轻手指的肿胀。此外，饮食上不要过咸，注意吃些利水消肿的食物，如冬瓜、红豆等。同时要注意喝水，不要因为水肿就减少饮水量。

范大夫连线

孕24~28周是做糖尿病筛查的最佳时间，准妈妈一定要重视。

专家的胎教提醒

6个月大的胎宝宝已经产生了自我意识，渐渐形成了个性特征与爱、憎、忧、惧、喜、怒等不同情感，胎宝宝渐渐“懂事”了，这个时候是对胎宝宝进行直接胎教的良好时机。

教胎宝宝学习

外国有胎儿大学的胎教训练法，事实表明，胎儿期的“学习”对胎宝宝智力和身体的开发是有益的。因此你要保持旺盛的求知欲，多给胎宝宝进行音乐胎教、语言胎教等，教胎宝宝认识数字、字母、汉字、音乐符号，也可多教他念一念童谣、儿歌，学一些简单的单词和词语如“hello”、“爸爸”、“妈妈”等。这将对胎宝宝智力的开发和身体的发育起到积极的作用。

让自己沉浸在美好的想象中

你要多想想自己已经过去的5个月的难忘时光，接下来的5个月同样将是一段令人憧憬的美好时光。多让自己沉浸在对胎宝宝的美好想象中，这会让你格外珍惜腹中的宝宝，胎宝宝也能感觉到健康、积极、乐观的心境。

营养胎教是母爱的一种表现

以一颗充满母爱的心，捕捉来自胎宝宝的每一条信息，细心培养，这是胎教的基础。现在胎宝宝身体发育迅速，营养需求很大，千万不能因为身材走样而不注意增加营养。

你现在需要一定量的维生素，要注意均衡饮食，还应多吃一些富含优质蛋白质和铁元素的食物，如牛奶、瘦肉、鱼、猪肝、大叶青菜、水果等。

和胎宝宝一起锻炼

胎宝宝的状况稳定，你可继续做孕妇体操、散步甚至游泳，还应当积极通过触觉来给胎宝宝做运动。

范大夫连线

孕期，你的头发比往常要略干，可按干性发质来护理，洗发后未完全干时尽量不要过多梳理和用过热的风来吹，任其自然风干即可。

孕21周

第141~142天

胎宝宝躲在子宫不断聆听

吸吮拇指的小可爱

现在，胎宝宝身体的基本构造进入最后完成阶段，从外观上看，鼻子、眼睛、眉毛、耳朵、嘴巴都各归各位，形状已经完整，整个身体看上去也是非常协调。

胎宝宝的身上覆盖了一层白色的、滑腻的胎脂，滑溜溜的。这层胎脂可以保护胎宝宝的皮肤，以免在羊水的长期浸泡下受到损害。不少宝宝在出生时身上都还残留着这些白色的胎脂。有意思的是，胎宝宝的味觉器官正逐步完善，味蕾已经形成了，所以胎宝宝现在也能有味觉了，准妈妈应注意不要偏食，多品尝各种食物的味道，这对宝宝出生后形成不偏食的饮食习惯有一定的帮助。

吸吮拇指是胎宝宝喜欢的游戏，幸运的话，照B超的时候也许可以看到胎宝宝吸吮拇指的可爱模样。

范大夫连线

包围着胎宝宝的羊水每3~4小时就会通过你的身体完全置换一次。因此你需要多喝水来帮助羊水更换，让胎宝宝生活得更舒适。

胎宝宝有话说

为了使声音能够被更好地传导，我的中耳骨开始硬化。现在我的听力已经达到一定的水平了，不信妈妈来个测试吧。那是汽车发动的声音，这是洗衣机脱水的震动声……太吵了，还是妈妈的歌声好听。

有了强壮的肌肉做后盾，我现在的精力特别旺盛，变得非常爱动。如果我动得特别欢，那是我想和爸爸妈妈做游戏了，爸爸妈妈一定要满足我哦。

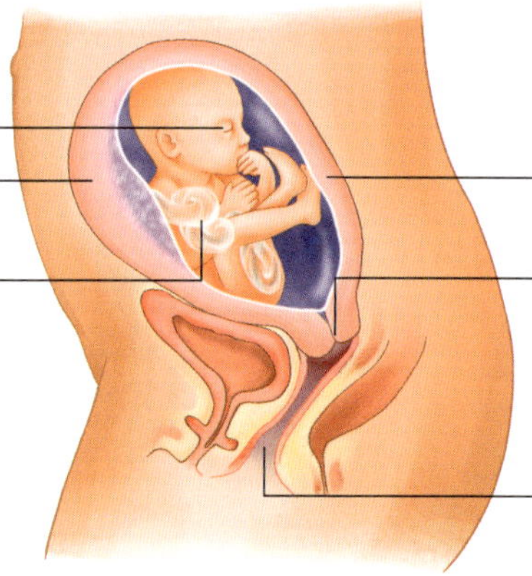

第143天

知识库：开始真正音乐胎教的最佳时机

胎宝宝的听力几乎与成人接近是在第6个月时，这也是让胎宝宝自己欣赏音乐的好时机，给胎宝宝播放优美的音乐时，你能感觉到他表达舒服的小动作，比如轻轻地踢脚。想象一下他正在安静地吸吮手指头吧，那正是他陶醉在音乐中的小模样呢。从现在开始，坚持让胎宝宝听一听音乐吧。

音乐胎教的4种方法

1 **母子聆听法**：用播放器播放你和宝宝喜爱的音乐，让宝宝去听，你自己也要认真体会和欣赏，胎教效果会不错，但要以感觉舒适为度，别太疲乏。

2 **哼歌谐振法**：每天哼唱歌曲给宝宝听，抒情的、欢快的都可以，重要的是你要有一颗愉快的心，通过歌声的谐振，将美好的感情传递给宝宝，他会很满足。

3 **母教子“唱”法**：可以在哼歌谐振法的基础上进行，唱的时候想象宝宝正在跟着你“唱”，等他“唱”完，你再接着教。

▶ 优美的音乐会让胎宝宝跟准妈妈一样心情愉悦。

根据胎宝宝“性格”选曲

在选曲时应注意到胎动的类型，这一时期胎宝宝的特质会有所显现，比如有的胎宝宝“淘气”，有的“调皮”，也有的“文静”，你要多多留心，这有助于你选择合适的胎教音乐。

一般，那些活泼好动的胎宝宝可以经常听一些节奏缓慢、旋律柔和的乐曲，如《勃兰登堡协奏曲》《摇篮曲》等；而那些文静、不爱活动的胎宝宝则可多听一些轻松活泼、跳跃性强的儿童乐曲、歌曲，如《铃儿响叮当》《牧童短笛》等。

除此之外，《踏雪寻梅》《雪绒花》《回乡偶书》《游子吟》《唐僧骑马咚咚咚》《走跑歌》《大蜗牛》等也适合在本月聆听。

第144天

知识库：怎样给胎宝宝听音乐效果好？

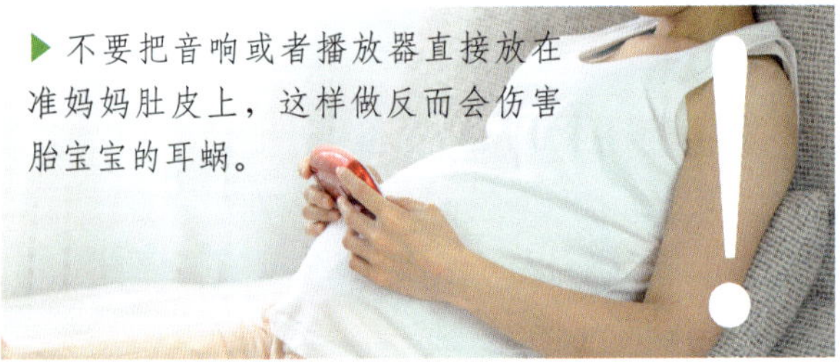

▶ 不要把音响或者播放器直接放在准妈妈肚皮上，这样做反而会伤害胎宝宝的耳蜗。

在音乐胎教的熏陶下，胎宝宝的听觉受到有规律的音波刺激，神经功能一天比一天更为敏锐。更难得的是，听音乐能培养宝宝将来对音乐的兴趣，以及对生活的感受能力。如果你坚持用正确的方法放音乐给宝宝听，这样的效果将更为显著。

放音乐的时间

给宝宝听音乐，每天可以放3次左右，每次12分钟，应选择在胎宝宝清醒时期进行，一般固定在晚上临睡前比较合适。

音量和声效

音乐可以通过收录机直接播放，你的身体应距离音箱1.5~2米，音响的强度在65~70分贝为好，不可将收录机直接放在你的腹壁上，不要使用低音炮。此时胎宝宝的耳蜗虽说发育趋于成熟，但还是很稚嫩，如果受到高频声音的刺激，很容易遭到不可逆性损伤。

音乐节奏

胎教音乐不要过于喧嚣、吵闹，或者节奏变化过大，这会导致胎宝宝中耳性听力下降。选择胎教音乐时最好听听专业人士的意见，到正规的音像制品市场购买。

禁用传声器

传声器传出的音乐透过母体腹壁、皮下组织、子宫壁、羊水、胎宝宝头骨等，经过反射、折射、散射、吸收等复杂作用，最终出现在胎宝宝耳中的是声波，音乐是严重失真的，而且声波的分量比常人听到的多且复杂，可能会对胎宝宝的听力造成伤害。

不要忽视你的联想

在胎宝宝听音乐的同时，你也要随着音乐表现的内容进行情景的联想，力求达到心旷神怡的意境，借以调节心态，增强胎教效果。

小趣闻

美国威斯康星州圣•约瑟夫医院有这样一个研究：专家们用录音机对早产儿播放古典音乐大师们的作品，以及他们家人谈话的录音，结果证明，虽然他们是早产儿，但他们比普通婴儿长得快。

第145天

智趣馆：给胎宝宝写一首节奏明快的小曲子

相信你已经意识到音乐胎教对胎宝宝的重要性了，美好的、轻松的、节奏明快的曲子，对胎宝宝的生长发育有很大的帮助，甚至会不经意间起到意想不到的效果呢。

谱一首属于自己的曲子

胎教音乐无需拘束于听音乐，唱歌是互动性更好的音乐胎教方式，如果你有不少乐理常识，有没有想过试着自己作曲呢？这是一件多么有意义的孕期乐事呀。

你可以为经常唱给宝宝听的歌曲另外编一首曲子，或者编新的曲子，用你想起宝宝时的心情去写，写出你的感觉，那些令你难忘的时刻，给你带来快乐的共同相处时光等等，如果你曾经有那么点儿担忧或伤感，也表达出来吧，没关系，表达喜怒哀乐本就是人之常情呢。

现在有专门用来记曲子的软件，即便你对谱曲不在行也没关系，你只要哼唱，它便能帮你记录，如果有兴趣，你可以试试。

如果可以，写下你的歌词

你爱好文学吗？一定也常常不经意间哼出一些自创的歌词吧，文字能促使你思考，记录下瞬间即逝的灵感。人们需要在爱中生活，更需要在写中思考，让诗情画意在优美轻快的旋律里恣意绽放吧。试一试，下一次你有了灵感，拿笔记录下来。

除了从自己的角度去看待生活，宝宝这个小人儿也有不少想法了哦，试着想想他想说些什么给你听。歌词案例：

宝宝保护妈妈

咿呀哟 咿呀哟
我要快快长大
妈妈不要害怕
宝宝来保护妈妈
哎呀呀 哎呀呀
小手小手快快长大
让宝宝来牵着妈妈
哎呀呀 哎呀呀
小脚小脚快快长大
宝宝要快些见到妈妈
咿呀哟 咿呀哟
我要快快长大
妈妈不要害怕
我来保护妈妈

改熟知歌曲的歌词也是一件很有趣的事情，易于上口也更容易操作，比如：

好宝宝，穿花衣，天天都爱来这里。我问宝宝你怎么来？宝宝说，我们家里最美丽！

……

第146~147天

准爸加油站：教宝宝唱一支歌

你已经意识到自己也是胎教活动不可或缺的主角了吧？不要怀疑自己的声音，它是宝宝天生就喜欢的频率段，你的声音似乎是上天特意给宝宝安排的礼物，不要浪费了它，跟宝宝说话或者是读一读散文，当然，如果你有兴致，教宝宝唱支歌也很不错哦。

20~24周的胎宝宝能够将听到的声音记录到脑电波中。到6个月末，胎宝宝耳蜗的形态和听觉神经的分化基本完成。从21周开始，你和准妈妈就可以增加教胎宝宝“唱”歌的内容了。虽然胎宝宝还不会真的张嘴唱，但持之以恒地坚持教唱，是可以取得良好效果的。

练习音符

练习音符发音，如“1、2、3、4、5、6、7、i”、“i、7、6、5、4、3、2、1”，反复轻声教唱若干遍，每唱完一个音符停顿几秒钟，正好是胎宝宝复唱的时间。

在教唱时，可以邀请准妈妈参与。如果她有兴趣，请她扮演胎宝宝的角色，引导她充分发挥自己的想象力，就好像子宫中的胎宝宝张开了可爱的小嘴，随着准爸爸学唱。

渐渐地，可以选唱一些简单的乐曲，时间一长，音符刺激可以在胎宝宝的大脑中构成记忆，能奠定音乐基础。

小知识

数字简谱的来历：数字简谱也被称为“加—帕—谢氏记谱法”，最初形成于16世纪的欧洲，19世纪经过加兰、帕里斯和谢韦3人的改进和推广后才得以广泛使用。19世纪末，简谱传到日本，再传入中国，并得以广泛使用。

范大夫连线

在教胎宝宝唱歌时，室内应保持安静，尽量避免噪音干扰，最好定时教，并制订一个施教计划，由你和准妈妈交替进行。唱完后记得摸一摸胎宝宝，他会回应你的呢。

学唱歌曲

选一些欢快的歌曲，也可以是你自己编曲作词的歌，将它们细细体会几次，记住歌词，在胎教时间，将它教给准妈妈和胎宝宝。一开始你可以清唱1~2遍，让她们熟悉曲子，然后你唱一句后留一点时间给她们跟着学唱。

如果你或者准妈妈会乐器，这个时候拿出来助兴吧，别让这样高效又浪漫的辅助工具被搁置起来。

孕22周

第148~149天

小可怜，皮肤皱巴巴的

胎宝宝：首要任务是增重

胎宝宝的身体现在已经比例协调，但是因为脂肪较少，全身皮肤红而多皱，所以整个身体显得皱皱巴巴，像一个小老头。只有等胎宝宝体重上升到一定程度，皮下脂肪才会将皮肤绷紧，让胎宝宝呈现出圆润光滑的可爱模样。对于现在的胎宝宝来说，最重要的任务就是从准妈妈处摄取丰富的营养，增加体重，并使身体各器官发育得更完善！

胎宝宝也逐步变成有意识、有感觉、有反应的人了。如果他正在睡梦中，过大的声音会把他吵醒。当他醒着时，就像是个小运动健将，平均一个小时要动50次，差不多是一分钟就要动一次。如果听到喜欢的音乐，他会变得更加活跃。他喜欢听来自外界的音乐、谈话，特别是准妈妈温柔的声音。

范大夫连线

从本周开始到24周结束，你可以去做B超排畸检查了，一般要做小脑、上唇、心脏、脊柱等筛查。

为了适应子宫外的生活，胎宝宝开始用胸部做呼吸运动了。

胎宝宝有话说

我几乎隔一小会儿就会把拇指放到嘴里吸吮一下，有时我一高兴还会将每个手指逐个吸吮一遍，还有很多动作我都没有来得及记下来。爸爸妈妈，我今天做了什么特别的动作没有呢？

孕期已经过去一半了，爸爸还记得是在哪一天看到我的第一张B超照片的吗？妈妈第一次感受到胎动是在什么时候呢？帮我记住这些特别的日子吧。

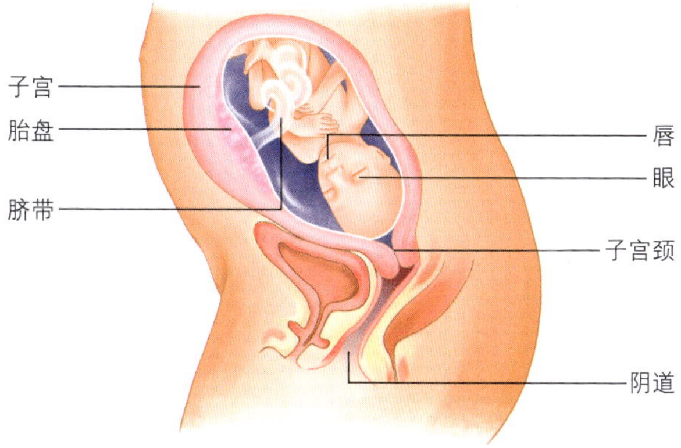

第150天

知识库：尝试一下英语胎教

相信吗，此刻你的胎宝宝正在侧耳倾听你说的每一句话呢，就像一个好奇的小天使，听累了就闭上眼睛做个美梦，醒来又入神地贴着腹壁听。没办法，听觉才刚刚发育完全，那么多声音都越来越清晰，这个也好玩，那个也神奇，一下子还真是难以适应呢。

跟胎宝宝说了那么多话，是不是偶尔有点点腻烦了？试试换个新鲜的，用英语来说，其实用英语跟宝宝说话也属于胎教，叫作英语胎教。

说英语

一开始，你可以讲一些简单点的话，比如：

“This is Mommy”

“It's a nice day”

“Let's go to the park”

“That is a cat”

将自己看到、听到的东西简单告诉胎宝宝，当然啦，虽然不说汉语了，但是起的名字还是别忘了叫，或者你还可以再给胎宝宝起个好听的英文名，比如：Tom、David、Lisa等。

接下来，你就可以说得长一些了，可以描述一件事情，比如：

“David，I am your Mom and I love you so much！”

“Johnny，you are my lovely baby and I will try to give anything that you like！”

范大夫连线

和胎宝宝说一段时间的英语后，你可以看看成效如何，如果以后当你对着他说英语时，他有用脚踢你肚子的反应，表示胎宝宝有学习，这时你不妨试着用英语叫他别再踢，看看他会不会平静下来呢？

再以后，你还可以选择一些优美的英语小品读给宝宝听，也可以收到不错的效果。简单、动听的英文歌曲也是不错的选择，比如《生日歌》《Do Ri Me》等等。准妈妈多学一些歌谣，以后可以教宝宝一起唱。

第151天

心体验：录制胎心音，一起听生命的悸动

到今天，胎宝宝的小心脏已经跳动20周了，从一开始微弱跳动，到现在能贴着肚皮听到，胎宝宝的心脏已经变得越来越强壮了。当你第一次在产检室里听到那强劲有力的跳动声时，是不是激动得流下了幸福的泪水？那是一份珍贵的记忆，将它录制下来，分享给家人和朋友吧。

怎样录制胎心音

产检时，从胎心仪里传出来的“嚯嚯嚯嚯”的声音就是胎心音，借助仪器你能听得很清楚，有时候准爸爸在门外也能听得清楚。

这一周去做产检前，提前咨询产检医生是否可以录制胎心音，一般医生都会允许录制，在听胎心音时会多放一会儿，让你录制得久一点。所以要提前将手机的录音功能熟悉一下，手机充满电，或者带上录音笔。假如医生不允许开手机，可以让准爸爸在门外帮你录。

如果购买了胎心仪，则可以借助胎心仪在家里录制。

胎心位置

胎心位置因胎位而异，若胎头朝下，在脐的右下方或左下方听；若臀在下，那就在脐的右上方或左上方听。最简单的方法是，在产检时请医生帮助确定，然后记住这个位置，以后依葫芦画瓢即可。

小知识

一般怀孕18周之后，可以用听诊器听到胎心音了。如果你腹壁特别厚，有可能会阻隔胎心音，但这种情况可能性较小，更大的可能是没找对位置。重新找一下位置，多试几次，也许就能听到了。

范大夫连线

到了孕中晚期，听胎心音就是家庭自我监护胎宝宝的内容之一了，除了你要学会观察胎动以外，准爸爸最好也能学会贴着腹壁听胎心。

胎心音与健康

胎心起初跳动较慢，到第8周后，每分钟能达到180次左右，第14周以后下降为每分钟140次左右，以后保持在每分钟120~160次。

胎心跳动的速度稳定下来后，可以直接反映胎宝宝的情况，过快、过慢或不规则都说明胎宝宝情况异常，可能宫内缺氧，学会监测胎心音可及时发现胎宝宝的异样情况。

第152天

智趣馆：学写童话，这是只属于你和宝宝的故事

在童话世界里，不仅有人类，还有世界上千千万万的动物和植物：鸟儿会说话，太阳会笑眯眯，小草会流泪，北风会生气……童话是有趣的，也是最容易与宝宝沟通的。

如果你想表达对宝宝的期待，或者给他讲某个道理，又或者你对其他童话故事的情节与结局不满意，将它们都巧妙地编成一个童话吧，它会带来别样的效果。

学写童话：《新龟兔赛跑》

旧版

很久以前，乌龟与兔子之间发生了争论，它们都说自己跑得比对方快。于是他们决定通过比赛来一决雌雄。确定了路线之后，他们就开始跑了起来。

兔子一个箭步冲到了前面，并且一路领先。看到乌龟被远远抛在了后面，兔子觉得，自己应该先在树下休息一会儿，然后再继续比赛。

于是，他在树下坐了下来，并且很快睡着了。乌龟慢慢地超过了它，并且完成了整个赛程，无可争辩地当上了冠军。兔子醒了过来，发现自己输了。

新版

乌龟和兔子的后代决定再来一轮比赛，看谁先到达遥远的目的地，小兔子很不服气，决心一雪前耻，为爸爸夺回应得的冠军。

比赛前，小兔子找了小猫、小鸟还有许多伙伴训练，直到赢了所有的伙伴，他信心满满地去比赛了。

在路上，小兔子被一辆的士超越了，他不甘心地追啊追，好不容易追上了又被甩了好远，小兔子有点不高兴了。

又一辆的士过来了，车在小兔子面前停下来，小兔子抬头一看，小猪丁丁在车上呢。他兴奋地问："丁丁，这是什么啊，怎么跑那么快？"丁丁告诉他这是汽车，还把叫的士车的电话给了小兔子，只要打电话就有车来了哦。

这下小兔子眼睛一亮，赶紧买了个手机。赛跑开始后，乌龟便开始不停地跑，小兔子则不慌不忙地拿出了手机，拨了号码。

可是，小兔子左等右等，车还是没来，乌龟早就跑得没影了，小兔子再也耐不住了，拼命朝前跑去，可是乌龟已经到达了终点，夺取了胜利。

小兔子很郁闷，他跑去质问丁丁："为什么你骗我？"

丁丁很纳闷，拿出手机拨打，不一会儿的士就来了。

宝宝，你知道为什么小兔子没能叫来的士吗？

第153~154天

准爸加油站：一起构想胎宝宝的可爱模样

准妈妈的肚子越来越突出了，你的心里是不是对胎宝宝的样子充满了期待？从决定要一个宝宝到现在你知道自己真的已经拥有这个宝宝，这期间胎宝宝经历了太多神奇的变化，你心中的那个宝宝是个儿子还是闺女呢？他是什么模样？像爸爸一点还是像妈妈更多一点？

心有灵犀，你的意念能够美化胎宝宝

从胎教的角度来看，准妈妈的想象非同小可，它能通过意念构成胎教的重要因素，转化渗透在胎宝宝的身心感受之中，影响他的成长过程。你脑中时常萦绕着的对于胎宝宝的美好想象，对他正在迅速发育的大脑、形体和容颜以及各个脏器会有很大刺激，使得他们有可能按照你的意念去发育成长。

所以，准爸爸不妨经常引导准妈妈做这样积极的想象，宝宝有天使般的脸、健康的体魄、聪明的大脑……尽可能想象一切美好、健康、积极的因素，并盼望着他的到来，用自己的意念塑造理想中的胎宝宝，你们要相信，美好的意念能让胎宝宝长得更完美。

构想并画出胎宝宝的样子

心目中的小天使会是什么样子呢？为他画下第一幅属于他的画像吧，或者找一张你觉得和他长得最像的宝宝照片贴在下面的方框内，并把你想对他说的话和你的美好愿望写下来，这将是你和宝宝共同的美好回忆。

孕23周

第155~156天

胎宝宝视网膜形成

胎宝宝有了微弱的视觉

这周的胎宝宝头臀长大约20厘米，体重大约455克。由于皮下脂肪尚未完全产生，皮肤呈半透明状，所以透过皮肤可以清晰地看到毛细血管，血管的颜色使整个身体都呈现出红色。另外，他肺部的血管也正在形成，呼吸系统正在快速建立，呼吸能力在不断吞咽锻炼中进一步增强。

胎宝宝的视觉能力也在进步，视网膜逐渐形成，具有了微弱的视力，可以模糊地看见东西。准妈妈可以多吃一些含维生素A丰富的食物，帮助胎宝宝视力发育。

现在胎宝宝的心跳每分钟有120~160次，非常有力。如果准妈妈的腹壁较薄，直接将耳朵紧紧贴着腹部，就可以比较清晰地听到胎心搏动。

范大夫连线

这个阶段胎宝宝体重增长较快，大约每周增重300克左右。准妈妈要注意饮食和加强锻炼，不要使体重增加太多、太快。

胎动次数在这周也会增加，并更加明显。你可以和胎宝宝做做游戏，当胎动出现时，可以一边说话一边轻柔地抚摸他。

胎宝宝有话说

妈妈怀孕后，要懂得心疼自己哦，比如做家务时，就要有所选择，因为并不是所有的家务都适合妈妈来做。那些需要伸展肢体及弯腰、下蹲等容易压迫到肚子的家务，妈妈还是不做为好，如搬运提拿重物、擦玻璃等，爸爸会把这一切安排妥当的。而像买菜、洗菜、做饭、用洗衣机洗衣服、叠衣被之类的家务，不需要太大的肢体动作，也不用多大的力气，不会太累，可以适当做一点。

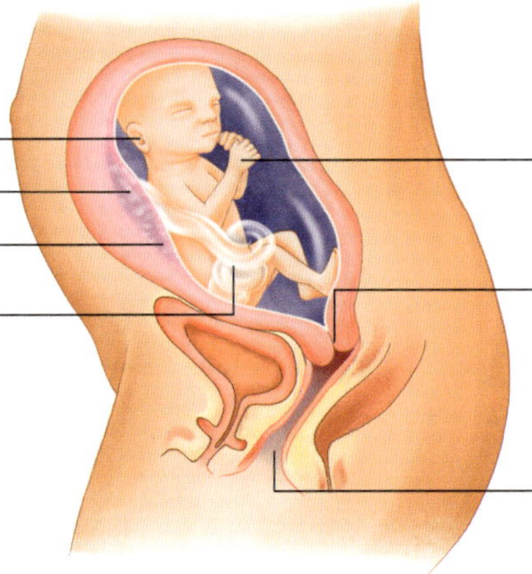

第157天

知识库：大肚妈妈也可以过完美性生活

怀孕后是否还应该有性生活？性生活是不是对胎宝宝不好？你和老公是不是也被这些问题困惑，甚至还有意无意影响着你们的生活？其实，健康适度的性生活不仅是可以的，还能大大增进你和老公的感情。

孕中期是性生活最佳时期

妊娠3个月以后，胎盘逐渐形成，妊娠进入稳定期，加上胎盘和羊水的屏障作用，可缓冲外界的刺激，使胎宝宝得到有效的保护。而且，进行性生活时随着子宫的收缩，血管变得充盈，便于运送更多的血液和营养，有利于胎宝宝的成长。

此时早孕反应已经过去了，你的心情开始变得舒畅，由于激素的作用，有更多的血液涌向阴道和乳房，大多数准妈妈的性欲会有所提高，甚至会达到前所未有的性高潮。

你的子宫颈在孕期是紧闭的，而且还有许多黏液封闭着，能够防止病原菌的侵入，不会对胎宝宝造成不利影响。

你现在的胸部变得更加饱胀，身体变得比原来丰满，还有圆圆的肚子，这一切的变化，对准爸爸来说，都是新奇刺激的事情，能为性爱带来不一样的新鲜，会给你们带来更美妙的性爱感受。

还要注意安全

1 动作轻柔，体位舒适。准爸爸的动作要轻柔，最主要的是不要压迫到准妈妈的小腹或乳房。若准妈妈在下，准爸爸要用双臂撑起上半身。若准妈妈的肚子比较大了，平躺的体位不宜再继续采用，准妈妈在上或跪趴比较安全和舒适。

2 注意卫生。事前事后，夫妻双方都要用清水清洗，避免不洁接触引起感染。若准爸爸有性病，则需要避免性生活。

3 记得戴安全套，因为精液中的前列腺素有催产作用，容易引起子宫收缩。

4 如有不适，及时就医。如果在性生活中有不适感觉，如小腹疼痛、阴道出血等，需要去看医生，以免早产或流产。

5 有习惯性流产史、子宫颈机能不良、前置胎盘、阴道发炎严重的准妈妈需要咨询医生，必要时要避免性生活。

范大夫连线

如果医生嘱咐你孕期要避免性生活，那就一定要完全避免，也不要自慰，因为自慰产生的高潮更猛烈，能引起更强烈的子宫收缩，发生意外的可能性更大。

第158天

儿歌《小星星》，感受欢快节奏

著名的儿歌《小星星》是由1770年开始在法国流行的歌曲《妈妈听我说》改编而成的，《妈妈听我说》这首曲子在西方国家有许多不同版本的歌名及歌词，但没有人知道谁是原创者。

“一闪一闪亮晶晶，满天都是小星星”，旋律愉快自然地流淌着，小星星活泼可爱、变幻多端的画面也出现在脑海中。不论白昼或黑夜，不论阴雨或晴天，只要聆听这天使般的音乐，天上的星星就会开始闪耀；不论心情快乐或郁闷，都会使你感到安宁。

家里有钢琴或电子琴的准妈妈可以根据上面的曲谱来演奏这首欢快的乐曲，同时你还可以填入自己创作的歌词，比如可以讲述孕期心情、发生在身边的故事，你会感觉妙趣横生。

范大夫连线

欢快的音乐和文艺作品可以帮助你营造良好的心境，而恐怖惊悚的文艺作品却会扰乱你的情绪。因此，孕期坚持多听一些欢快美好或者轻柔优雅的音乐，读一些有趣的诗歌、小说，看一些温暖美好的电影，对你和胎宝宝都会大有好处。

第159天

智趣馆：用闪光卡片和胎宝宝互动

闪光卡片就是用彩色笔写上字母、文字、数字的纸片，制作卡片时，因为在色彩上很醒目，因此我们将它称作闪光卡片，这种卡片可以帮助你强化意念和集中注意力，并让你获得明确的视觉感，从而获得比较好的胎教效果。

制作闪光卡片

1 选择一些稍大点的白纸，将白纸裁成若干等大的正方形，大小可随意，但不要太小，最好宽15厘米以上。

2 准备一些彩色笔，可选择那些线条稍微粗一些的，另外还要准备一支钢笔或黑色签字笔。

3 现在可以在上面写你想要的内容了，不过写的时候可事先考虑一下色彩搭配。建议先用鲜艳的色彩勾画，再用黑色勾边，使字体更醒目。

用闪光卡片与胎宝宝互动

和宝宝沟通时，使用闪光卡片会很有趣，也比较有效。现在你可以试试用闪光卡片教胎宝宝字母和数字，不过要注意集中注意力，并积极联想，最好可以将你的想法也一一说出来，不仅让胎宝宝感受到，还可以让他听到。

你可以先将几个字母和数字分别写在不同的卡片上，写的时候记得将音读出来，临摹的时候要集中注意力，加深印象，同时对所临摹的对象加以想象，比如A，可以想象这是一个铁塔，也像一个吊索桥，还像一个娃娃叉着腰等等。描摹完后，可以连贯地领着胎宝宝读几遍，同时还要记得不断地将平面的形象转化成生活中存在的立体信息，并通过想象传达给胎宝宝。

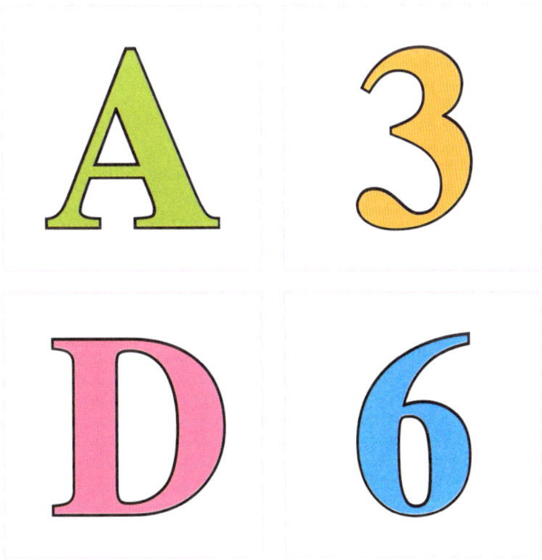

范大夫连线

在教胎宝宝学习前，你要保持平静的心情，这样才能更好地集中注意力，让感觉与思考和胎宝宝吻合。不妨先进行一下深呼吸，或者练习一下前面学过的呼吸法，让心绪宁静。

第160~161天

准爸加油站：在特别纪念日感动准妈妈

孕期过半了，你还记得是在哪一天看到宝宝的第一张B超照片的吗？宝宝第一次出现胎动是在什么时候呢？今天他有没有带给你意外的惊喜？又是在哪一天，发现了两道令人欣喜的红杠杠……

记住这些特别纪念日吧，在以后的某一天，一些简简单单的事情也会因此而特别，给你和准妈妈带去很多快乐。

记住一些标志性的日子

孕期的一些标志性日子，如末次月经、怀孕的确诊日期、早孕反应出现及消失的时间、胎动出现的时间、B超检查的时间、产前检查的时间、预产期等，这些日期都非常重要，是关系到整个孕期的重要标志，准爸爸不但要记在日历上，最好也能记在心里，这不仅有助于了解宝宝的情况，也是准妈妈心理上最好的支持。

做个有心人，备一份小礼物

礼物是寄托人们情意的东西，无关是否贵重，也不是生日或结婚纪念日的专属，只要有心，即便是一句简单的话语也温暖人心。

为家庭小成员的到来，准妈妈做了太多的努力，而小宝宝也正以旺盛的精力成长着，他需要你们的关怀，在一些孕期纪念日里，不要吝啬自己的心意，给准妈妈和胎宝宝准备一份礼物，一双合脚的鞋、一本有趣的画册、一次体贴的下厨……这些都是意外的惊喜，相信准妈妈会被你感动的。准妈妈也不要因为怀孕就忽视了准爸爸，在准爸爸疲惫时给他一个拥抱，或为他沏一杯暖茶，升温一下夫妻感情。

小知识

日本学者五木宽之说：“为了让自己成为一个快乐的人，我决定每天寻找一件令自己快乐的事，哪怕它一闪即逝也没关系，把它记在我的记事本上……例如，今天早上搭电车时，幸运地坐在一个靠窗的位子，看着窗外飞逝而过的美丽风景，觉得相当开心！”

范大夫连线

每天都会有快乐的事情，只要留心去发现，其实每一天都是特别纪念日呢。

孕24周

第162~163天

胎宝宝的大脑开始有意识了

胎宝宝的呼吸功能日益完善

相比于上个孕周，胎宝宝在本周体重增加较多，体重将增加到约540克，占据了准妈妈子宫内越来越多的空间，但是看上去仍然显瘦，皮肤表面的小皱纹还是很多。

胎宝宝的肺部血管更加丰富，胎宝宝的肺里面，负责分泌表面活性剂(一种有助于肺部肺泡更易膨胀的物质)的肺部细胞也正在发育。如果胎宝宝在此时出生，在医生精心照料下他不是完全没有可能存活，但存活的可能性较小。大脑发育进入了成熟期，其功能也进一步发展，对听觉、视觉系统接收到的信号都有了意识。

胎宝宝还学会了咳嗽，如果准妈妈感觉到腹中像有什么东西在敲打一样，那可能正是胎宝宝在咳嗽呢。

范大夫连线

随着子宫和胎宝宝的长大，你的睡姿就越来越重要，特别是到了孕晚期，不良的睡姿不仅会影响到子宫的位置，还会增加子宫对周围组织及器官的压迫，影响子宫和胎盘的血流量。

胎宝宝有话说

我已经长大这么多了，随着我的长大，妈妈的肚子似乎成了焦点，任何一个人都会过来摸两下，是因为我很美好吗？还是人们都很好奇一个人是怎么从另一个人的肚子里出来的呢？这是一个可以好好思考的问题。还有些人会经常看着妈妈的肚皮猜想我的性别，说什么尖肚子生男孩，圆肚子生女孩，妈妈你可千万别信他们，我的性别等我出生大家就知道啦！

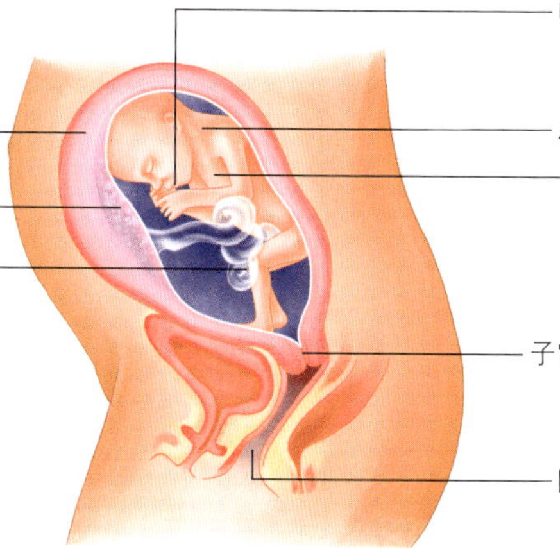

第164天

知识库：可以在孕期进行游泳运动

如果你在孕前就是游泳好手，那么游泳运动就是你在孕期一个再棒不过的选择，千万别放弃了。这项运动能够让你的孕期更加轻松充实，而且让你攒足耐力，这一点等到分娩时你就有体会了。

游泳的益处

1 游泳让全身肌肉都参加了活动，能促进血液流通，使胎宝宝更好地发育。另外，通过游泳，你还可以控制增长过快的体重。

2 水的浮力能够减轻身体负担，从而缓解或消除孕期常有的腰背痛症状，并促进骨盆内血液回流，消除淤血现象，有利于减少便秘、痔疮、四肢浮肿和静脉曲张等问题的发生。

3 游泳还可以改善情绪，对胎宝宝的神经系统有很好的影响。

4 游泳对于肺活量的锻炼很有作用，有助于你顺利分娩。

5 可以自然调整胎儿臀位。

游泳须知

在游泳前，你最好征得医生的同意，怀孕未满4个月或有流产、早产、死胎史、阴道出血、腹部疼痛，或患心脏病、妊娠高血压综合征、耳鼻喉方面疾病的准妈妈都禁止游泳。

选择卫生条件好、人少的游泳池。水温在29~31摄氏度之间为宜，并能避开阳光的直射。

下水前先做一下热身，下水时戴上泳镜；上岸时注意擦干身体，避免感冒。

游泳时动作不宜剧烈，时间也不要过长，一般不宜超过1小时。另外，不要跳水，不要仰泳，蛙泳是最佳选择，因为这不需要身体（除了两臂）的扭转，同时也更加省力。

怀孕最后两个月为避免胎膜早破和感染，应停止游泳。

▶ 准妈妈能否游泳，最好先咨询妇产科医生。

范大夫连线

在开始做运动前，你最好喝上一杯温开水，在锻炼期间，每20分钟喝一杯，在结束运动之后，再喝上一杯。

孕1月 孕2月 孕3月 孕4月 孕5月 孕6月 孕7月 孕8月 孕9月 孕10月

第165天

心体验：拍大肚照，留影人生完美瞬间

孕中期是你状态最好，也是最美的时候，少了刚怀孕的不适，多了一份母性的气质，对人对事你都更加温和。而此时你的孕态也很完美，肚子像个加大版的小皮球，特别惹人爱。这个时期来拍摄一套大肚照是再合适不过的了，定格下你人生中这一幸福完美的瞬间吧。

照相会影响胎宝宝吗

不用担心在怀孕期间照相会对胎宝宝产生不良影响，照相其实是利用自然光或灯光，把进入照相机镜头的人或景物感光到底片上，不会产生有害射线。所以，不论是你还是胎宝宝几乎都不会因照相而受到影响，相反，照相还能给生活增添许多难以用言语表达的乐趣。

拍照的注意事项

1 拍孕期照应在准爸爸的陪同下进行，以免发生意外，如果能加入到拍照的活动中就更好了，这样将来宝宝会知道，当初爸爸妈妈是多么辛苦，又是多么幸福。

2 最好选择专门给孕妇拍摄的影楼，会有很多孕妇服装可以选择，而且衣服一般会做消毒处理，不过建议你带上自己的孕妇装。

3 有的摄影师为了追求效果，会在你的肚皮上画彩绘，但是要注意颜料的质量问题，建议你最好不彩绘，以免影响到胎宝宝。

4 关于化妆美容方面，由于准妈妈的抵抗力偏弱，因此化淡妆就好，不要做指甲美容。带上自己的安全化妆品，影楼的化妆品多是公用的。

5 拍摄中要放松心情，愉快地表现出即将做妈妈的幸福感，表现最真实的状态。

6 考虑到拍照时间比较长，照相馆旁边最好有卫生条件好的餐厅，或者自己带上食物和水，中途及时补充能量，并休息一下。

7 不要贪多，拍太多的照片需要花费很多时间，可能会体力不支，主要是留个纪念，20张左右就好了。

范大夫连线

拍照的时候，千万别因害羞而遮遮掩掩，既然是拍大肚照，至少要有一组露出肚子的照片才算完美哦，顺便还可以涂些亮亮的橄榄油，让肚子更漂亮。

第166天

智趣馆：串珠子，把耐心传输给胎宝宝

串珠子就像做一个五彩缤纷的梦，珠子有各种各样的形态和颜色，很容易让人一见倾心，这也很容易吸引宝宝的注意力。想要串出理想的东西，你自然会要求自己聚精会神去做，这样的耐心和细心会让胎宝宝也受到感染的。

串珠子的材料

鱼线或者韧性强的丝线（鱼线一般都用透明色的，渔具店里有很多规格，一般用0.6毫米的，来回穿上四圈都没问题，太细的容易断，太粗的回穿次数多了就穿不进去了）。

你喜欢的各色各样的串珠（新手串珠子最头疼的问题可能是材料购买问题，一般到本地小商品批发市场都可以买到，或者到电子商务网站上搜索，也有很多选择）。

串一颗爱心

1.准备小圆珠若干，鱼线一根。

2.鱼线对折，串入4颗珠子，将一端的鱼线串过邻端上面那颗珠子。

3.按照右图中的穿线走势将珠子串完整，即成一个平面心。

范大夫连线

准妈妈可以从网店购买串珠的材料包，店家已经将各色珠线搭配好了，并且提供相应的串珠走线图片，非常方便。

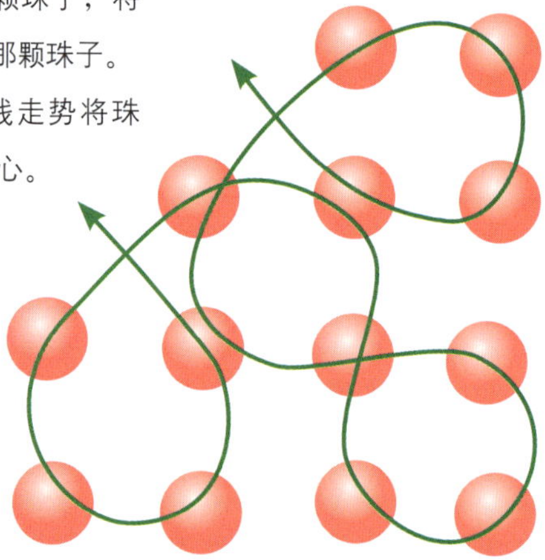

第167~168天

准爸加油站：和准妈妈一起去孕妇学习班

在陪准妈妈去做产检时，也许你已经观摩过医院的孕妇学习班了。现在，妇产医院一般都开设免费的孕妇课堂，可以学到不少孕产知识，记得抽空给医院打电话咨询开课时间，陪着准妈妈一起去听一听，让准妈妈感受到温馨与踏实，安心度过孕期。

课程内容

胎教、孕期保健、营养和服药知识、如何预防感冒等疾病、监测胎动、识别先兆流产、分娩方式的选择、母乳喂养、新生儿护理等，都是比较实用的知识。

对工作忙的准爸爸来说，上课是很有效的获取知识的途径，一堂课包含的信息量比较大，印象深刻，在关键时刻能及时派上用场。

准爸爸的课程

许多孕妇学习班都会要求准爸爸也听几次课，可以让准爸爸意识到学习孕产知识的重要性，以便更好、更专业地照顾准妈妈。而且有了你的陪伴，准妈妈的学习也不会那么枯燥无味，学习积极性和效率更高。

除了孕妇学习班外，你还可以和准妈妈一起阅读孕产类图书，让自己的孕期生活过得充实而从容。

学习一点早教知识

孕妇学习班的课程会涉及到产后早教，宝宝出生后怎么教，这一点你从现在起就要做好心理准备，必要的知识储备能够帮助你尽快适应。

宝宝对妈妈和爸爸的期待是不一样的，在饿了怕了不舒服的时候会寻找妈妈温暖的怀抱，但对于外界的好奇，却是期待爸爸带来的刺激和新奇。

▶ 准爸爸应多和准妈妈一起看孕产图书，了解孕育常识，成为准妈妈最强的后盾。

范玲指导
每天10分钟
快乐胎教

孕7月

善用融入浪漫幻想的胎教

试着想象一下宝宝的模样吧

小脸蛋要汇聚你和爸爸的所有优点

女孩的眉眼要像妈妈般温婉

男孩的眉眼应该像爸爸般英挺

小鼻子要挺括

小嘴巴柔嫩又红润

……

当然，还要承袭你们的智慧

成为一个健康、聪明又漂亮的小宝宝

本月胎教要点

准妈妈的身体变化

身体出现诸多不适

进入孕7月，你的身体可能会出现很多让人不那么愉快的状况，比如之前提到的妊娠纹、妊娠斑、身体浮肿、小腿抽筋等都会随之而来或加重。这些变化都是正常的，不要担心也不要烦躁，尽量用平和、愉快的心态应对这些变化。

越来越臃肿

准妈妈的腹部还在增大，变得越来越臃肿，低着头可能都看不到自己的脚了，以前很轻松就能做的事情，现在做起来也觉得吃力。为了保证行动安全，建议准妈妈走路要缓慢、稳当，避免跌倒；不要做剧烈运动，不要搬动重物。

受便秘、痔疮等困扰

逐渐膨大的子宫日渐压迫肠胃，胀气、便秘的情况可能都在延续。此外，随着子宫的增大，还会慢慢影响准妈妈盆腔内静脉血液的回流，使得准妈妈肛门周围的静脉丛发生淤血、凸出，从而形成痔疮。便秘和痔疮是孕期非常常见的病症，且相互影响。

如果准妈妈在此时得了痔疮，不用过于惊慌，一般分娩后即可消除。为了避免痔疮随着孕期而加重，首先必须采取措施使便秘的症状得到缓解，并注意不要久坐。久坐会加剧淤血程度，造成血液回流困难，诱发痔疮或加重痔疮。

胎动变少

本月末胎动的次数会减少，准妈妈不要担心，这只是因为此时的胎宝宝已经长大，子宫对他来说已经显得有些小了，活动就会少一些。隔着准妈妈的肚皮，可以感觉到胎宝宝的动作，甚至可以摸出小脚、小手、小屁股。

范大夫连线

只要时间允许，建议准爸爸陪准妈妈一起去参加分娩学习班，多了解一些分娩知识，既可缓解准妈妈对分娩的恐惧，也能为即将到来的分娩做更充分的准备。

专家的胎教提醒

这个月胎宝宝的身体机能、感觉系统、神经系统都有明显的进步，做游戏、对话或者听音乐等都对你和宝宝的情绪特别有好处。

跟胎宝宝玩游戏吧

胎宝宝在第七个月的时候已经有足够的能力进行互动游戏，在子宫内伸个懒腰，打个呵欠，或踢一下子宫壁，玩弄一下身边漂浮的脐带等，这些都会使胎宝宝感到很满意，很快乐。那么，你和老公不妨多和宝宝互动一下，做做游戏，这对于宝宝智力的发育是有益的。

坚持对话胎教

每天和胎宝宝说说话，可以使他保持快乐的情绪，准爸爸更是应每天坚持。例如清晨时可一边轻轻抚摸准妈妈的肚子一边说：“宝宝，你睡得好不好？天亮了，我们起床了。宝宝，起来活动活动，看今天的天气多好。”对话的时间不需要长，内容可轻松、愉快些，可重复练习，宝宝是喜欢重复以前的对话的。

一起听听音乐吧

胎宝宝能感受到子宫外的音乐旋律，并从中体会到理性、道德感和美感。你会从美妙的音乐中感到自己在追求美、创造美，这种美好的感受和情绪会使得胎宝宝感觉格外良好。

此外，现在听听音乐对胎宝宝右脑的艺术细胞发育是有利的，若是出生后继续在音乐中学习和生活，会给宝宝智力的发育带来更大的益处。

带着快乐情绪想象未来的美好生活

胎宝宝的感觉是敏锐的，通过你的情绪，他会知道自己在这个世界上是不是一个受欢迎的人，这对未来他与你之间的亲子关系和他的性格有很大的影响。因此，你不妨时常想象宝宝来到这个世界上以后，你们一家人的美好生活，这会让宝宝感觉幸福，期待自己的降生。给宝宝准备一些可爱的小衣服，准备一些高质量的玩具，等等。这个“囤货”的过程会让准妈妈和准爸爸都觉得幸福。

范大夫连线

胎宝宝现在已经满6个月了，你要记得少吃寒凉食物，少吃冰箱中直接取出的食物。

第169~170天

胎宝宝大脑发育进入第二个高峰期

胎宝宝进入第二次大脑发育高峰期

此时胎宝宝从头部到臀部长约22厘米，重约700克，皮下脂肪虽然还是不多，但整个身体却显得饱满多了。子宫里的空间较前段时间已经有些小了，但整体上来讲还不影响他的活动，他仍可以伸胳膊、踢腿、翻身或者滚动。

胎宝宝大脑细胞迅速增殖分化，体积增大，这标志着胎宝宝的大脑发育进入了第二个高峰期。在接下来的4周时间里，胎宝宝的脑沟脑回将逐渐增多，脑皮质面积也逐渐增大，几乎接近成人脑。相应的，小胎宝宝的意识越来越清晰，对外界刺激也越来越敏感，准妈妈的任何动静都有可能引起他的反应，此时做胎教能得到比较明显的回应。另外，胎宝宝的运动能力更强了，因而准妈妈能感觉到的胎动次数明显增加。

范大夫连线

孕期补充DHA和EPA对促进胎宝宝大脑和视网膜的发育意义非常重大，即使到宝宝出生后，也要坚持补充DHA和EPA，因为宝宝在6岁之前脑神经元突触都在不断增长，需要DHA和EPA来提供能量。

胎宝宝有话说

无论何种形式的胎教，都是通过妈妈的感受传递给我的，所以胎教不必拘泥于形式，把自己弄得紧张兮兮，只要妈妈开心，并将满满的母爱传达给我，这就是给我的最好胎教了。

妈妈如果心情不好，爸爸一定要想办法让妈妈变开心哦。一朵漂亮的玫瑰，一块美味的蛋糕，甚至只是一个拥抱，也许都会让妈妈“阴天转晴”哦。

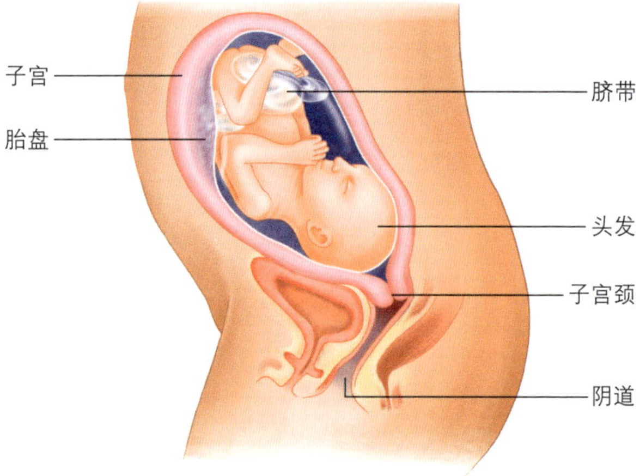

孕1月
孕2月
孕3月
孕4月
孕5月
孕6月
孕7月
孕8月
孕9月
孕10月

第171天

知识库：含DHA的食物可补脑

DHA是人脑发育必不可少的高度不饱和脂肪酸，是构成大脑皮层神经膜的重要物质，能维护大脑细胞膜的完整性，并有促进脑发育、提高记忆力的作用。

此外，脑细胞的分裂需要大量的DHA，而胎宝宝期是脑细胞数量增殖的主要时期，需要及时补充足量的DHA。

草鱼中含有对大脑发育有益的多种营养素，尤其是脑黄金DHA，可常吃。

吃鱼可补充DHA

DHA对智力提升的帮助是长期的、持续的，但必须足量才能起到应有的作用，世界卫生组织推荐准妈妈每天摄取DHA300毫克。

DHA的摄入主要通过膳食来完成，鱼含有较多的DHA，准妈妈可适当吃一些海鱼、海产品，如鲔鱼、金枪鱼、三文鱼、鲱鱼、鲑鱼、鳟鱼、鳕鱼、刀鱼、青鱼、沙丁鱼、鳗鱼等，每周不超过2次。

吃鱼时需要注意的事情

不要吃生鱼片。

食用鱼的种类最好经常更换，不要经常吃一种鱼。

鱼身上含DHA最多的部分是眼窝和鱼油部分，不要错过。

鱼搭配黄绿色蔬菜可以促进血液循环，改善肤色。

α-亚麻酸营养品

在妊娠最后3个月内，母血中的α-亚麻酸可合成DHA，然后通过血液输送给胎宝宝，因此α-亚麻酸营养品也是补充DHA的良好来源，而且安全，无任何副作用。

α-亚麻酸营养品的最好补充时间在孕晚期（孕28周后）至胎宝宝出生后6个月内。在宝宝出生6个月后，可将油挤入配方奶中摇匀，直接喂给宝宝。孕期特别是最后的3个月孕期中，准妈妈可以常吃一些核桃等含α-亚麻酸多的坚果。

第172天

心体验：胎宝宝开始能理解你的感情

胎宝宝和你的心灵是相通的，你如果受惊，胎宝宝也会出现受惊反应，而你高兴则胎宝宝也安心，可以说是母惊儿担忧，母安儿舒畅啊！

激素是传情达意的信使

你大脑中所感觉所思考的事情，通过与大脑皮层直接相连的下丘脑转化为情感，继而转化为躯体的感觉。这个过程中会产生剩余神经激素，它可能通过胎宝宝的下丘脑而对胎宝宝产生影响，使你的感情传达给胎宝宝。

范大夫连线

从现在开始，胎宝宝的性格就开始形成，你的温暖和慈爱会影响胎宝宝，使其形成热爱生活、活泼外向、果断自信等优良性格的基础。反之，焦虑、厌烦甚至怨恨的心情则会使得胎宝宝萌生孤独、寂寞、内向和自卑。

保持良好的感情交流

胎宝宝对于爱的感受力是非常敏锐的，良好的心态、融洽的感情不但是优生的重要条件，而且健康向上、愉快乐观的情绪还会使胎宝宝发育得更健康，分娩时也较顺利；反之，不良的情绪则会使得胎宝宝的身体和神经发育受到损害。另外，你千万不要有放弃腹中宝宝的念头，他感受到这样的信号会忧虑和害怕，而且这种伤害会延续到出生以后，甚至很长时间。

写孕期日记不仅能记录下孕育这一最特殊的人生经历，记录孕期每日的琐事也能帮助准妈妈更好地安排孕期生活。

保持良好心态的方法

1 陶冶情操，多听一些优雅的音乐、多看美好的风景和图片，这样可以心态平和。

2 做做白日梦，幻想一下腹中宝宝的样子，猜猜胎宝宝在想什么，在心里跟胎宝宝说说话，这是和胎宝宝联络感情的好方法。

3 写日记，这是个抒发感情的好方法，写日记时要怀着一种让宝宝长大后来看的想法，这样你会发觉更多令人愉快的事情。

第173天

智趣馆：锻炼左脑的立体拼图

拼图是一种让人着魔的智力游戏，它变化多端，难度不一，百玩不厌。传统的拼图大多是平面拼图，在这个基础上，可以站起来并延展开的拼图的趣味性和难度都随之增加，这种拼图就是立体拼图。有一点心动了吧，不妨和准爸爸一起去挑一款心仪的图形来玩一玩。

拼图好比补脑维生素

在一定的时间里，将一堆十分混乱、毫无头绪的图块，拼组成固定的、一块都不能错的美丽图案，要调动敏锐的观察力和相当的耐心才能完成。在相互无关的画片中，寻找能够连接的结合点，对培养思维能力是非常好的锻炼。

无论在现代还是古代，拼图都是启发智力的好伙伴，能够培养人的观察力、想象力以及形状分析和创意逻辑上的能力，拼图过程往往也是增强耐性的过程，好比是给人补脑的维生素。

玩一玩——立体拼图的美丽心情

与平面拼图一样，立体拼图有很多题材可以选择，如果你钟情公主风，那么美丽的庄园、可爱的白雪公主与小矮人这样的拼图定会让你一见倾心的吧；如果你是地理控，地球仪、世界知名建筑这类的拼图能令你着迷；童心未泯的你还会喜欢足球、笔筒甚至小小钥匙链这样好玩的拼图哦。

养育孩子其实是陪伴他一起成长的过程，会陪孩子玩的爸妈才是最棒的爸妈。

范大夫连线

在做拼图时，你会有许许多多思路和想法，还有很多美丽画面，不要吝啬自己的语言哦，说一些给胎宝宝听，这就好比讲述一个动人的故事。

专属的个性化拼图

一本相册、一张照片、一个日记本、一篇日志，它们都是你生活拼图中的一小片，然而拼凑起来的却不仅仅是一个画面，而是一个故事、一段回忆、一缕温情。每一个单片都有它自己的位置，每段回忆也都有它的故事，将它放在专属的地方，慢慢地，它们就丰富起来，在你生命中变得清晰而完整。

第174~175天

准爸加油站：对着大肚子说甜言蜜语

“老公，给我说句甜言蜜语吧！”这样的话你偶尔会听准妈妈说起吧，或许你有意无意地就忽视了此时她的需要。女人如水，是感性的动物，往往感动她们的不是一件惊天动地的大事，而仅仅是你的一句甜言蜜语，腹中的胎宝宝似乎更是如此。

浓情蜜意的胎谈

你的声音通过羊水后，在胎宝宝听来犹如天籁之音，非常悦耳，在准妈妈肚子一天天大起来的日子里，多腾出些时间来跟他们说说甜蜜可心的话吧。在这样的胎教过程中，时间的长短并非是最关键因素，至关重要的部分是通过父亲磁性的声音向胎宝宝传递你的爱心，爱的正确表达才是此时最最重要的内容，也是非常有趣的过程。

爱是最好的礼物

无论是讲述自己辛苦奔波的一天，还是描述卧室的布置，抑或与准妈妈深情相拥，回味最初相遇时的情景，只要言语中体现着爱的暖意，就是你给胎宝宝的最好礼物。

因为爱可以让人的情绪变得更加高昂，声音也会随着情绪的变化显得更加有节奏，这种节奏感正是腹中的胎宝宝最容易感知到的刺激。同时爱的温情也让这种刺激显得更加柔和并易于接受，因此对胎宝宝的成长是非常有利的。

在对着大肚子说话时，不要刻意贴着肚皮说，避免分贝过大。言语之间应多些赞美之词，当你们感到快乐，不要忘记欢笑。

俘获爱人的心

对爱人来说，甜言蜜语并非就只是甜蜜的话语，当你在她紧张时握紧她的手，跟她说：“老婆，不要担心，有我在。”当她早上醒来时看见你凝视她的温柔眼神，当她吃到你亲手做的饭菜，收到你给的礼物、你关切的电话……相信那样的瞬间比任何话语还要令她感到甜蜜温暖吧。

总之，一切积极、快乐的力量都可以让胎宝宝感受到来自于父母的爱，有了爱的保护，宝宝的健康就有了最为坚实有力的保障。

范大夫连线

从准妈妈胖到穿不进平时穿的牛仔裤那天起，直到她身体恢复到可以再次穿进去为止，这期间都是你时不时需要夸赞她美丽的时期，不要吝惜你的赞美。

第176~177天

哇哦！胎宝宝对声音的反应更敏感了

听觉神经系统几乎发育完全

胎宝宝的身体比例已经十分匀称了。随着骨骼的钙化，脊柱比以前更强壮，不过现在还不足以支撑起胎宝宝的身体。子宫的空间相对还够大，胎宝宝仍可以在里边尽情打滚，所以，如果目前B超发现胎宝宝是臀位并不需担心，他很可能一会儿就调整成头位了。

听觉神经系统几乎发育完全，他除了可以听到准妈妈心跳的声音和肠胃蠕动时发出的咕噜咕噜声外，还能听到一些大的噪音，比如吸尘器发出的声音、开得很大的音响声、邻家装修时的电钻声，这些声音都会使胎宝宝躁动不安。

肺仍在成熟发育中，胎宝宝已经学会了吸气、呼气，当然，现在呼吸的还不是空气，而是羊水。

范大夫连线

你的全身重量都要靠脚来支撑，因此一双合脚的鞋非常重要。你可以到孕婴店购买孕妇专用鞋，而且孕前期（0~6个月）和孕后期（6~10个月）要换穿不同的鞋。

胎宝宝有话说

我发现妈妈开始穿舒适的鞋，妈妈怎么了，我是不是该知道点儿什么？

哦，原来妈妈的脚水肿了，这种下肢水肿是所有小宝宝的妈妈到了这个阶段都会出现的特征。对于妈妈来说，对付水肿最好的解决办法是什么呢？多喝水。不管你信不信，水喝得足够了，才能帮助排出多余的水分。

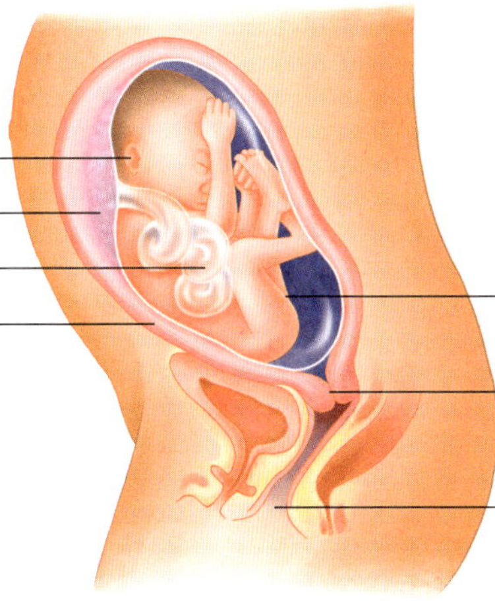

第178天

知识库：开始练习拉梅兹呼吸法

拉梅兹呼吸法有助于轻松顺利地生产，你应该提前进行练习，这样可以在分娩时更加熟练地运用。

练习拉梅兹呼吸法的准备工作

盘腿坐在地毯或床上，室内播放一些优美的音乐，在音乐声中，你应首先让自己的身体完全放松，眼睛注视着同一点。除了自行练习之外，老公也可以在旁陪伴，一同练习，这样可为你打气、增强信心。

拉梅兹呼吸法步骤

名称	何时操作	怎样操作
深呼吸	每种呼吸的开始和结束	由鼻子深吸一口气，用口呼出
胸部呼吸	分娩开始时； 子宫颈开0~3厘米； 子宫收缩5~20分钟一次； 每次收缩30~60秒	随着子宫收缩，就开始用鼻子吸气、口吐气，反复进行，直到阵痛停止才恢复正常呼吸。
轻浅呼吸	子宫颈开3~7厘米； 子宫收缩2~4分钟一次； 每次收缩40~50秒	用嘴吸入一小口空气，保持轻浅呼吸，让吸入及吐出的气量相等，完全用嘴呼吸，保持呼吸高位在喉咙，就像发出“嘻嘻”的声音。
喘息呼吸	子宫颈开7~10厘米； 子宫收缩60~90秒一次； 每次收缩30~90秒	先将空气排出后，深吸一口气，接着快速做4~6次的短呼气，感觉就像在吹气球，比嘻嘻轻浅式呼吸更浅。
哈气呼吸	阵痛开始	先深吸一口气，接着短而有力地哈气，如浅吐1、2、3、4，接着大大地吐出所有的“气”，就像在吹一样很费劲的东西。
用力推	子宫颈全开	下巴前缩，略抬头，用力使肺部的空气压向下腹部，完全放松骨盆肌肉。需要换气时，保持原有姿势，马上把气呼出，同时马上吸满一口气，继续憋气和用力，直到宝宝娩出。胎头娩出产道后，可用短促的呼吸来减轻疼痛。

第179天

心体验：做最漂亮的准妈妈

乳房膨胀、腰围增大、面部出现褐色的斑点等，这些都可能是你正在面临的，但是你要知道，这些都不是影响你美丽的原因。

孕期的美无与伦比

怀孕的十个月，可能是你一生中最辉煌的岁月，也是你最美丽的时候。怀孕虽然使你以前的体态美消失了，但同时又有一种别样的美，你会发现自己的皮肤较以往变得更加细腻红润，额头上的皱纹也消失了，并且发质比以前好很多。此外怀有一个宝宝的骄傲和幸福感也会使你异常美丽。

美容胎教

千万别浪费了怀孕时的特殊美丽，此时的美丽可以令你更加自信，不要吝啬打扮自己，并且要相信爱美也是一种胎教。

一方面对自己容颜、服装的关心会使你忽略掉消极的情绪；另一方面打扮漂亮了，气色也会变好，能使你更加自信、乐观、心情舒畅。你的美将会使胎宝宝在潜移默化中受到熏陶。

▶ 建议准妈妈使用天然护肤品。并尽量少用各种色彩艳丽的化妆品。

你要注意的小细节

1 **化淡妆**：化妆会使精神焕发，眼睛明亮有神，有快活的感觉，不过要记得化淡妆，选用无香料无酒精添加的天然化妆品。

2 **勤洗澡**：由于汗水等分泌物相对增多，因此你要经常洗澡，而且盆浴时，水中的浮力还能使日益发胖的身体放轻松。

3 **严护肤**：孕期激素的分泌使皮肤变得湿润亮泽、柔软光滑，但也会抑制油脂分泌，使皮肤发干，加重色素沉着。你应经常洗脸，用温和的护肤霜擦拭皮肤，补充必要的水分和油脂，避免受到阳光直射。

4 **穿得漂亮点**：即便是一件修身的漂亮T恤，如果是纯棉而有弹性的，配上你的牛仔背带裤，再随手带一件外套，小皮球样的曲线到哪里都是一处亮丽的风景呢。

范大夫连线

在怀孕中后期，你的情绪可能会相对平淡，注意力降低，甚至动作迟缓、懒惰，这是一种保护宝宝和自己的心理状态，不必太过忧虑，可以多和孕友们交流一下近期的感受。

第180天

智趣馆：汉字“孕”的奇趣解构

孕是一个非常美的字，也是一个很形象的汉字。

小篆：这是甲骨文的变体，代表“女”或“人”的部分抽象成类似“乃”的字，下面是一个孩子样的形状。

楷书：此时简化成现在所用的汉字，表示乃包有子，是孕的意思，表示怀孕、孕妇、孕育等。

孕

卜辞中有“妇好孕”，“妇好”为商王的妃子，其意思是妇好怀孕了，可见“孕”是指女人大腹便便。

《说文解字·子部》：“孕，裹子也。从子，从几。”可知“孕”的本义为怀孕，动词。“几”为“人”，小篆之“乃”实为“人”字的变体。因此“孕”从古至今都是一个会意字，其意思是人腹中有子，这个“人”当然是女人。

汉字真是妙不可言，像孕这样的象形字还有许许多多呢，现在人们也根据他们的外形编出许多有趣的小笑话：

口对回说：“亲爱的，都怀孕这么长时间了，咋不说声呢？”

丑对妞说：“好好跟她过吧，就咱这模样的，找个女人不容易呀！”

范大夫连线

需要长时间站立、走动的准妈妈需要买托腹带或托腹裤，它们可以帮你减轻其腰部负担和耻骨的压力，让你能轻松不少。

第181~182天

准爸加油站：给胎宝宝读《父亲的菜园》

一条新修的公路，使我家失去了四季翠绿的菜园。我们的心情都不大舒畅，没有了新鲜的蔬菜，对一个普通的农家来说，就像婴儿断了奶。

终于有一天，父亲望着饭桌上总也盛不满的菜碗，说要重新开一块菜地。全家人投去诧异的目光——要知道，在我们这里要找一块可以当菜园的地，是相当困难的。望着我们困惑的神情，父亲坚定地说："我们去开一块新的菜地！"

于是，在我家后面的山坡上，父亲选择了一块相对平缓的坡地，作为菜园的基地。每天天还没亮，父亲就扛着锄头、挑起箢箕上山去，直到傍晚，才挑着一担柴草回家来。一个星期过去，展现在我们面前的，是足有三四分翻过的黄土地。

父亲还没来得及整理他新辟的菜园，一场暴雨说来就来了。那天，父亲正在吃午饭，把碗一丢，抓起铁锨就冲进了暴雨中……可是，山坡菜地里那薄薄的一层泥土已经被大雨冲了个一干二净，露出大块大块狰狞的岩石来。

父亲没有气馁，他在坡地的边缘砌了一道矮墙，再从山脚下把土一筐一筐挑上去，盖住了那可怖的岩石。父亲的双肩红肿，脚板也磨起了泡。看着新菜园终于被开垦出来了，父亲笑了。

春天到了，父亲在他的新菜园里种上了豌豆。望着这一块贫瘠的土地，我问父亲："豌豆真的能长出来吗？"

父亲摸摸我的后脑勺，信心十足地说："当然能！"

我似信非信地点点头。没过多久。菜园里长出了一片绿绿的豌豆。

就在我做着吃香喷喷的炒豌豆的美梦时，父亲却把那一片豌豆全翻在泥土里。我有些疑惑。父亲说："我们不能光顾眼前。也真难为了这片荒地，它是拼了命才养出这一片豌豆来的。就这样榨干它，以后就别想吃瓜吃菜了。这一季豌豆就用来肥土吧。"

在父亲的精心伺候下，原本贫瘠的黄土变得黑亮，远远望去，父亲的菜园就像一块碧绿的翡翠，春有菠菜、莴笋，夏有黄瓜、茄子，秋有辣椒、南瓜，冬有萝卜、白菜。一年四季，都是一片诱人的翠绿。

父亲的菜园，是一处由责任、辛劳、坚毅、热爱筑成的风景，可欣赏可品尝，如翡翠般美丽，更如翡翠般珍贵，也一定带给了你一些别样的心情和感悟吧。你也成为了一名父亲，和腹中的宝宝分享一下你的感悟。

孕27周

第183~184天

胎宝宝开始记忆听到的声音

胎宝宝：能够记住声音和味道了

本周，胎宝宝发育得较大了，体重约1000克，头到臀部长约24厘米了，身体几乎可以碰到子宫壁，所以活动不那么自由了。

脑组织快速增长，大脑已经发育到开始练习发出命令来控制全身机能的运作和身体活动的程度，同时，神经系统和感官系统的发育也较显著。不过总体来说，各部分功能还不完善，发育的空间还很大，需要继续努力。

另外，胎宝宝的耳朵神经网已经完成，听觉得到了进一步的发展，而此时准妈妈的腹壁变得较薄，趴在准妈妈的肚皮上甚至可以听到胎宝宝的心跳声。外界很多声音都可以传到子宫里，胎宝宝会分辨并记忆这些声音，记忆最深刻的恐怕是妈妈说话的声音。嗅觉也已经形成，胎宝宝逐渐会记住妈妈的味道。听觉和嗅觉记忆是宝宝出生后寻找妈妈的最基本依据。

范大夫连线

这个时期要特别注意预防痔疮，多喝水、多吃新鲜水果和蔬菜、适度运动、不久坐，都可以减少痔疮的发生。

胎宝宝有话说

又是新的一周，又一种新的体验方式，这次是听觉和嗅觉，是的，我能听到更多的声音了，甚至还能分辨记忆，我还会逐渐记住妈妈的味道。

如果我拼命在踢妈妈的肚子，相信我，我不是顽皮捣蛋，而是因为外面太嘈杂了，让我觉得难受。

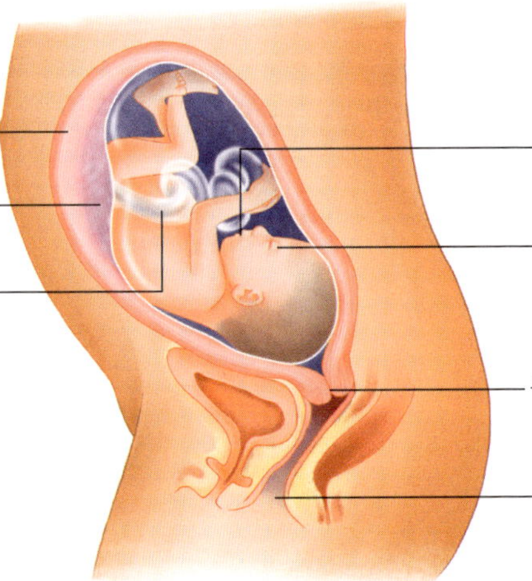

第185天

知识库：你的行为影响宝宝性格

人的性格形成除了受后天生活经历的影响，还与胎宝宝时期的经历有关。在怀孕6个月后，胎宝宝不仅具备了理解你的情感的能力，而且他还可以将情感转化成自己的情绪，性格的发展也会受此影响。

▶ 宝宝对妈妈的情感从孕期就开始建立了，胎宝宝可以真切地感受到准妈妈是否关爱他。

克里斯蒂娜的反叛

瑞典曾经有一个名叫克里斯蒂娜的女婴，出生后始终不愿吸吮妈妈的乳头（乳汁充沛），即使妈妈一次又一次地把乳头对着她，她仍然倔强地把头扭开，情愿去吸别人的乳汁或是喝配方奶。后来她妈妈告诉别人，她是在老公的执意恳求下才没有做流产，而勉强生下克里斯蒂娜的。

看来，小小的克里斯蒂娜早已在胎宝宝时期就感受到妈妈对她的厌烦情绪，出生后仍“心存芥蒂”，拒绝吃妈妈的奶。可见胎宝宝不仅有性格，而且这种性格还会一直延续到其出生以后。

做好首席导师

你的子宫是胎宝宝生长的第一个环境，这个小小的生命在这里直接感受你的思维和心理活动及你对他的态度，并将感受转化为自己的情绪和性格，可以说，你是胎宝宝性格形成的第一任老师。

胎宝宝是具备热爱生活、自信、活泼的性格基础，还是形成孤寂、自卑、多疑、懦弱、内向等性格基础，对此，你的情绪和对生活以及胎宝宝的态度正在发挥作用。以后的日子里，你要多留心自己的一言一行，并且保持平稳、乐观、温和的心境。

范大夫连线

你可能会感到有些气喘，这是子宫压迫膈膜使你难以完全吸入和呼出空气，尽量放慢速度，减轻压力，减小活动强度，呼吸困难的情况会有所缓解的。

第186天

心体验：《悬崖上的金鱼姬》，心境纯真、美好

在简简单单时，人才容易感到幸福和快乐。《悬崖上的金鱼姬》是一部能让人回到纯真童年的动画片，是小金鱼波妞为了和喜欢的人在一起而发生的故事，没有悬念，没有好人、坏人，只有简单，简单地开心，简单地难过，简单地勇敢。看看简单的《悬崖上的金鱼姬》，和胎宝宝一起回忆那些简单而快乐的童年岁月。

电影《悬崖上的金鱼姬》：可爱、善良与勇敢

5岁的宗介捡到了一个被海浪冲上岸的废玻璃瓶，里面有条受困的小金鱼，小金鱼名叫波妞，是人鱼女王的女儿。宗介把波妞带回了自己家，养在塑料盆里，他们相处得很愉快……

可爱的波妞：波妞是一条非常可爱的小金鱼，她喜欢吃火腿，喜欢小男孩宗介，喜欢将宗介曾经养过她的小水桶挎在小胳膊上，喜欢四仰八叉地呼噜大睡。

善良的宗介：他善良，为老人们做护身符；他勇敢，为妈妈他可以不畏艰险；他纯情，对波妞的感情纯如清水。在他身上，我们总可以找到自己曾经的影子。

勇敢的妈妈：她风雨无阻地点起家里的灯，给归航的人们点燃希望；她风雨无阻地照顾老人们，给他们温暖；她将孩子们照顾得很好；她也会对总是远航的老公耍点小脾气。在她身上，我们也总可以找到妈妈曾经的影子。

我不想我的电影在一年之内被人们重复去看，因为那样的话，人们将在电视机前和电影院里耗费过多的时间，耗费那些本来可以与亲人们在一起的时间。

——宫崎骏

范大夫连线

习惯走起路来风风火火的准妈妈，要时时提醒自己放慢脚步，现在身体重心变化了，不注意的话，容易摔跤。

第187天

智趣馆：变化无穷的七巧板

你小时候玩过七巧板吗？那是一种拼图游戏，无论在现代或古代，七巧板都是提高小朋友智力的好伙伴，简简单单的七块板，竟能拼出千变万化的图形。

七巧拼板的来历

七巧拼板是由一种古代家具演变来的。我国宋朝有个叫黄伯思的人，他热情好客，发明了一种用6张小桌子组成的宴几（请客吃饭的桌子），后来为了用餐时人人方便、气氛更好，有人把它改进为7张桌，可根据吃饭人数的不同，把桌子拼成不同的形状，比如3人拼成三角形，4人拼成四方形等，后来宴几演变成一种拼图玩具，由于巧妙好玩，人们叫它“七巧板”。

变化无穷的七巧拼板

1 拼几何图形，如三角形、平行四边形、不规则的多角形等。

2 拼各种人物形象或者动物，如猫、狗、猪、马等，或桥、房子、塔，或是中、英文字符。

3 说故事，将数十幅七巧板图片连成一幅幅连贯的图画，再根据图画内容说给胎宝宝听，如先拼出数款猫、几款狗、一间屋，再以猫和狗为主角给胎宝宝讲述一个动人的故事。

小知识

明末清初时，皇宫中的人也经常用七巧拼板来庆贺节日和娱乐，拼成各种吉祥图案和文字，所以故宫博物院现在还保存着当时的七巧板呢。18世纪，七巧拼板一传到国外就立即引起人们极大的兴趣，甚至通宵达旦地玩，并叫它“唐图”，意思是“来自中国的拼图”。

第188~189天

准爸加油站：唱儿歌《数鸭歌》

一些传唱度高、儿童很喜欢的儿歌，你和准妈妈不妨学着唱一唱，这样的儿歌必定有其值得唱的理由，多数都是具备词曲欢快、内容富有趣味性等特征的。

数鸭歌

（白）门前大桥下，游过一群鸭。
快来快来数一数，二四六七八。
（唱）门前大桥下，游过一群鸭。
快来快来数一数，二四六七八。
嘎嘎嘎嘎，真呀真多呀
数不清到底多少鸭
数不清到底多少鸭
赶鸭老爷爷，胡子白花花
唱呀唱着家乡戏，还会说笑话
小孩小孩，快快上学校
别考个鸭蛋抱回家
别考个鸭蛋抱回家
（白）门前大桥下，游过一群鸭。
快来快来数一数，二四六七八。

《数鸭子》是一首经典的80年代的儿歌，这首歌曲描绘了一个孩子天真地唱数桥下游鸭的情景，形象地表现了幼儿们的咿呀学语及长辈们对其日渐成长的期望。

儿歌歌词亲切生动，饶有情趣，曲调活泼，曲式简单、节奏欢快、念唱结合、易学易唱，深受儿童喜爱，趣味性很强。

这是一首适合你与准妈妈合作的好曲目，你念旁白，将唱的部分让给准妈妈，并在旁边配舞，鸭子走路的模样、抱着个鸭蛋回家的样子都可以模仿，尽情发挥吧，为准妈妈和胎宝宝营造出欢快的气氛。

小知识

怀孕之后，准妈妈的肠胃功能会有所下降，这与子宫增大挤压肠胃空间以及孕期激素分泌等有关。这可能会减弱准妈妈的消化能力和排便的通畅性，为了避免积食，并促进排便，建议准妈妈餐后适当散散步，晚上临睡前不要吃不容易消化的食物，并养成按时排便的好习惯。

范大夫连线

如果你现在感到子宫收缩频繁，每小时达到4~5次，并有轻微的腹痛感，应立即去医院检查，及时保胎。

孕28周

第190~191天

胎宝宝可以睁开眼睛了

胎宝宝睡眠变得规律

胎宝宝的体重约1100克，从头部到臀部长约25厘米，已经快占满整个子宫空间。

本周有一个重大变化，胎宝宝的眼睛可以睁开和闭合了，同时有了比较原始的睡眠周期，醒着和睡着的时间间隔变得比较有规律。在睡着的时候会做梦，醒着的时候会不停运动、玩耍，伸胳膊、踢腿都很平常，也经常将手指放到嘴里吮吸或用手抓脐带。

此时胎宝宝的内脏系统构造已经几乎与成人无异，功能也在快速完善，包括呼吸功能，虽然还不是很完善，但是胎宝宝如果在此时出生，他可以依靠呼吸机辅助呼吸，逐渐学会自主呼吸，生存的概率非常高（高达90%）。

范大夫连线

怀孕后不但吃穿用的会变化，日常的姿势也要有所改变，这样不但自己会少些劳累，对腹中的胎宝宝也有好处。无论坐卧行走，只要遵从“慢、平、稳”的基本原则就OK！

胎宝宝有话说

现在我开始做梦了，奇怪的梦。

妈妈不要惊讶，梦是很正常的。在孕期的最后3个月，我潜意识里的东西会浮出水面，制造一些交织着恐惧、焦虑以及缺乏安全感的梦境，然后，我会安静地从包裹着我的羊水里醒来。

有些梦挺吓人的，但他们基本上都无害，妈妈不要担心哦。

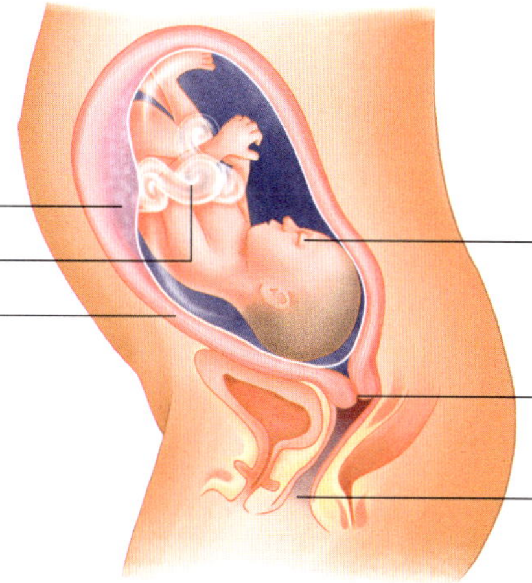

第192天

知识库：正确的姿势可缓解孕期腰背痛

孕期背痛比较多见，一般发生在晚期，这是因为在孕晚期准妈妈体重增加、重心前移了，而韧带和关节却变得酥松柔软了，腰椎、胸椎、骶椎、尾椎等部位的压力增大。不过腰酸背痛可以预防，准妈妈在平时的生活和工作中要注意姿势正确，不长时间站立，也不弯腰，以免加重背部压力。

1 睡觉的正确姿势：左侧卧时，两腿间夹个枕头，肚子下面也垫个枕头；平躺时，枕头的高度以可以保持头颈部平直为标准，可让下颌稍微内收，然后在膝下垫一个枕头。床不要睡太软或太硬的，以背部可以平贴床面的床垫为适合。这样可以减轻腰部压力。

2 站立的正确姿势：双腿平行，膝盖微向前弯曲，重心在足部，肩稍向后仰，两臂放松。

3 由坐而立的正确姿势：由坐而立时，双手扶着椅子扶手，和腿部一起用力，慢慢将身体撑起，避免腰椎突然过度受力。

4 起床的正确姿势：侧卧，先用放在上部的手将上半身撑起，然后将双腿顺着床沿放下，最后坐直上半身。不要在仰卧的状态下直接起床，那样对腰部的伤害较大。

5 正确的坐姿：选择有扶手、靠背的椅子来坐；坐时臀部和背部要紧贴椅背，也就是要把臀部尽量往后坐"进"去，臀部与背部应呈90度角，膝盖与脚跟也呈90度角；如果需要长时间坐着，可在腰后加个小枕头帮助支撑腰椎；肩、颈、头部保持直立与平衡，肩部自然放松下垂，身体靠近工作平台，上臂自然垂放在身体两侧，背部保持正常的曲度，大腿与上半身的夹角略大于 90度，臀部及大腿两侧的受力相等，双脚平放于地面上。

6 开车时，把座椅适当往前拉，使腰背能贴近椅背。

范大夫连线

准妈妈弯腰穿脱鞋袜、搬物品、举高都会增加腰背部的压力，导致腰痛，所以准爸爸要尽量多帮忙，减轻准妈妈的压力。另外，腰酸背痛时不要随便按摩，尤其是腰腹部位不能擅自揉捏。

第193天

心体验：《我的恋人》，诉说爱的款款深情

当你深深爱着一个人，你怎样表达？如果你正在爱一个人，你想说些什么给他听吗？此时此刻，你爱的人在你身旁吗？你腹中的小家伙，你很爱他吧？或许这首诗可以代你表达，将它读出来，让胎宝宝和你的爱人听一听。

范大夫连线

你们之间的爱情故事一定也很动人吧？若是有兴趣，不妨将你们对彼此的爱也通过诗歌的形式写出来，切身的体会能更真切地传递给胎宝宝，令他感受到爸爸妈妈的甜蜜爱意。

我的恋人

——戴望舒

我将对你说我的恋人，
我的恋人是一个羞涩的人，
她是羞涩的，有着桃色的脸，
桃色的嘴唇，和一颗天青色的心。
她有黑色的大眼睛，
那不敢凝看我的黑色的大眼睛——
不是不敢，那是因为她是羞涩的，
而当我依在她胸头的时候，
你可以说她的眼睛是变换了颜色，
天青的颜色，她的心的颜色。
她有纤纤的手，
它会在我烦忧的时候安抚我，
她有清朗而爱娇的声音，
那是只向我说着温柔的，
温柔到销熔了我的心的话的。
她是一个静娴的少女，
她知道如何爱一个爱她的人，
但是我永远不能对你说她的名字，
因为她是一个羞涩的恋人。

心体验

诗人很浪漫，诗却并不浮夸，这就是一个你我身边人的形象。诗人爱上了一个姑娘，他喜欢这个姑娘的一切特质，尤其是她羞涩的脸、黑色的大眼睛、纤纤的手，还有她天青色的心，这是一个娴静的姑娘。朴实的表达，浪漫的比喻，却有动人的美感。

这首《我的恋人》是一首现代口语形式的自由诗体，非常朴素、自然、亲切，适合读给爱人听，或者爱人读给自己听，胎宝宝听一听，或许也能觉出幸福快乐的味道呢。也可以是准爸爸深情款款地读给妈妈听，在精心呵护胎宝宝的同时，也不要忘了夫妻间的小浪漫。

第194天

智趣馆：自制布书，这是宝宝最爱的早教读物

喜欢布艺？喜欢缝东西时静静的感觉？那么，试试给宝宝做一本布书吧，用布做书，感觉是不是很新鲜？这种软软的书，不仅可以将你和胎宝宝喜欢的东西“写”上去，而且这将是一本独一无二的书，专属于你和宝宝。

手工材料

布料：棉布会更好，家里不穿的衣服都可以拿来用，经过你灵巧双手的裁剪，它们会成为组成布书的完美主力。

贴画：不再穿的旧衣服上，可能会有一些缝上去的可爱图片，将它们小心剪下来，这是加工你的布书最好的素材。这些小贴画也可以在布店买到。如果有兴趣，你也可以自己缝制出一些小贴画，这种感觉一定会非常美妙。

其他：剪刀、胶水、针线（最好包括各种彩色的线）、签字笔、纸（普通A4纸即可，不要太小）、铅笔、尺子。

手工步骤

1 选择一个题材。讲一个故事，展示一些漂亮可爱的图片，写下一段你想对宝宝说的话，这些都不错，或者是你的信手涂鸦，总之，这是你做的书，你拥有它的完全决定权，想做什么就做什么吧。

2 将纸张裁剪成要做的书本大小，在纸上用铅笔勾勒出布书的草图。不用太大，大约15厘米×15厘米看起来会很舒服，以后宝宝出生后也会更容易翻阅，比如想要展示一些美丽可爱的图片，可以在每一页上先画出来，如小树、小花、小草、小动物等。

3 将棉布裁剪成草图大小，数量与草图一致，再把草图放在棉布上，对齐后沿着四周与棉布缝在一起。

4 按照草图，找到所需要的素材，将素材沿着草图所画，缝在草图与棉布上，也可以将素材用胶水粘贴上去。

5 缝完所有草图后，将草图从棉布上小心地撕下来，在空白的地方，你还可以用签字笔写上你想说的话。

6 用厚一点的布料裁出封面和封底，然后把棉布按照顺序叠放在封面和封底中间，沿着书脊将书缝在一起，这样，一本充满了爱的布书就做好了。

范大夫连线

做一本布书虽然会有些累，但是你的灵思妙想将会使得这个DIY过程充满意义，例如你可以在布书的一页打个洞，在另一页上缝一个扣子等，这些布书也会是早教的好帮手。

第195~196天

准爸加油站：夫妻体操的小情趣

每天适当的运动不仅有利健康，也会改变人的心情，还能预防妊娠肥胖。如果说还有什么方式比督促准妈妈做运动更有效果，那就是你与她同做了。一起做运动不仅是令夫妻感情升温的方法，也是胎教的一种方式，可谓情趣与胎教兼得。

第一节

伸展分娩时使用的肌肉，使其松紧自如，可以消除妊娠期的不适。

两腿张开与肩宽，两人横站成一排，两人牵一只手，另一只手在头上连接，一边吐气，一边伸展侧身，外腿弓，里腿绷，左右两个方向各做一次，交换位置，再做一次。

第二节

消除臀部和腰部的不适，改善血液循环。

两腿张开与肩宽，背对背站着，一个人上半身向左转，另一个人向右，击打双方的两手，有节奏地左右轮流各做一次，然后两人向同一方向，注意转腰的动作不要过猛。

第三节

你帮助准妈妈缓解胸闷肩酸。

准妈妈盘腿坐，挺直胸，臀部坐在正中，举起双手，你站在后面，拉住准妈妈的手，轻轻地向上提拉，准妈妈张开嘴轻轻地吸气呼气，吸气时往上提，呼气时向下松，准妈妈合起双手，你一只手拉住准妈妈的手轻轻地向上提，另一只手下垂，准妈妈张开嘴轻轻地吸气呼气。

范大夫连线

在同准妈妈一起运动时，你或许会对她的笨手笨脚、缓慢的速度等略有不耐烦，记得调整自己的想法，多多帮助准妈妈，多在呼吸上下功夫。此时，她的运动关键不在于敏捷，而是呼吸的练习与心情的调整。

第四节

学会给准妈妈按摩放松，可以缓解准妈妈宫缩时的疼痛。

准妈妈放松跨坐在椅子上，你站在她身后从肩部开始，沿着脊柱的方向轻轻以画圆圈的方式按摩，一直到腰底的关节。

范玲指导
每天10分钟
快乐胎教

孕8月

随时互动，增进母胎情感交流

现在的你已经大腹便便

整天“带球跑”可真不轻松

但身心的充实感前所未有

肚子里的小人儿似乎也心疼起了妈妈

不再那么淘气地动来动去

那样乖，那样惹人怜爱

——即使时不时被各种不适骚扰

但一想到宝宝那乖巧的小模样

就会有一万分的勇气

来克服艰难困苦

本月胎教要点

准妈妈的身体变化

出现假性宫缩

准妈妈这时会觉得肚子偶尔会一阵阵地发硬、发紧，可能有类似月经来时的疼痛感，有可能没有任何痛苦，间隔的时间不等，可能十多分钟1次，也可能1个小时1次，没有规律性，这是假宫缩，是这个阶段的正常现象。

不过，有意思的是，大多数准妈妈目前都可以明确地从肚皮上看到胎动了，胎宝宝会时不时把肚皮顶得这里一个包，那里一个包，准妈妈会为此而忘记身体的很多不适。

食欲减弱

这时候是负担迅速加重的一个时期，身体越发沉重，肚子大到低下头都看不到脚的地步，行动越来越吃力，准妈妈经常会感觉到背部的肌肉紧张。另外，准妈妈会明显感觉到子宫顶到了胃部，一吃东西就会觉得胃不舒服，食欲也减弱了。

感觉疲惫、呼吸困难

随着怀孕的进程推进，准妈妈的体重继续增加，而且增加的速度比孕期任何时候都快得多，子宫的顶端已经上升到最高点，到达肚脐以上12厘米处。

这时的准妈妈经常会感到很疲劳，而且休息不好，加上行动不便，所以常常会感觉不耐烦，有时候情绪会不佳。

不少准妈妈现在都感觉经常喘不过气来，这很正常。一方面因为准妈妈子宫底已经上升到了横膈膜处，压迫了肺部；另一方面，现在准妈妈可承担着“一人吸、两人呼”的重任。这种情况不会持续很久，大部分准妈妈到了胎头入盆后就会有所缓解。

胎动越来越少

随着胎宝宝的长大，胎宝宝的活动空间越来越小，胎动的幅度减小，频率降低，不过即使没有明显动作和感觉也不要担心，一般只要能感到胎宝宝在蠕动即可。

准妈妈应继续坚持数胎动，每天至少在固定时间数1个小时的胎动，以帮助监测胎儿健康。

范大夫连线

本月准妈妈需要做一次葡萄糖耐量测试检查和确定是否贫血的血液检查。此外，从本月开始，准妈妈需要每2周进行一次产检，特别要注意妊娠高血压综合征的防治。

专家的胎教提醒

8个月时胎宝宝的听觉和意识能力都已经比较完善，听声音不在话下，理解能力也更好，因此，胎教上可多增进情感交流和性格培养，听音乐、唱歌、对话都很必要。

把和胎宝宝聊天当成每天的功课

这个月不仅可以在上个月的基础上继续有计划地进行对话，还可多结合实际生活中出现的各种事情，不断扩大对话的内容和范围，比如："宝贝，不久以后你就会来到这个世界了，妈妈好盼望这一天"或者"外面的世界很美丽，宝宝一定会喜欢的"等等。

读好书、看好电影、做有趣的事

读好书、看好电影会收到令人意想不到的胎教效果，要知道，胎教就是一种潜移默化的过程，需要的只是你的一片爱意。

从音乐中听出胎宝宝的气质

音乐是情感的表达，是心灵的语言，能唤起胎宝宝的心灵，打开智慧的天窗，对于陶冶胎宝宝的情操起着不同的作用。有的乐曲能促进胎宝宝恬静、稳定，有的则能激发热情、奔放等，久而久之可影响胎宝宝气质的形成，现在正是培养宝宝气质的好时机，你可以每天放3次音乐，每次15分钟左右。

美好的音乐不仅能令准妈妈心情愉快，同样也能陶冶胎宝宝的情操。

范大夫连线

在跟宝宝对话时，如果你和老公能保持清晰的话语和声调，将能使宝宝感受到美妙和谐的意境，他的心智会得到更好的启迪。

保持好情绪，不要因小事而烦恼

到了第八个月，你可能容易变得焦虑起来，有时候会觉得烦躁不安，可能是由于比较敏感，所以容易激动。现在你的情绪对胎宝宝的性格形成会有影响，因此，你要多保持乐观，不要因为一些小事、小矛盾而烦恼，让自己快乐起来。

孕29周

第197~198天

变成大头宝宝，可爱极了

胎宝宝变得光润又饱满

这时胎宝宝的皮下脂肪已初步形成，看上去比原来显得胖一些了，整个身体光润、饱满了许多，皮肤也不再是皱巴巴的了，十分可爱。

内部器官在不断完善功能，躯干、四肢还在不断发育长大。大脑的沟回越来越多，数十亿的脑神经细胞正在形成。大量神经细胞的形成，让胎宝宝头部在继续增大，这让脑袋比其他部位显得重，因此大多数胎宝宝在最后固定胎位的时候都是头朝下的。

有的准妈妈因自己的胎宝宝现在还是头朝上而担心临产时胎位不正，其实，这时的胎宝宝可以自己在妈妈的肚子里变换体位，有时头朝上，有时头朝下，还没有固定下来，此后两周左右胎位就会固定下来，准妈妈不必太担心。

范大夫连线

需要服用的营养素制剂的种类太多时，建议你将各种制剂分门别类，并制作一个表格，贴在显眼的地方，每服用一次就记录在表格上，这样既不容易忘记，又能对服用情况作一个整体了解。

胎宝宝有话说

长到现在，我已经算是“成品”宝宝了，我真想看看妈妈这些日子是什么样子，医生会让那个报道过火箭上天的家伙给妈妈直播分娩过程吗?

真不敢相信，妈妈的肚子还要再继续长大3个月，我真的是迫不及待想要见到爸爸妈妈了。

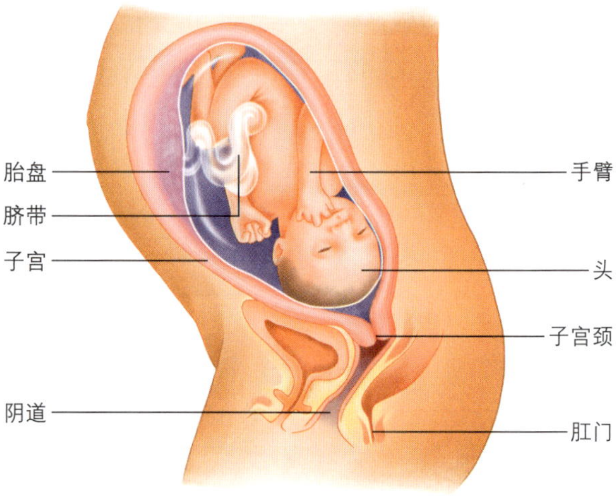

第199天

知识库：智力会不会遗传？

做父母的，哪个对自己孩子的智力高低不关心呢？然而面对各种各样的智商测试题和公式，你一定也犯难了吧，孩子的智力水平到底取决于什么，与遗传关系大不大呢？

智力的遗传率为60%

目前的研究表明：智力的遗传率为60%，这意味着约有40%的平均智力水平归功于环境差异。

一般父母智商较高的，其子女智力也好；父母智商较低的，子女智力也比较差。德国科学家曾对1万名儿童的智力进行调查，结果发现：父母智力为优秀者，其子女约70%智力为优秀；父母智力偏低者，70%的子女智力也是偏低的。如果是单卵双胞胎的孩子，他们的智力往往比较接近。

环境的积极影响

不管智力与遗传的关系有多密切，毕竟智力是多基因遗传，环境因素仍积极影响着智力，遗传只是智商的潜在值，而不是智商的绝对值。

遗传为智力的发育提供了潜在的物质基础，只有在环境因素的作用下，特别是后天早期良好的、适时的教育刺激下，才能充分开发智商的潜力，使其转化为具有社会效益的智商。两者是相互联系、缺一不可的。

小趣闻

天才往往具有家庭聚集性，我国历史上的“三苏”在文学上都有很深的造诣，俄罗斯巴哈家族8代136人中有50名男人都是著名音乐家。

合理的胎教、早教也会对宝宝的智力发育起到良好的刺激作用。

第200天

心体验：看电影《儿女一箩筐》，感受孩子们的快乐

哇哦，一个家庭，12个小鬼，个个性格迥异，哪一个是你喜欢的类型呢？这温馨欢乐又好看的影片，实在是很适合拉上准爸爸，全家一道来瞧一瞧哦。

▶ 对于父母来说，养儿育女过程中的每个细节都值得铭记。

电影《儿女一箩筐》：拒绝不快乐因素

汤姆是小镇上一所学院的足球教练，虽说教学水平一般，但是自信心十足，总是相信自己的队伍会取得联赛的冠军。

准妈妈凯特是个作家，每天的工作就是在写完自己的小说后，照顾12个孩子各自的生活。

他们的孩子性格各异，有已经独立生活的大女儿诺拉，也有正处于青春期的儿子查里和罗琳，更有着仅仅5岁的顽皮的双胞胎兄弟尼格尔和肖恩。

日子似乎平淡，但是却不乏快乐，生活中充满了幽默与快乐的琐碎故事。

然而，平淡的生活在瞬时间就要被打破了：经过汤姆的不懈努力，他梦寐以求的大学球队给了他去做教练的机会，准妈妈凯特的书也在全国范围内获得了成功，出版商为了推广这部小说，要举办一个为时一年之久的图书宣传活动。于是，夫妻俩决定搬到大城市去居住，一是为了工作方便，二是可以让孩子们接受更多的新鲜事物和更好的教育。

但是孩子们对这个决定却各有各的想法：有的觉得是件好事，有的就觉得这样自己平静而快乐的生活被打破了。

孩子们都对越来越少的家庭见面时间多有抱怨，夫妻俩开始重新考虑生活问题，是继续住在这小镇上维持大家都熟悉的生活，还是到大城市面对新的挑战和机遇呢？

范大夫连线

在孕期，多看一些令人轻松愉悦的图文书、欢乐的影片、美丽的摄影和画，享受视觉盛宴的同时，对胎宝宝也是很好的陶冶。

第201天

智趣馆：画填色画，告诉胎宝宝五彩颜色

红、橙、黄、绿、青、蓝、紫，各种各样的颜色让我们的生活五彩斑斓，让胎宝宝逐渐认识颜色，这也是胎教，叫作色彩胎教。颜色对人的视觉影响很大，看到喜欢的颜色或者色彩搭配，你的心情和精神状态会更好，还会由此引发美的启迪，画填色画是很有趣的色彩游戏。

▶ 要想通过绘画来实现胎教的效果，准妈妈应边画边跟胎宝宝说说绘画过程中的体验。

小知识

在色彩搭配上，有以下几种常见方法。

色调配色：把多种相同冷暖调、明度或艳度的色彩搭配在一起，最少也要3种色彩以上。彩虹就是很好的色调配色。

近似配色：这种配色因为含有三原色中某一共同的颜色，所以很协调。如绿配橙（都含有黄色）。

渐进配色：按色相、明度、艳度三要素之一的程度高低依次排列颜色，色调沉稳、醒目。彩虹既是色调配色，也属于渐进配色。

对比配色：用色相、明度或艳度有反差的色彩进行搭配，如红配绿。

范大夫连线

如果你喜欢画填色画，可以到网络上搜集下载各种喜欢的图画，用A4纸打印出来再画，这个方法在宝宝出生后相当长一段时间里，你都可以一直使用。认识颜色时，不妨结合各种颜色的实物进行，比如画了红色，可以指出你还有红色书、丝带、衣服、鞋子、盒子等。

第202~203天

准爸加油站：读优美的散文诗《水仙》

水仙，这样秀美的名字也精炼地道出了它的特征——水中仙子，水仙多在水中生长，叶姿秀美，花香浓郁，亭亭玉立，古人给它起了个雅号叫作凌波仙子。水仙的动人，在每个人眼里可能都不一样，你眼里的水仙触动了你的哪根神经呢？给爱人和宝宝读一读这个诗人华兹华斯与水仙之间的故事吧。

水仙

文/华兹华斯（英国）

我孤独地漫游，像一朵云
在山丘和谷地上飘荡，
忽然见我看见一群
金色的水仙花迎春开放，
在树荫下，在湖水边，
迎着微风起舞翩翩。
连绵不绝，如繁星灿烂，
在银河里闪闪发光，
它们沿着湖湾的边缘
延伸成无穷无尽的一行；
我一眼看见了一万朵，
在欢舞之中起伏颠簸。
粼粼波光也跳着舞，
水仙的欢欣却胜过水波；
与这样快活的伴侣为伍，
诗人怎能不满心快乐！
我久久凝望，却想象不到
这奇景赋予我多少财宝。
每当我躺在床上不眠，
或心神空茫，或默默沉思，
它们常在心灵中闪现，
那是孤独之中的福；
于是我的心便涨满幸福，
和水仙一同翩翩起舞。

诗歌点读

水仙很多，如天上的星星，都在闪烁，水仙似乎是动的，沿着弯曲的海岸线向前方伸展。诗人为有这样的旅伴而欢欣鼓舞、欢呼跳跃。

在诗人的心中，水仙代表了自然的精华，是自然心灵的美妙表现，这一簇簇美丽的水仙花的画面帮助他度过了生命中的困难时期。

当我们处在孤独与无助时，也可以回忆我们曾经感受大自然的美好时光，让自己感觉好起来。

范大夫连线

水仙是很好养也很好看的一种花，可以买一株水仙球茎来，让它在你身边陪伴你长出袅袅婷婷的身姿来，会是一件很有趣的事情哦。

孕30周

第204~205天

胎宝宝非常熟悉亲近的人的声音了

胎位相对固定了

本周，胎宝宝的体重约1360克，头到臀距离大约为27厘米。由于现在的体形较大了，子宫里的活动空间相对变小，所以胎宝宝在子宫中的位置相对固定了，不会再像以前随意转动、翻身了。

主要的内脏器官基本已经发育完全，骨骼和关节也很发达了，免疫系统有了相应的发育。不过肺部的发育还有所欠缺，正在合成肺泡表面活性物质，这些物质可以帮助肺泡膨胀张开，是宝宝将来自主呼吸不可缺少的。

生殖器的发育正在进行，男胎的睾丸还没有进入阴囊，尚在腹腔中，但开始了沿着腹股沟向阴囊下降的过程。女胎的阴蒂突出，覆盖阴蒂的小阴唇还没有最后形成。

范大夫连线

此阶段是怀孕后负担加重的时期，容易出现一些并发症，尤其是有内外科疾病的准妈妈，更要防范病情的加重，所以一定要做好定期产检。

胎宝宝有话说

我身上的绒毛开始脱落了，这个时候，我如果翻身，爸爸妈妈可以猜测到是我的哪个部位在碰妈妈的肚子。如果是比较平的面，可能是我的背；要是硬硬的小丘，也许是我的头；那像装满小塑料珠一样的软袋子是胎盘，它负责积蓄我成长中排出的废物。我可是一直独自占有它的哦，因为它，我得以吃独食。

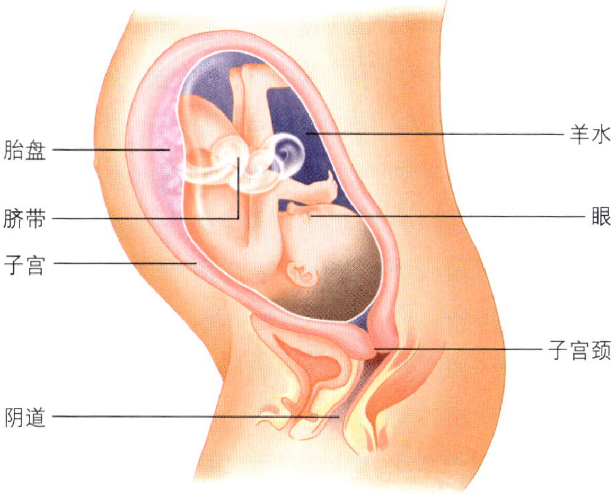

第206天

知识库：练习简单的分娩操

现在每过一天就离分娩近了一天，做一点分娩的准备工作很有必要，如果征得医生的允许，你可以学着练习分娩操。下面这组分娩操简单而且容易坚持，对于减轻孕期酸痛、辅助分娩很有帮助。

准备活动

1 根据家里的情况，选择在床上活动，或者是在垫着垫子的地板上进行，只要是足够你伸展身体的安全地方均可。

2 可以准备一些喜欢的音乐在做操时播放，边听音乐边做操可以令身心更为放松。

3 要记得做动作时不要太剧烈，以不感到吃力为宜，以免伤到自己。

4 做操前散散步或是在家里走动几圈以热身，做完后也可慢慢走动，放松身体。

分娩操的做法

1 侧卧开胯。侧卧，双腿重叠，呼气则大腿向外打开，吸气则合拢，重复8~10次。

2 侧卧伸展。侧卧，用上侧的手按住同侧大腿缓缓向腹部外侧拉近，保持半分钟。换另一侧重复。

3 分腿跪坐。双膝分开，脚尖靠拢，跪坐在一个靠垫上，上身挺直，保持10~30秒（量力而为）。

4 分腿儿童式。跪趴，身体向前匍匐在靠垫上，脊柱和肩膀、手臂都放松，保持半分钟。

5 骨盆摇摆。跪在地上，两臂撑地，脊柱放平，轻轻地左右摇摆骨盆，幅度不宜过大，10次为一组，每天做1~2组，注意不要塌腰，如膝盖不适可在膝下垫块毛巾。

6 大腿外展。右腿向前伸直坐在地上，左腿架在右腿上，放松左腿，保持半分钟。换另一侧重复。若感觉不适，可在两腿间放一个靠垫。

范大夫连线

如果你的作息不够规律，还没能养成良好的作息习惯，那么从现在开始，你就要好好计划一下每天的作息安排了，吃饭、睡觉、工作、娱乐都应该在合理的时间进行，这对你来说好处无穷。如果在出生前就养成了良好的作息习惯，宝宝出生后会令你省心很多。

第207天

心体验：好书《爱的教育》，养育一颗至关重要的爱心

试想一下，当你在未来的某一天看到孩子写下的日记，那会是什么样的情景？他会用什么样的口气和腔调，他有着怎样的视角，他怎样看待亲人和身边的同学、朋友，或者他会不会愿意将自己的日记分享给你？

养育一个孩子不同于种下一株植物，他将来成为什么样的人，可能都与你息息相关。你可以去看一看这本《爱的教育》，它或许会给你带来一些不一样的视角。

《爱的教育》：用心灵对话

《爱的教育》是一部伟大的爱的经典，是世界文学史上经久不衰的名著，被世界各国公认为最富爱心和教育性的读物，超越了时代和国界的限制，成为世界上极受欢迎的读物之一。

这本书是根据作者儿子的日记改编的，是一本日记体的小说，以一个四年级男孩安利柯的眼光，讲述了他从四年级10月份开学的第一天到第二年10月份，在校内外的所见、所闻和所感。

书中充满了儿童情趣的幽默语言，还有19世纪意大利的异域情怀，师生、朋友、同学之间的爱和友谊，当然了，还有父母对儿女的一片挚爱之心和殷殷期盼。各种各样感人的小故事，父母在日记上写的劝诫启发性的文章，自然而然地引导读它的人去关注、欣赏、思考、品味、总结。

孩子的口吻，孩子的笔触，孩子的眼光，当身边的美与丑、善与恶碰撞时，孩子会怎么想怎么做，你会希望孩子怎么想怎么做呢？

夏丏尊先生在翻译《爱的教育》时说："教育之没有情感，没有爱，如同池塘没有水一样，没有水，就不成其池塘，没有爱就没有教育。"借用在教育胎宝宝上也是同样的道理。

▶《爱的教育》的作者亚米契斯是意大利著名小说家（1846–1908）。自幼酷爱学习和写作，1868年发表处女作《军营生活》，并由此出名。1886年，《爱的教育》出版，使他的创作生涯达到顶峰。

第208天

智趣馆：手缝可爱又舒适的贴布围兜

别看围兜小，作用却很大。宝宝出生后可能控制不好流口水，还可能吐奶，将来吃饭时也容易弄脏衣服，在宝宝没有学会很好地控制自己之前，你可能需要花费大量的时间和精力在给他换洗衣服上，而如果准备三五个围兜，这些繁杂的工作就大为简化了。

相比编织毛线类衣帽，缝制围兜相对来说更为简单，如果你有漂亮的布料，做出来的围兜会很赏心悦目，手巧的你还可以发挥更多创意呢。

手工材料

绒布或者毛巾布(颜色随自己喜欢)，棉布(做里衬)，红色不织布少许(做鼻子用)，扣子两粒（做眼睛用），针线。

手工步骤

1 做脸用的绒布和做里衬的棉布里对齐，剪裁成兔子脸的形状，如左图，从红色不织布上剪下一个椭圆形的鼻子。

2 用和做脸面的绒布相同颜色的线，钉上两个扣子作为眼睛。用红色线把鼻子缝上，接着用线绣出可爱的嘴巴。

3 将绒布和棉布表面对表面，用别针固定好，沿着边缘缝合，最后记得留下一个小口子，将布料翻过来再缝合小口子即可。

范大夫连线

不要有依赖围兜的想法，这会令你忽视对宝宝吃饭习惯的培养。围兜在宝宝还小的时候能给你减轻一些繁杂的工作，但你要记住让他学会自己吃东西才是最重要的。

第209~210天

准爸加油站：帮准妈妈击退产前抑郁症

距离临产越来越近了，你的一颗心已经有些跳动不安了吧。些许的紧张不仅仅是你的感受，准妈妈比你更甚，她可能会对分娩产生恐惧，此时你要及时调整，并帮助准妈妈缓解这种不良的情绪，以免引起产前抑郁。

认识产前抑郁

因身体或心理的变化，你和准妈妈可能会衍生一些与平常心态反差比较大的负面情绪，这就是产前抑郁。产前抑郁一般表现为容易哭、情绪低落、食欲不振、极度缺乏安全感等。生产过程的痛楚，是否会诞下畸形胎宝宝，是否会难产等等，这些都可能成为你和准妈妈担心的事情。

你可以做的

你要密切关注准妈妈的心理变化，多关心体贴她，不给她压力，多承担一些家务，让她保持愉快和稳定的情绪。帮助她了解分娩常识，减轻对分娩的恐惧感和紧张感。对于职场准妈妈，你更应与她多沟通，及时排解她的工作烦恼，鼓励和帮助她保持自信。平时，你可以多拉着准妈妈去户外运动一下，督促她保证充足的孕期营养和休息。

给在职场中的准妈妈更多支持

如果准妈妈身处职场，可能会面临事业和宝宝的双重压力，若事业心比较重，甚至担心怀孕和生育后身材走样，害怕产后会失去怀孕前的一切，则更容易被产前抑郁所困扰。

你需要给她更多精神上的支持，树立正面的榜样力量，讲述你身边的例子，告诉她很多妈妈并没有因为怀孕而失去职场地位，即便工作上会有不顺利，你也是他坚实的后盾，你会努力工作，帮助她实现自己的理想，免除她的后顾之忧。

▶ 在孕期坚持工作有诸多好处，但也会增加准妈妈的压力，准爸爸可帮准妈妈做好工作规划，减轻准妈妈的心理压力。

孕31周

第211~212天

冲刺吧，努力生长的胎宝宝

胎宝宝进入快速增重期

本周之后，胎宝宝身长的增长减慢，但体重却开始迅速增加，皮下脂肪更加厚实，这是小胎宝宝在为即将到来的出生储备脂肪。从外观上看，胎宝宝身体表面的皱纹更少了，四肢也变得更长、更强壮，整体看上去越发光润可爱。

大脑反应更快，控制能力也有所提高，现在，胎宝宝已经能够熟练地把头从一侧转到另一侧。眼睛也是想睁开就睁开，想闭上就闭上，而且能够分辨明暗，也逐渐适应了光亮环境，当有光照进子宫，胎宝宝不会再像以前一样避开，而是把脸转向光源，追随光源。

胎宝宝的肺部已经基本发育完成，并有了基本的呼吸能力，如果宝宝现在出生，大多可以建立自主呼吸，并能适应子宫外的生活了。

范大夫连线

每周1次用皮尺围绕脐部水平一圈测量腹围。孕34周后腹围增长速度减慢，如果腹围增长过快，应警惕羊水过多。

胎宝宝有话说

我的免疫系统开始成形了，所以我的身体是很强壮的。

可是，刚才妈妈跟医生的谈话彻底让我没了指望，因为医生说，我逃不过的，像小儿麻痹症这样的疫苗，我自己的免疫系统是搞不出来的，所以，我迟早还是要挨针，并且——不管了，到时候我就只管哭好了。

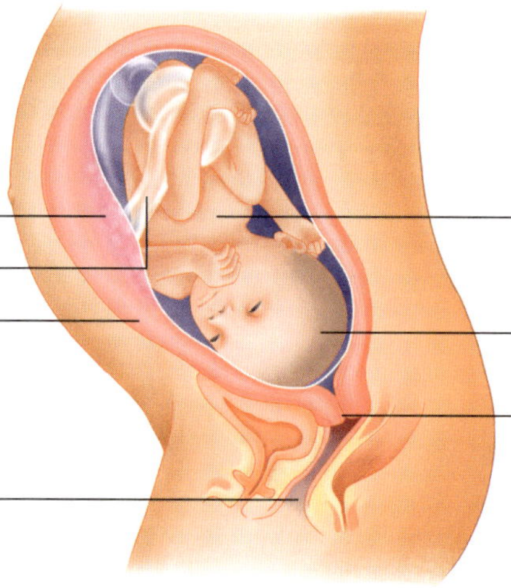

第213天

知识库：准备好宝宝出生后的必需品

牵着老公的手，一起去选购心仪的宝宝用品，这个场景你一定无数次想象过了吧。在怀上宝宝时，你心中的爱就开始为他倾注，想要给他做好看的围兜，给他买漂亮的衣服，甚至在列出那些眼花缭乱的洗护喂奶用具时，你也觉得如此美妙，距离他到来的日子越来越近，给宝宝的用品是否已经齐全了呢？

宝宝必需品清单参考

物品类别	具体需要准备的东西
衣物、睡眠	和尚袍（中号、长袖，可以买大点儿）2件、小被子1条、婴儿床1个（栏杆不要太矮，最好是能一边打开的那种）、蚊帐、小玩具。
洗护用品	婴儿浴盆1个，浴巾2条，小毛巾10块（洗屁屁用，可用纱布），婴儿专用洗发露、沐浴露、润肤露、护臀膏各1瓶，塑料盆2个（用来洗衣物、尿布），爽身粉（夏天需要），水温计1个，婴儿洗衣液。
卫生用品	纸尿裤1包、尿布（布尿片或纸尿布）不少于10块、纸尿布若干包、婴儿柔湿巾多多益善、指甲剪、体温计1个（有的医院会送）、隔尿纸巾1包（一次性，迅速将尿渗透）。
喂奶用品	小号奶瓶1个、奶嘴2个（小号、十字开口）、奶粉6 小袋（以备不能母乳喂养之需）、奶瓶奶嘴刷、奶瓶清洁液。

如果你觉得还有些许遗漏，可以将它们单独列出，挑一个不错的天气，和准爸爸一起去购买吧。

范大夫连线

小婴儿的衣服不用买很多，一般医院会为刚出生的小宝宝准备2身，包括包被，出院一并算钱，是必须消费品。还有一些裤子、手套、袜子对于新生婴儿用处不大，而且宝宝长得飞快，不需要太多衣服。

第214天

心体验：读《地下铁》，与胎宝宝一起展开幻想之旅

也许，曾经你日日穿行于地下铁中，或许日后你还将在地下铁里继续自己的行程，下一次，当你再次坐上地下铁，请记得将疲惫的双眼闭一分钟，想象一下这片黑暗之中潜藏着一片奇幻的美丽景象，你乘着幻想的翅膀，遨游其中。

现在的你也许常常觉得有些孤独，和胎宝宝一起翻一翻《地下铁》吧，也许你会遇到令你心动的画面，读到你心仪的句子，和胎宝宝共同进入美丽迷人的幻想中。

《地下铁》：潜藏于黑暗中的诗意阅读

《地下铁》里有绚丽的色彩，有诗句般的内心独白，它们构成了一种阅读诗意，在里面你可以读到这样朴实而感同身受的诗句：

> 当美好的东西来临的时候你会很自然地闭上眼睛。
>
> 我是否太过奢求，生命如此难测，我们来唱歌吧！我们来跳舞吧！我总是忘记跟你说声谢谢！谢谢你一直陪伴着我。
>
> 我在纷扰的城市里，寻寻觅觅，寻找一颗最甜美的红苹果，一片遗落的金叶子。寻找心中隐约闪烁的光亮。
>
> 我努力寻找希望，生怕幸运就在身边，被我粗心错过。

你正闭着眼睛感受吗？那么，你和胎宝宝是不是也听到一只蝴蝶轻轻扇动翅膀的声音，是不是也看到从远处驶来的车厢里，正坐着绿野仙踪里的狮子和稻草人……它们将带你回到迷失已久的家乡和快乐的童年。

在迷人的幻想中，带领你和胎宝宝共同去寻找心中点滴的亮光吧，逐渐看到潜藏在地下铁的黑暗中的质疑、希望与美丽幻想。

▶ 美好的图书会让平淡的生活丰富而多彩。

第215天

智趣馆：数一数这幅画里有多少人？

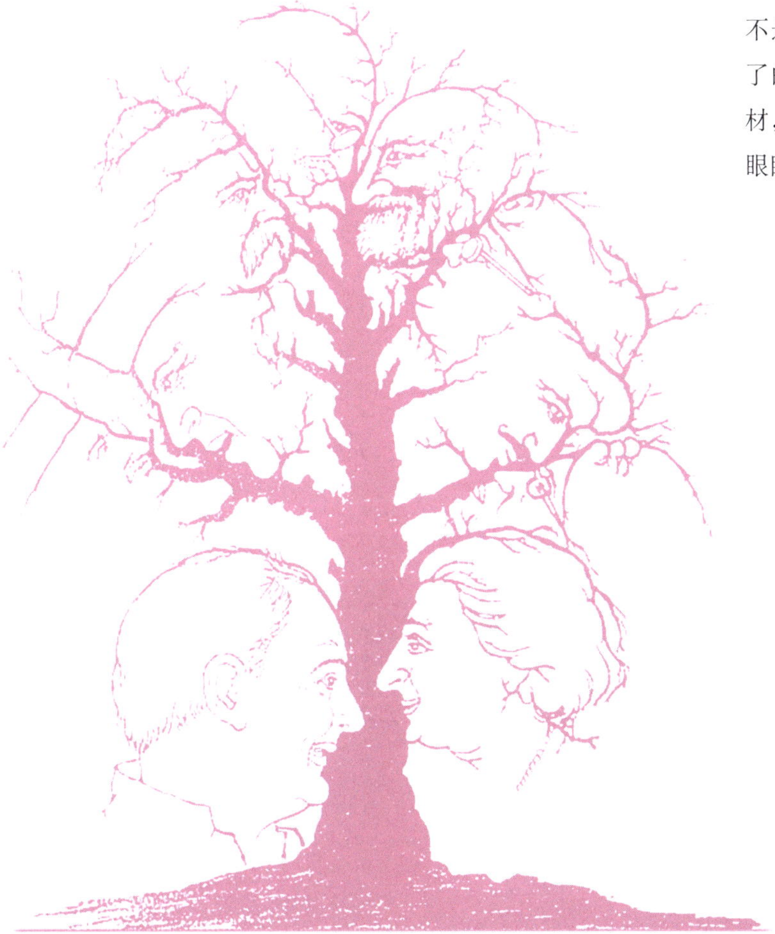

看到这幅画了吗？对，这是一棵树，不过可别小瞧了这棵连树叶都掉得差不多了的树哦，它可是用来考验你眼力的好素材，怎么样，想挑战一下了吧？现在就擦亮眼睛，仔细来找找看画中有多少个人吧。

范大夫连线

人的潜能是无限的，准爸爸可以为准妈妈找更多好玩的视觉游戏，有意识地动动脑，这不仅会让准妈妈神清气爽，也会让生活变得格外有趣。动脑的过程和完成游戏后获得的成就感，会是准妈妈不错的休闲体验。

答案：10个。

第216~217天

准爸加油站：负重20斤，体验准妈妈的辛苦

胎宝宝8个月了，一路走来，幸福与艰辛也许只有准妈妈最清楚，当她偶尔抱怨上个卫生间有多不便时，你或许不是很理解，试想一下，如果小宝宝在你的腹中，会是什么样的情景呢？想象可能无法得到切身体会，你可以玩一个负重游戏，体验一下准妈妈的感受。

▶ 随着肚子的增大，准妈妈的身体负担日益加重，准爸爸要多理解、多体谅、多关怀。

换位体验游戏

1 选择一个你和准妈妈都方便的时间，在家里进行，一些医院或者是准妈妈俱乐部也会组织这样的换位体验活动，如果有兴趣的话，你们也可以报名参加。

2 如果是在家里的话，那么你可以在腹部绑上一个20斤（10千克）重的袋子，如果不方便的话也可以在家里找一个枕头大小的重物，用枕头也可，但最好有点重量，这样才能体会得更真切。

3 现在，你可以让准妈妈指定几个你经常做的事情去做，比如打扫房间，或者是擦桌子、睡觉、上厕所等，如果你的动作可能压迫到“胎宝宝”，要请准妈妈做出提示，并帮助你调整姿势。

4 向准妈妈说说自己的体验感受，然后请她对你的表现做出评价，向准妈妈表达自己的爱护和敬佩之情，让准妈妈了解到你对她的理解，这样更能增进你们的感情。

5 在游戏的过程中，不要忘了胎宝宝的存在。你可以邀请他做考官，体验过程中不妨多问问胎宝宝爸爸的表现怎么样，跟他说一说游戏中发生的事情等。

包容准妈妈

负重体验游戏中，你恐怕坚持10分钟就有些吃力了，其实你所感受的只是准妈妈身体变化而引起的生活不便罢了，生理和心理上的不适还有很多。

准妈妈怀一个宝宝是这样不容易，多为她着想，多做一些家务活，多包容她阴晴不定的情绪，给她信心，顺利地坚持度过孕期280天。

孕32周

第218~219天

胎宝宝转成头朝下的体位

进入神经系统完善关键期

胎宝宝体重目前大约为1800克，从头部到臀部长约29厘米。对日渐增大的胎宝宝来说，子宫里的空间已经很小了，即便如此，胎宝宝还是会继续长大，尤其是身体和四肢，最终会长得与头部的比例更和谐。从现在到出生前，体重至少还要长1000克左右，此后一阶段，可以看作胎宝宝在为出生做最后的冲刺。

现在胎宝宝的体位已经基本固定为头朝下了，已经做好了出生的准备；皮下脂肪继续储备，这是为了出生后的保暖而准备的；呼吸和消化功能渐趋完善，而且还会分泌消化液了。另外，胎毛开始脱落，不再毛茸茸的了，慢慢的只有背部和双肩还留有少许。

本周，胎宝宝的神经系统变化最大，脑细胞神经通路完全接通，并开始活动。神经纤维周围形成了脂质鞘，脂质鞘对神经纤维有保护作用，这使得神经冲动能够更快地传递。因此，胎宝宝逐渐有能力进行复杂的学习和运动，并且意识会越来越清楚，能够感觉外界刺激，能区分黑夜和白天。

胎宝宝有话说

现在，我对自己的外表越来越满意，皱纹消失了，皮肤不再透明，身材也变苗条了。

什么？我听到有人在说我的坏话，说我是个懒蛋，因为我90%~95%的时间都在睡眠状态。可是，这不能怪我啊，子宫的空间现在对我来说实在是太小了，我真是懒得动弹了，还是睡觉对我来说比较舒服。

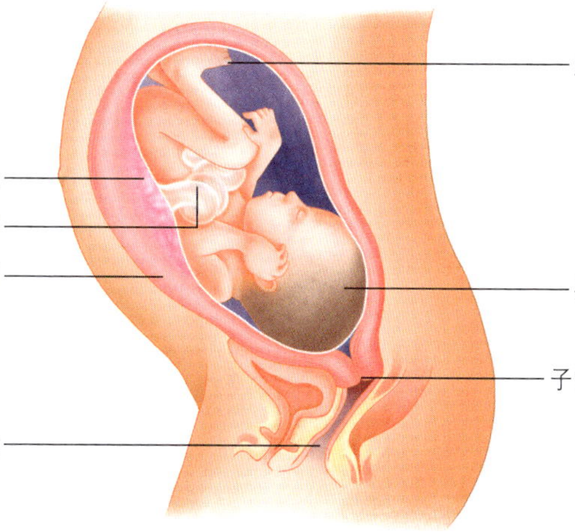

第220天

知识库：别让胎宝宝成为“巨大儿”

合理的营养是胎宝宝健康成长的重要条件，但这并不就表示要不停地补充营养，因为营养过剩对胎宝宝也是不利的。

摄入营养过多，会使多余的热能转变成脂肪，堆积在你的体内，造成肥胖，而肥胖是与高血压、心血管病、高血脂、高胆固醇血症和糖尿病密切相关的，是造成许多疾病的高危因素。

另一方面，过多的营养可使胎宝宝生长发育加速，成为体重大于4千克的巨大儿，巨大儿由于身体过胖、肩部过宽，分娩时容易卡在骨盆里，而过度牵拉还容易引发产伤。因此，适当的饮食控制是必要的。

营养满足需要就够了

营养并非越多越好，大多数准妈妈都是健康的，只要补充身体所需的食物和营养即可，大量补充是完全不必要的；而对那些身体欠佳的准妈妈来说，也不要盲目乱补，应在医生指导下，缺什么补什么。

怎样判断营养是否超标

判断孕期是否营养过剩，最方便、最常用的指标就是体重，因此，你要养成称体重的习惯。一般，怀孕的头3个月体重变化不会太大，进入孕中期后每周体重会增加0.4千克左右，参考这个指标，当你发现自己胖得太过，或者是体重增加太快时，应该及时调整自己的饮食，或向医生咨询。

小知识

胎宝宝在宫内的营养环境与成人后的慢性疾病，如糖尿病等代谢综合征的发生关系密切，巨大儿在成年期患这些疾病的概率比出生体重正常的孩子明显增加。

范大夫连线

孕期最后几个月，宝宝对钙的需要量最大，他的骨骼开始迅速硬化，建议你多食用牛奶或奶制品，因为其中的钙非常容易被吸收利用。

防止营养过剩可以这样做

1. 养成良好的饮食习惯，可将一天的总量分成5~6顿进食。
2. 控制进食量，最好不要增加饭量，可多吃些辅食，如蔬菜、豆类和动物性食品等。
3. 食物品种要多样化，多吃一些新鲜绿色蔬菜，少食高盐、高糖及刺激性食物。
4. 烹饪应按少煎、炸，多蒸、煮的原则。

第221天

心体验：读《小王子》，进入小孩的世界

人长大了似乎总是会与小时候那个自己相去甚远，小时候总是爱缠着爸爸妈妈问为什么，每天都有那么多奇思妙想，甚至想象自己有一天能飞到月宫里去与嫦娥姐姐玩耍。后来长大了，远离了幼稚，不再有那么多为什么，也不再做一些不切实际的梦，然而生活却并没有因此而变得更加有意义，我们心里曾经的那个自己，真的被弄丢了吗？

《小王子》：给从前的那个小孩子

这本给成人看的儿童书处处包含着象征意义，这些象征看上去既明确又隐晦，因此也格外美。

作者圣埃克絮佩里在献辞中说：这本书是献给长成了大人的从前那个孩子，诚然如此。这个小王子给全世界所有的大人上了一课，他有那么多的为什么，有那么多奇怪的行为，还有那么多令大人们不解的想法。

《小王子》以第一人称的观点叙事，作者在撒哈拉沙漠遇上了从遥远的小星球来的小王子，从小王子有意无意的透露中，他逐渐知道了小王子的经历：小王子在自己的小星球上与骄傲的玫瑰花闹别扭之后，动身四处游历，他在不同星球遇到了不同的成年人，这些成年人的行为，也同样令小王子大惑不解。

在童话中，小王子住在B612号小行星上。有一天他来到了地球，初次登陆，他降落在无边无际的沙漠上，像创世纪的旱地那么凄凉。小王子与飞行员的对话，闪闪烁烁，憨直好笑，默认时羞答答脸红，生气时金头发在风中乱摇。像每个追梦的人一样，为自己的问题所迷茫时，小王子也常常流露出一种伤感的情绪。

将这本童话推荐给准妈妈，在小王子略显忧郁又充满童趣的世界里，相信每一个准妈妈都会别有一番感受。

第222天

智趣馆：与准爸爸对弈

现在胎宝宝的大脑正在形成，他的脑部发育非常迅速，因此是对他进行适当脑部刺激的好机会，你要多动动脑，帮助他开发自己的潜能。玩益智游戏会是个很不错的方法，多久没有下棋了？拿出家里尘封的棋盘和棋子，和准爸爸来一次酣畅淋漓的对弈吧。

智慧体操——对弈

对弈在古时候是指下围棋，现在我们将下棋统称为对弈。自古以来，琴棋书画就是我国传统的四大文化艺术，棋也是衡量人的素质与修养的标准之一。下棋是一种有益的智力运动，能使你闪耀智慧的火花，是培养思维能力的高雅运动，下棋也被人们形象地称为“智慧体操”。

准妈妈对弈好处多

1 **锻炼智慧**：对弈时，在不断提出和解决问题的过程中，能使得大脑得到良好的锻炼。

2 **增进记忆**：对弈时对盘局的记忆训练可提高记忆能力。

3 **陶冶性情**：对弈过程中，要集中精神，静心定气，有助于思想品德修行的锻炼。

和准爸爸对弈效果更好

准爸爸一般都对下棋有更多的兴趣，他们更了解下棋的规则和战术，如果你以前不经常下棋，那就和准爸爸对弈吧。不用担心下得不好而被取笑，输赢不重要，重要的是你可以得到老公更耐心和富于爱意的指点，这会让你的动脑时间更有效率。

至于下哪种棋则可根据你和准爸爸的喜好选择，围棋可以，象棋也不错，跳棋、五子棋等也是合适的选择。

范大夫连线

如果下棋是你的兴趣爱好，千万不要因为怀孕而放弃，你曾经的棋友们会成为帮助你动脑的好伙伴，在晴朗的周末约上她们，到公园或安静闲适的地方休闲一下，能陪伴胎宝宝度过一段美好的时光哦。

▶ 有兴趣的准妈妈不妨和准爸爸一起培养一下下棋的爱好，动脑又怡情。

第223~224天

准爸加油站：为准妈妈烹调缓解便秘的食物

胎宝宝还在一天天长大，他的身体侵占了太多子宫空间，迫使子宫挤压到肠胃，所以准妈妈现在或多或少有些便秘。记得继续督促她保持适当的活动，做她的开心果，如果有时间，下厨为她做几道可以缓解便秘的美食就更好了。

清炒素四色

材料：绿豆芽100克，韭菜100克，胡萝卜半根，水发木耳2朵。

调料：盐、酱油各适量，味精少许。

做法：1.绿豆芽洗净，沥干水分；韭菜洗净，沥干水分，切成小段；胡萝卜洗净，切成丝；木耳洗净，切成丝。

2.锅中倒入适量的油，烧热，放入胡萝卜丝和木耳丝翻炒一会儿，再放入韭菜和绿豆芽翻炒。

3.炒至所有材料变软，加盐、酱油、味精调味，炒匀即可。

美味提示：豆芽炒时间长了容易软烂，可以事先入热水焯一下，减少炒制时间，保持脆爽。

醋熘白菜帮

材料：白菜半个。

调料：醋半大匙，水淀粉1小匙，盐适量。

做法：1.白菜择洗干净，将白菜帮切成薄片。

2.取一个空碗，放入盐、醋、水淀粉，混合均匀，调成淀粉汁。

3.锅内放入适量植物油，烧至七成热，下白菜帮片，爆炒至七成熟。

4.加入调好的淀粉汁，翻炒片刻，至汁透明，出锅即可。

美味提示：放入白菜帮片以后，一定要快速翻炒，不然菜帮变软会影响口感。

这道菜促便效果相当好，严重便秘的准妈妈可以多吃。

范玲指导
每天10分钟
快乐胎教

孕9月

复习+坚持是提升胎教效果的秘诀

是不是越来越有做母亲的感觉了

为了还未谋面的孩子而操心

琐碎但那样充实、幸福

给他准备生活用品

想知道他吃饱了没有

有没有乖乖睡觉

……

这个世界上

从此又多了一个令你满心牵挂的人

本月胎教要点

准妈妈的身体变化

不规则宫缩次数增多

胎宝宝转为头朝下的姿势，宫缩开始了，宫缩是迫使胎宝宝胎头下降的手段。有些准妈妈刚开始时还没感觉，只有用手去摸肚子时，才会感受到宫缩。因为胎头的逐渐下降，准妈妈的膀胱受到了较严重的压迫，所以准妈妈现在尿意频繁。孕晚期尿频也是正常的生理现象，不用治疗，准妈妈只要注意不要憋尿，立即去厕所就行了。

如果发现小便浑浊，或出现尿痛的感觉，则有可能是有尿路受细菌感染，应及时就医。

另外，有些准妈妈不仅会出现尿频的症状，还可能会出现尿失禁的症状。如果确定是尿失禁，可以使用成人尿不湿解除尴尬。但在孕晚期，下体流水有很大的可能是破水。

身体开始为分娩作准备

准妈妈骨盆和耻骨联合处的肌肉和韧带还在继续变松弛，而全身的关节和韧带也都开始变得松弛，外阴也变得柔软而肿胀，都是为分娩准备的。

孕激素、松弛素及胎宝宝的体重作用引起骨盆连接部扩张，很多准妈妈会觉得腹坠腰酸，骨盆后部肌肉和韧带变得麻木，有一种牵拉式的疼痛，使行动变得更为艰难。平时做起来很简单的事情，现在会感觉很累。这时，准妈妈可以通过减少站立时间、不睡过软的床垫、热水泡澡、按摩等方法来缓解腹坠腰酸。

准妈妈在此时可能腿脚会肿得更厉害，也都属正常，注意休息即可。但是如果发现自己的脸或手也都突然肿胀起来了，就要及时看医生，及时发现并控制妊娠高血压疾病。

随着分娩日期临近，准妈妈的各种不适症状可能会加重。

范大夫连线

从现在开始直到分娩为止，建议准妈妈每周做一次产前检查，每次产前检查都要测量血压和化验尿液。

专家的胎教提醒

怀孕第九个月，胎宝宝已基本发育成熟，因此这个月可以将各种胎教方法轮流实施，但良好的胎教效果还是取决于坚持，不妨抽几天再次复习一下前面学习过的知识。另外，你还可以多和宝宝一起欣赏音乐，胎教时间可适当延长，内容也可适当增加。

静静聆听喜欢的音乐

这个阶段，你不妨在音乐胎教的时间段选择安静的环境，闭上眼睛，展开丰富的想象，静静地聆听，那些柔和、节奏舒缓、优美动听的音乐（比如古典音乐）可很好地舒缓你因分娩临近而产生的烦躁和紧张心理，与胎宝宝一起投入，进入艺术氛围。

营养胎教——吃一点海洋食物

在这个月里，如果对海鲜产品不过敏，征得医生的允许后，你可以适当吃一些营养丰富的海洋食物，这类食物被营养学家称为高价营养品，富含脂肪、胆固醇、蛋白质、维生素A 和维生素D，还可以提供丰富的矿物质，如镁、铁、碘等元素。

抚摸胎宝宝的身体

在你的腹壁上现在能清楚地触到胎宝宝的头、背和四肢，你和老公可以轻轻地抚摸他的头部，有规律地来回抚摸宝宝的背部，也可以轻轻抚摸他的四肢，轻柔有序的抚摸将有利宝宝感觉系统和神经系统及大脑的发育，每次数分钟。要注意胎宝宝的反应，及时做出回应。

保持平和、欢乐的情绪

距预产期越来越近，一方面你会为宝宝即将出世感到兴奋和愉快，另一方面又难免对分娩怀有紧张的心理，这是可以理解的。但要注意调整，保持平和、欢乐的心态直接关系到宝宝的健康与分娩，多和老公聊聊天，学习一些必要的分娩知识等，都将对你有所帮助。

用美育净化胎教氛围

大自然、绘画、书法、雕塑以及戏曲、影视文艺作品等，能陶冶性情，开拓眼界，具有奇妙的魅力，生活中处处充满了美，也是净化胎教氛围的必要手段。多接受一些美的艺术熏陶，可以令胎教效果更好。

范大夫连线

不妨在触手可及的地方放一张醒目的单子，上面列出紧急情况下你可以拨打的电话号码，或者其他你认为需要的信息。

孕33周

第225~226天

胎宝宝骨骼在慢慢变硬

胎宝宝身体变得圆润了

这段时间，胎宝宝的皮下脂肪较前段时间大为增加，身体真正变得圆润。有的胎宝宝的头发已经非常浓密，也有的胎宝宝比较稀少，不过这跟日后的发质没有必然联系，不必太在意。另外，胎宝宝的手指甲和脚趾甲长得盖住了手指头和脚趾头，其尖端通常还没有超过手指头和脚趾头。

胎宝宝的生殖器发育也赶了上来：男胎的睾丸从腹腔降入了阴囊，当然也有的宝宝会在出生当天或者更晚一些时候才让睾丸进入阴囊；女胎的外阴唇已经明显隆起，左右紧贴。可以说胎宝宝的生殖器发育已接近成熟。

在本周，性急的胎宝宝头部开始降入骨盆，不过大多数都要在34周以后才会有这样的举动，还需要耐心等待。

范大夫连线

孕9月开始，是胎宝宝骨骼发育的重要时期，胎宝宝体重的一半都是在这个时期增加的。因此你需要加强营养，多吃动物性蛋白食品，尤其要补充足够的钙、磷、铁。

胎宝宝有话说

对妈妈来说，分娩过程中最精彩的部分应该是我的小脑袋慢慢地露出来吧。

为了配合妈妈顺利分娩，我不得不将自己在子宫里转成头朝下屁屁朝上的姿势，说实话，这个姿势挺老土的，但能如此广为流传也是有理由的。相比之下，剖腹产似乎有很多不如顺产的地方，而且还会在妈妈的肚皮上留下长长的疤痕。

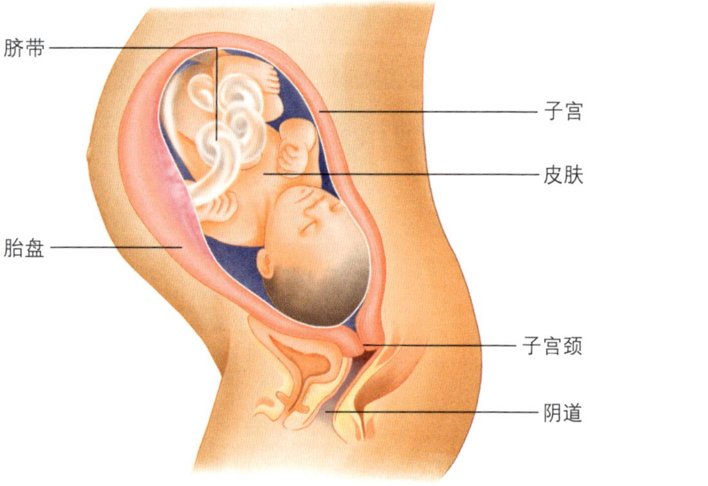

第227天

知识库：左侧卧睡姿让胎宝宝更舒适

孕晚期的睡姿对你与胎宝宝的安危都有重要关系，宜采取左侧卧位，仰卧的睡姿不再适合现在的你。

左侧卧位的好处

左侧卧位可以保证胎盘的血液供给，给胎宝宝提供生长发育所需的营养物质。

左侧卧位可以减轻妊娠子宫对下腔静脉的压迫，有利于避免和减轻妊娠高血压综合征的发生。

在孕晚期，子宫呈右旋转，左侧卧位可改善子宫的右旋转程度，改善子宫内胎宝宝的供氧状态，有利于胎宝宝的生长发育，这对于减少低体重儿的出生和降低围产儿死亡率有重要意义。

当然，你不可能时刻保持左侧卧位，睡着后可能会翻身，不要过于担心，换姿势是因为血液回流不畅引起了不适而采取的自我保护方式，即便一时没有保持左侧卧位，引起了子宫供血不良，宝宝不舒服了，他会做出反应，迫使你改变睡姿或者醒过来。

▶ 左侧卧睡姿会减少子宫对下腔静脉的压迫，让准妈妈睡得更舒适。

不宜仰卧

要注意，你在孕晚期不宜采取仰卧位，这种睡姿会令巨大的子宫压迫下腔静脉，使回心血量及心输出量减少，而出现低血压，产生头晕、心慌、恶心、憋气等症状，且面色苍白、四肢无力、出冷汗等，如果出现上述症状，应马上采取左侧卧位，血压可逐渐恢复正常，症状也随之消失。

小枕头与睡眠

在孕晚期的时候，你可能因肚子突在前面，出现腰酸等不适，睡觉时可在腰下垫上个小枕头，那样会更舒服些。

当白天活动较多，下肢感到疲劳时，或妊娠晚期有腿或脚浮肿时，可把小枕头或沙发靠垫放在腿下，把腿垫高，既可以减轻疲劳、有助于下肢水肿消退，又可以对尽快入睡有帮助。

第228天

心体验：感受身边的小幸福

有人说，痛苦只不过是一种感觉而已，当你要去感受痛苦的时候它才存在。幸福也是如此，对愿意去感受它的人来说，身边处处都是幸福的存在。小生命的到来一定让你看到了更多的幸福，当发现一个小小的生命那么执著地生存着，你会庆幸吧。在与他相处的每一天里，你似乎忘掉了烦恼和琐事，只是尽情地感受着。

当宝宝开始在你肚子里动起来时，你心里的幸福、骄傲感一定是油然而生的，那种作为一个女人、一个妈妈的感觉，令你感到神奇，那可能是你初次体会到当妈妈的幸福。

每当想到自己越来越大的肚子里装着一个一天天长大的小人，想到他正在调皮地啃脚趾

头，想要和你玩就会手舞足蹈起来，弄得你的肚皮这里鼓一下，那里又鼓一下时，你的幸福感一定是满满的。

怀孕后的你，有了更多的机会睡到自然醒，老公每天变着花样给你买各样的水果，香蕉、苹果、梨，似乎从来没有断过，总是找机会带你出去玩。

亲戚朋友们拿出了自家的孕妇装、婴儿床、宝宝旧衣服，跟你分享怀孕的种种经验。

出门在外，更多的人对你露出友善的笑容，公车上人们主动给你让座，甚至当你走在路上，还会有许多人投来羡慕的目光。

婆婆每天张罗丰富可人的三餐，一家人一起吃饭，其乐融融。妈妈经常打电话嘱咐你不要忘记吃饭，要多吃点好的，早早地就给宝宝做了好多小衣服小鞋子。

……

生活中有太多太多令人感动的事情，这些小小的幸福就像阳光般照在你身上，每天都有那么多，感受到这些，你和胎宝宝会觉得很开心的。

范大夫连线

离预产期越来越近，肚子比较大了，安全是最重要的，这段时间你要尽量避免单独外出，有人陪伴也不要外出太久，以免过度劳累，穿轻、软、舒适的鞋子，不要提重物。

第229天

智趣馆：奇趣布拼画

手工布贴画制作是一种古老的民间贴补工艺，利用各种材质和颜色的碎布完成拼贴，很自由，由于布料的纹理和颜色各有特色，所以做出来的效果非常有质感，独具魅力。手巧的你以剪代笔，以布为色，用自己巧妙的构思，给小家做一幅漂亮的装饰画吧。

手工布贴画材料

根据构思的画面挑选几种布料（留一块较大的布料做背景布，这块布可随你的喜好来定，如果你喜欢棉麻质感，可以选用一块较大的棉麻布）、双面胶（或胶水）、笔、剪刀、A4纸、硬纸板。

手工布贴画制作方法

1 首先将构思好的画面画在A4纸上。

2 将各种素材剪下后，照着剪出同样的硬纸板素材。

3 照着硬纸板选择各色布料剪出最终的素材。

4 将剪好的素材布用胶水粘在背景布上。

▶自己动手给宝宝做幅布贴画，或者布书吧。

范大夫连线

不同风格的画作可以打造不同的家居风格，拼贴画是画作的一种，并不比其他的画作逊色。你可以构思不同风格的画作，在拼拼贴贴中感受思考的力量，表达自己的心情，布贴画温柔的视觉感受也会慢慢提升自己的家居品位。

第230~231天

准爸加油站：帮助准妈妈战胜分娩恐惧

由于没有分娩经验，准妈妈难免会有些精神紧张或不知所措，心里往往会七上八下，感到不安，对分娩产生恐惧心理，这对分娩不利：

精神紧张时，准妈妈对氧气的消耗会大大增加，胎宝宝因此而容易缺氧。

紧张还容易扰乱正确的用力，生产时会浪费很多力气，影响产程。

在紧张的情况下，对疼痛更敏感，而加剧的疼痛会造成进一步的紧张情绪，这对生产是很不利的。

如果能够帮助准妈妈克服对分娩的恐惧心理，必然能令分娩过程更为顺利。

你可以这样做

1 分散准妈妈的注意力，可以趁她不备时给将要出生的孩子买漂亮的衣物，给她买一件纪念品，给她一个惊喜。

2 多了解一些分娩知识，然后跟准妈妈讲解，并在她需要的时候给予提醒，告诉她分娩其实是可以控制的，不会出现问题，消除她对分娩的未知感和紧张情绪。

3 配合准妈妈练习一些分娩技巧，比如生产时的呼吸技巧、用力技巧、吃东西的技巧等，让她对分娩建立自信。

▶ 临产期日益临近，把对分娩的焦虑转移到对宝宝出生后的期待上来，会让准妈妈对分娩更具信心。

4 给准妈妈做心理辅导，告诉她不必害怕，每一个准妈妈都具有顺利生下宝宝的能力，因此她也一定会顺利的，只要心态积极，很快就能见到宝宝了。

5 咨询医生采取什么样的分娩方式最合适。现在的医学很发达，如果需要，分娩也可以无痛苦地进行。

6 在准妈妈需要的时候陪伴她。

范大夫连线

如果没有出现意外情况，建议你不要太早入院待产，如果医院床位紧张，你很可能无法得到较好的照顾，而且医院的氛围容易使你感到紧张，看到别人纷纷生产，会造成不利刺激，影响你的情绪。

孕34周

第232~233天

胎宝宝的肺部发育得很成熟了

胎位基本已经固定

现在胎宝宝已经不再是个干瘪“小老头”，他已经变得圆润漂亮了。他的体重在快速增加（从33周到40周胎宝宝的体重增长几乎是出生时体重的一半）。

现在，胎宝宝身体骨骼已经变得结实起来，但是头骨还是比较柔软的，而且每块头骨之间还留有空间，这是为了在分娩时，头部可以顺利通过狭窄的产道而专门设计的。胎宝宝的生命力在此时已经非常顽强，如果现在生产也能很好地存活下来，并且基本上不会有与早产相关的严重问题。

胎宝宝已经准备好了出生的姿势，头朝下的体位固定下来。大部分胎宝宝的头部已经下降入骨盆，紧压在子宫颈口，也有的胎宝宝会到分娩的时候才入盆。但也有少数胎宝宝仍然保持着臀位姿势，准妈妈不用过于担忧，医生会帮你想办法的。

胎宝宝有话说

有时候孕妈去做产检时，医生的表现会比较冷淡，对妈妈提出的问题没有做很详细、热心的回答或根本就没有回答。这时妈妈有可能会胡乱猜疑：医生为什么要瞒着我？是不是宝宝有什么问题？

其实，医生的工作量非常大，每天要接诊几十个甚至上百个病人。医生也是人，也会烦、会累，对妈妈不太热情也是正常的。

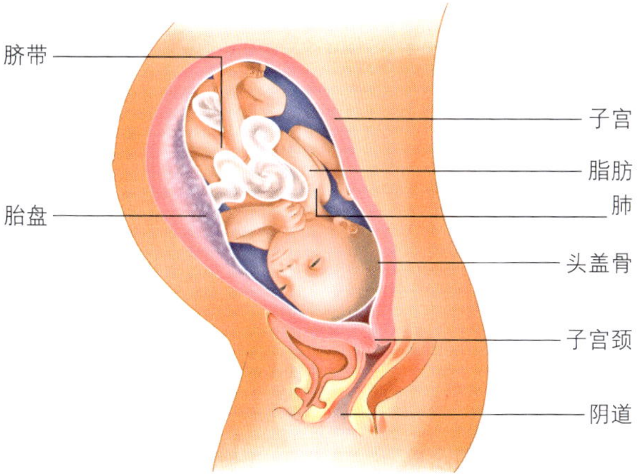

范大夫连线

是否有脐带绕颈、绕颈周数及松紧度如何，都是可以通过超声波检查出来的。下次做B超检查时你可以观察一下，胎宝宝颈部后方有“V”形压迹，表示脐带绕颈1周；“W”形压迹表示脐带绕颈2周。

第234天

知识库：看看国外准妈妈们是怎么放松精神的

放松精神的方法有很多，有的准妈妈喜欢用调节呼吸的方法来放松，有的准妈妈则喜欢用冥想来放松自己，还有的准妈妈可能习惯用看书的方式来放松，你比较钟情哪种方法放松呢？一起来看看国外的准妈妈们是怎么放松自己的吧。

▶ 无论插花、绘画、下棋或者唱歌，只要是怡情养性，能让准妈妈心境柔和、安宁的事，都对胎教有益。

日本准妈妈：插花

日本的准妈妈喜欢选择插花或是有关盆景制作的精神放松法。始前，她们会在一间灯光柔和的房间里，尽量地放松自己，使身体和精神达到稳定的状态。这些手工胎教能协调和舒缓准妈妈的情绪、感觉和心境，借此来愉悦身心，促进宝宝健康成长。

俄罗斯准妈妈：歌唱

俄罗斯的准妈妈在专家倡导下，开创了语言胎教和音乐胎教的“结合体”，她们将要对宝宝说的话唱成歌曲给宝宝听，以达到身心的愉悦以及取得更好的胎教效果。这些“准妈妈之歌”大多取材于著名诗歌，充满童真，歌词中既有类似“世上只有妈妈好”的内容，也包括了小朋友做游戏的情节，还包括天气、四季和动植物知识。

秘鲁准妈妈：海豚

秘鲁科学家发现：海豚的叫声有助于刺激胎宝宝脑部的活动，还能在某种程度上提高宝宝的器官感知能力，胎宝宝能对海豚的叫声产生反应。

因此，有关人员便训练海豚游近准妈妈，并对着她们的腹部发出叫声。不少秘鲁准妈妈纷纷与海豚“亲密接触”，这种海豚胎教法成为秘鲁准妈妈的胎教新潮流，为她们放松孕期的焦虑情绪、体验孕期快乐带来不错的效果。

范大夫连线

其实，你不需要盲目模仿别人的方法，自己喜欢的方式才是最适合最有效的精神放松法，可能是老公的一句暖心话，也可能是宝宝一个会心的胎动，或者一个美丽动人的童话也会有意想不到的效果。

第235天

心体验：电影《飞屋环游记》，什么时候都不忘浪漫

你相信爱情吗？是否还坚持着关于和爱人的一个梦想：认认真真地经营一场关乎一生的感情？如果不是，那么，是从什么时候开始，我们变得不敢谈论天长地久，从什么时候开始，我们不再那么信仰爱情了呢？或许只是暂时的忽视，只要你重新审视自己的内心，会发现心中仍然有梦。

《飞屋环游记》：追逐梦想的浪漫

《飞屋环游记》中，小男孩卡尔与假小子艾丽是相伴一生的爱侣，他们有一个梦想，就是有朝一日要去南美洲的“仙境瀑布”探险，但直到艾丽去世，这个梦想也未能实现。

艾丽的伴侣从来没有忘记他们的梦想，终于有一天，老人卡尔用五颜六色的气球拽着他的房子飞上了天空，他决定要去实现他们未曾实现的梦想。

这部电影娓娓道来的“梦想”，就是两个老人一生的美丽梦想。这个故事里还讲述着“牵绊”，是什么让人变得勇敢、坚定、善良、宽容？因为心中有爱，有一份魂牵梦绕的挂念。

▶ 梦想不应该随着成长而消逝，而应更丰满。让我们用实际行动去教会宝宝勇敢追梦。

范大夫连线

好电影好故事总是能给人带来最单纯的美好，这样的美好正是我们每个人竭尽一生所追求的。

第236天

智趣馆：自制丰富多彩的小玩具

玩具和游戏是启发宝宝智能的好伙伴，对喜新厌旧的小家伙来说，玩具多多益善，善用你的巧手，DIY一些好看的小玩具吧。不需要多么精致多么大，丰富多彩的小玩具可以有很多玩法，比如让宝宝练习抓握，鲜亮的颜色在他眼前晃一晃，将小玩具用线穿上吊在风铃上，就是不错的响铃悬吊玩具了，想象一下新生宝宝望着它们的样子，是不是很有动力呢？

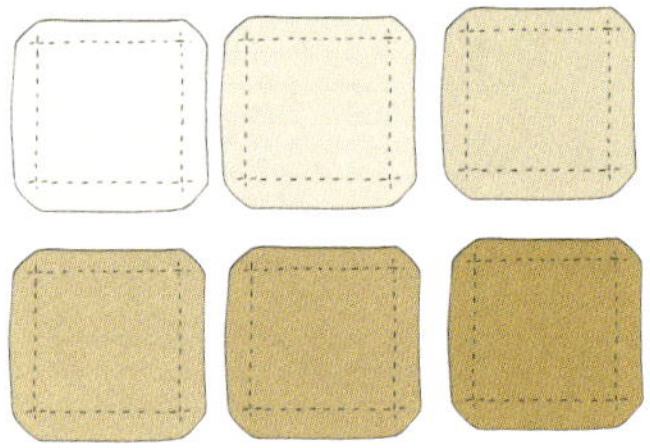

自制沙包

扔沙包的游戏估计不少准爸爸、准妈妈小时候都玩过。在不久的将来，等宝宝长到8个月左右的时候，也可以玩扔沙包、捡沙包的游戏了。准妈妈可以亲自动手给宝宝做一个色彩缤纷的小沙包，到时候跟宝宝一起玩。

沙包的做法很简单，参考下图，准备6片边长2.5厘米左右的、色彩好看的正方形布料，一一缝合到只有一个小口，然后填充好荞麦皮，最后完全缝合就可以了。

小知识：怎么跟宝宝玩沙包游戏呢？

妈妈可以让宝宝坐在床上，妈妈面对着宝宝坐，距离30厘米左右，然后拿起沙包，吸引宝宝注意，轻轻将沙包扔到宝宝面前，鼓励宝宝接住。如果宝宝没有接住，可以帮助宝宝捡起沙包，并教会宝宝将沙包扔给自己。相信宝宝会很喜欢跟爸爸妈妈一起玩这个游戏的。经常跟宝宝玩这个游戏，可以帮助宝宝锻炼上肢肌肉力量，提高宝宝肌体控制能力，促进宝宝空间感知能力的提高，加强对距离的感受。在游戏中宝宝和妈妈的配合，有利于宝宝学习与他人交往的技能，促进人际交往智能的提升。

范大夫连线

多给宝宝准备一些不同质地的玩具或日常用品，在宝宝出生后，让他多触摸、多观察。材质和颜色、形状的改变，会让宝宝出现表情的变化，宝宝也可能对某种材质有明显的偏好，一般宝宝都很喜欢手感柔滑的材质。

第237~238天

准爸加油站：与准妈妈一起布置婴儿房

还有一个多月宝宝就要到来了，除了备齐生活物品外，给宝宝营造一个温馨、能够自由活动的空间也是不能忘的哦。

居室环境

宝宝的居室应选择向阳、通风、清洁、安静的房间，因为新生儿体温调节中枢尚未发育成熟，体温变化易受外界环境的影响，所以选择能使他保持正常体温、耗氧代谢最低的环境很重要。

以红、黄、蓝为基本色调

在颜色方面，房间应以红、黄、蓝三色为基本色调，再用其他颜色加以调节。另外，如果可以，请备两幅颜色不同的窗帘，一幅暖色的，在宝宝休息时使用，一幅冷色的，在宝宝活动时使用。

可以多装几种灯

除一般的日光灯外，如果能够安排一些五颜六色的低强度彩灯就更好了，可以在宝宝情绪好时打开，可以锻炼他对色彩和光的感受能力。此外还应有一个光线较弱的暖色灯泡，在夜里需要照明时使用。

墙壁和顶面的装饰

你可以将墙壁和顶面贴上小碎花或者可爱的卡通动物墙纸。如果你们喜欢画画，也可以为宝宝在墙壁或顶面上画一些蓝天白云或者星星月亮之类。也可以留出一面墙或者一块小黑板将来给宝宝涂鸦用哦。

小玩具

一些可爱或古灵精怪的小玩具和小装饰也是很吸引宝宝眼球的，小动物或小植物样子的灯饰、靠垫、相架等都很不错。新生儿的视力范围只有15~30厘米，因此最好能在婴儿床和更换尿布区域的上方挂上一些悬挂饰物。另外，房间内还可挂一些可爱、简洁的图画，这对于提高审美情趣很有益。

镜子

在婴儿床的护栏上装上一面不易摔碎的镜子，方便宝宝看到他自己的样子，对于新生儿来说，人的面孔无疑是令他着迷的。

范大夫连线

如果你给宝宝准备的婴儿房被粉刷了，而且时间没有超过3个月，那么宝宝一旦出生，最好先在你们的卧室里开辟一个角落来给他，等难闻的油漆味散尽后，再将宝宝挪到婴儿房。

孕35周

第239~240天

胎宝宝的听力已经充分发育

此时出生已经可以存活

胎宝宝变得越来越大了，他现在重约2500克，从头部到臀部长约33厘米。体内的脂肪在继续增加，身体圆滚滚的。

胎宝宝已经完成了大部分的身体发育。两个肾脏已经发育完全，肝脏也能够代谢一些废物了。神经系统和免疫系统仍然在发育——除了不会哭，现在的胎宝宝从外形到各种能力基本和新生儿一样了。

准妈妈现在可能会感觉他的活动量小了，那是因为胎宝宝变得越来越大，准妈妈子宫空间越来越小，所以他已经不是在漂浮着了，也不太可能再拳打脚踢了。不过，准妈妈还是要继续坚持计数胎动，每12小时在30次左右为正常，如果胎动变少应引起警觉，少于20次可能缺氧，少于10次则应及时就诊。

范大夫连线

如果产前检查发现宝宝还没有发生胎头下降，也别太担心，一般产前2~4周出现也是正常的。

胎宝宝有话说

昨天，从电视上看到唐氏儿出生率很高，即使夫妻双方都健康，也有可能生出唐氏儿，妈妈就开始流眼泪，还哭了20多分钟，我真想用我的小手帮妈妈擦去眼泪。妈妈现在神经很脆弱，心思也很敏感，很容易将一些不好的想法往自己身上扯。

我已经健健康康地在妈妈的肚子里呆了9个月啦，不但健康，而且有力。虽然空间太小，活动比较困难，我还是努力踢下妈妈的肚皮报下平安吧。

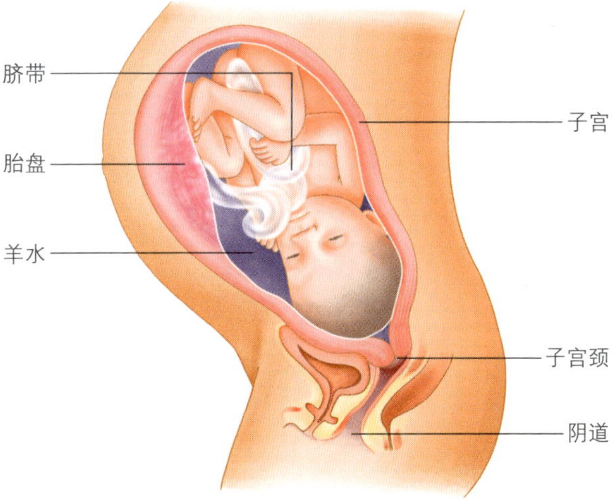

第241天

知识库：分娩没有想象的那么疼

对于生宝宝的疼，妈妈们的感觉也并非完全一样。有的妈妈说：女人生孩子就像是人生中“小死”了一场，分娩时那撕心裂肺的疼，现在想起来还心有余悸；还有的妈妈认为分娩并没有想象中那么疼，只是有一阵腹部和腰部的胀痛不适，忍耐一下就轻松生下了宝宝。到底分娩疼不疼，有多疼，这一定也是你此刻最想知道的吧？

疼痛是宝宝娩出的动力

分娩就是把宝宝从子宫和产道中挤排出来的过程，若没有推动宝宝前进的动力，他是无法娩出的，这一动力主要就是子宫的收缩力(疼痛)。虽然宝宝在你体内需要跋涉的路途只有10厘米左右，但他前进的每一毫米都是靠着这种身体疼痛来完成的。

分娩疼痛对宝宝益处多

分娩过程能让宝宝的肺部和头部得到锻炼，可使他日后迅速建立正常的呼吸。自然分娩还能使宝宝具有更强的抵抗力。同时在产道内受到触、味、痛觉及本位感的锻炼，对今后宝宝的运动及性格均有好处。

疼痛是一种主观的感受

其实，疼痛是一种很主观的感受，分娩的疼痛有很大一部分是来自于恐惧心理，心理负担越重，就越害怕疼痛，而且还会把疼痛放得越大。

一些心理情绪如紧张、焦虑、恐惧等会引起体内一系列神经内分泌反应，使疼痛加剧，因此有的妈妈觉得生产达到“痛不欲生”的地步，与心理因素的关系很大。

分娩是一件自然而然的过程，是瓜熟蒂落，所以你要相信自然的力量，相信自己和宝宝，不要因此而恐惧。

如果你不将自己的注意力放在“分娩会疼”上，你会发现，分娩其实是被想象放大的一种疼痛，顺其自然，很快它就会伴随宝宝的一声啼哭而逝去。而对于分娩疼痛的记忆，大多都会在养育宝宝的过程中淡去——如果真的疼得难以忍受，怎么还会有妈妈想生二胎呢？所以，当你因疼痛而对分娩心存忧惧的时候，不妨去跟那些想生二胎的妈妈“取取经”。

第242天

心体验：听音乐《童年情景》，缓解焦虑情绪

预产期的临近也许令你有点焦虑，虽说怀孕将历经漫长的十个月孕期，但一朝分娩的到来还是令人有点不能适应。没关系，这段时间不会很长，保持平静愉悦的好心情，来和亲爱的宝宝say hello。选择一个安静的午后，吃完午餐，然后悠闲地来听一听德国著名作曲家舒曼创作的《童年情景》。

《童年情景》中的快乐生活

异国和异国的人们	这首钢琴套曲是舒曼在异国所谱写。
奇怪的传说	那些给孩子留下深刻印象的神奇故事。
捉迷藏	孩子们你躲我藏、追逐游戏的情景。
孩子的请求	孩子提出请求期待答复时的充满稚气和幻想的神情。
心满意足	孩子得到所期望的东西后满足幸福的心理。
重要事件	孩子一本正经的严肃面孔，令人发笑。
梦幻曲	梦境般静谧甜美的诗意，把人带入梦幻境界。
在壁炉旁	充满融融之乐的家庭图景。
木马游戏	在木马上兴高采烈的小骑士。
过分认真	孩子努力思索的神情。
惊吓	孩子听到鬼怪故事后害怕惊恐而又好奇的心理。
入眠	宁静的气氛和梦幻色彩，孩子已酣然入睡。

一个欢乐的儿童世界

《童年情景》是钢琴套曲，是舒曼于1838年创作的一组音乐小品的总题目，是钢琴艺术史上的一部极为独特的作品。

这组作品从各个侧面描写了儿童的生活，有的是游戏场景，有的只描写一个神态，有的描写孩子的心理活动，合起来便构成了一个生动的儿童世界。乐曲幽默并富有情趣，令人不由自主地追忆起自己快乐而难忘的童年时光。

第243天

智趣馆：手缝迷你袜子娃娃

袜子娃娃做法不复杂，取材也方便，更重要的是每个人都可以做出独一无二的娃娃，是非常有个性的DIY作品。你可以按照我们给出的方法做一个小精灵，当然如果手足够巧，你还可以与胎宝宝一起设计自己独特的娃娃。

手工材料

袜子、针线、剪刀、水溶笔、纽扣（如果没有，也可以直接用水溶笔画娃娃的眼睛）、针（用来固定纽扣）、棉花。

手工步骤

1 用水溶笔画出小精灵的样子，将脚后跟部位做脸部，然后剪出效果图。

2 翻过袜子来，将两只耳朵缝合，然后翻回正面。

3 两个耳朵分别塞两团棉花，揉搓至均匀饱满，用同样的方法将脸部、身体塞好棉花，然后缝合底部。

4 用针将纽扣定位，缝上，再画出嘴巴的线条，用线绣出来，完工。

范大夫连线

做袜子娃娃是比较成熟的手工活动，有许多可供参考的好做法，如果喜欢，可以去书店挑选一本手工制作袜子娃娃的书来，比如《丹塔的袜子娃娃》，这样你能学会更多有趣漂亮的袜子娃娃的做法。

第244~245天

准爸加油站：讲故事，看胎宝宝的反应

在过去的近9个月里，你和准妈妈已经给胎宝宝讲过不少故事了吧。从大约第七个月起，胎宝宝可能就开始有记忆能力了，他能记得你说的某些故事，并且还能对所接收到的信息做出反应，你再次讲故事时，不妨留心看看他的反应，会很有趣。

讲熟悉的故事

在最后这段时间里，你和准妈妈不妨在预定的讲故事时间里，将以前讲过的故事再讲给宝宝听。另外，若能定时讲故事给腹中的宝宝听，会让宝宝有一种安全与温暖的感觉，如果能坚持讲给他听，可以使得宝宝的神经系统变得对语言更加敏锐。

▶ 简短、语句简单、情节有趣的故事是胎宝宝最爱听的。

宝宝喜欢这样听故事

1 讲故事时，你和准妈妈保持平静的心态，集中注意力，这样宝宝能更充分地理解和感受故事的信息。

2 故事开始前，你可以先和准妈妈一起预习一下故事，帮助准妈妈在脑海中形成故事影像，这样宝宝能更生动地感受到。

3 你还可以发挥自己的想象，将故事中简单出现的事物清楚地描述一番，比如出现“太阳”了，你可以描述一下太阳的颜色、太阳的样子、太阳给你感觉等，这样宝宝会更好地融入到故事描绘的世界中。

4 每天在固定的时间为宝宝讲故事是比较受宝宝欢迎的，比如晚饭后第一次胎动的时间，这样宝宝能更快地建立条件反射，另外，你和准妈妈配合一起来讲也会很不错。

还记得这个故事吗

有规律地讲一段时间后，你不妨试着问胎宝宝：“宝宝，你还记得这个故事吗？”让准妈妈细细体会一下胎宝宝的反应，比如：是否对有些特别的字或句子有特定的反应，故事的某一段是否特别容易让胎宝宝感到平静，胎宝宝是不是会对不同的故事做出不同的反应，他对你和准妈妈的声音是不是也有不同的反应？

孕36周

第246~247天

皮肤上的胎脂开始脱落

胎宝宝越来越漂亮了

随着脂肪和肌肉的逐渐增加，胎宝宝的体重已经增长到大约2700克，从头部到臀部也增长到了大约34厘米。现在，通过B超或触诊可以估计出胎宝宝的体重，但在最后4周内他的体重可能还会增加不少。

覆盖胎宝宝全身的绒毛和在羊水中保护胎宝宝皮肤的胎脂正在开始脱落，皮肤变得细腻柔软，变得越来越漂亮了。而且，他现在已经像新生儿一样，能够自由地活动，手碰到嘴唇时，会吸吮自己的小手，已经有了很好的吸吮能力，他还会自由地把眼睁开或闭上。

由于子宫的空间越来越小，小胎宝宝的动作空间大大缩减，但动作却变得更有力、更明显，有时隔着准妈妈的肚皮都能看到宝宝的动作。

范大夫连线

到这周，你就不适合经常外出了。如果想要到外边散散心，那就在家附近转转，或到公园里散散步，太远的地方就不要再去了。

胎宝宝有话说

妈妈看B超图片了吗？我现在是不是很有型呢！股四头肌、肱二头肌……现在，我正在给我的消化系统热身呢，因为在之后的大约一个世纪的时间里，它们都得充满活力才行。

还有这些体毛，实在是太碍眼了，我就着羊水慢慢咽下去吧，这可以形成我的第一次肠胃运动，妈妈别觉得奇怪哦，这在我们小孩子的圈子里，是再正常不过的一件事情了。

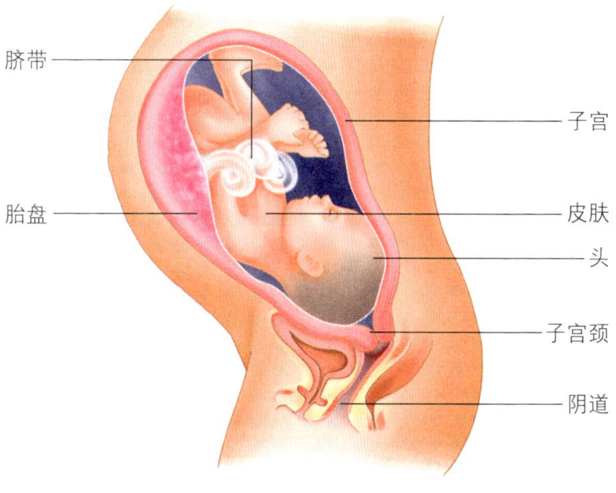

第248天

知识库：脐带绕颈要紧吗？

产检时，你可能常常听到别的准妈妈被告知胎宝宝脐带绕颈，如果你也是其中之一，可能会担心宝宝出现危险，担忧会不会因此而被迫剖腹产。其实，大多数脐带绕颈的情况都不会对宝宝产生威胁，也不会影响到顺产，很多脐带绕了3圈的胎宝宝生下来都很好，所以你不必太担心。

脐带绕颈很常见

一项研究表明，在中国脐带缠绕胎宝宝颈部的发生率约为20%~25%，其中脐带绕颈一周发生率为89%，而脐带绕颈两周发生率为11%。脐带绕颈三周以上或缠绕胎宝宝躯干、肢体的则比较少见。

胎宝宝在宫内不停地运动，而脐带是悬浮在羊水中的，这也是脐带绕颈容易发生的缘故，尤其是脐带太长、羊水过多或胎宝宝体形太小的情况下，更容易发生。有些时候脐带绕颈会随着宝宝的运动而自行解开。

大多数脐带绕颈不威胁到你和胎宝宝，因为脐带一般不会绕得很紧。少数情况下，如果宝宝脐带缠绕过紧或脐带过短，在出生以前会出现缺氧，表现为胎心减速，医生会在胎心监护中发现这种情况。这也是为什么你应该定期去做产前检查的原因。

脐带绕颈顺产的过程

在分娩时，一旦宝宝的头已经娩出，医生会检查宝宝的脖子周围有没有脐带。一般情况下，脐带都是很松散的绕在颈周，很容易将它从宝宝的头上绕下来。如果脐带绕颈2周以上，会需要多一些时间，医生会提示你暂时不要用力。

平时要注意些什么

如果胎宝宝脐带绕颈，你在日常生活中最好减少不必要的大幅度活动，以免宝宝的脐带缠绕得更紧。

坚持数胎动，胎动过多或过少（12小时胎动少于20次，或较以往减少50%)时，应及时去医院检查。

坚持做好产前检查，及时发现并处理胎宝宝可能出现的危险状况。

通过胎心监测和超声检查等间接方法，判断脐带的情况。

要注意的就是减少震动和大幅度活动，保持睡眠左侧位。

手抚摩肚皮的方向最好固定为从左到右和从上到下(怀孕8个月前是如此，8个月后需改成从下到上)，否则胎宝宝会随着你的手势来回翻动，造成脐带绕颈。

第249天

心体验：电影《火星的孩子》，感受伟大的父爱

母与女，父与子，似乎是这世界上完美的搭配之一，母女如姐妹，父子像朋友，这是多么令人向往的亲子关系啊。如果你还在想着生个娃娃玩一下，那以后头疼的时候就多了，孩子可不是玩物，你想照你的想象任意摆弄他？可别被他玩得焦头烂额才好呢！

《火星的孩子》：我是一个又帅又讲道理又专情又有爱的爸爸

科幻小说家大卫·戈登决定收养一个小孩，虽然遭到亲友的质疑和反对，他最终还是将这个名叫丹尼斯的小男孩领回了家，没想到做父亲实非易事。

大卫很喜欢古灵精怪的丹尼斯，只是这个小孩有点怪，他一直坚称自己是来自于火星的外星人，终日躲在纸盒子里，不与其他小朋友玩耍，喜欢用没有胶卷的相机拍照。

尽管大卫认为自己已经可以成为一名合格的父亲了，但丹尼斯的到来给大卫带来了挑战，也为大卫的生活注入活力，还为他带来久违的爱情。

大卫却对这个奇怪的小人儿产生了无法抑制的兴趣，他想知道，为什么丹尼斯会将想象固执地认为是事实。

也许，大卫最终也没办法了解，是什么样的根源和环境，促成了像丹尼斯这种引人注目的小不点。不过，他发现自己对丹尼斯越来越喜爱，终于开始体验到那种从父爱转变过来的全新力量了。

影片结尾有这样一句值得回味的话，或许这就是大卫作为一个父亲最终的感悟吧："有时我们忘了，孩子只是刚刚来到这个世界，他们就像外星人一样，拥有无穷的能量和无尽的潜力，他们带着考察任务，他们正试着学习，如何成为真正的人类……"

▶ 有了宝宝之后，我们需要重新学习为人父、为人母的人生课程。

第250天

智趣馆：让人捧腹的稚言稚语

孩子是这个世界上最纯真、最可爱的人，他们总是用最新奇的视角来发现这个世界，并用各种可爱而又让人捧腹的语言来描述。你们的宝宝将来也会爆出各种各样的“囧言囧语”，不妨记在你的纪念册中，成为孩子美好童年的珍贵回忆。

都是我们家的吗?

当我怀第四胎时，邻居家的母狗也将临产。心想现在也许是解释小孩是怎么来到世界上的最好时机，于是我带着3个儿子去观看母狗生产。几个月以后，我分娩了，丈夫带领儿子们来医院看他们的小弟弟。

当我们都站在育儿室窗前向内看时，3岁的儿子问我：“这些全是我们家的吗?”

爱哭的小弟弟

“为什么你的小弟弟总是整天哭个不停?”一个小朋友问另一个小朋友。

“这有什么奇怪的呢?要是你也没有牙齿，没有头发，又不会走路，不会讲话，连大小便都要人家帮忙，你也会整天哭个不停的。”

组装

妈妈怀孕了，4岁的玛丽百思不得其解，她问爸爸未来的弟弟或者妹妹是如何生出来的。爸爸向她解释道：“先生出头，再生出身子，最后是两条腿，懂了吗?

“懂了，爸爸，然后你用螺丝把它们组装起来，对吗?”

就生了我一个

这是一次宠物食品的电话市场调查，接电话的是一个小孩。

市调员：小朋友，你家里有没有养小狗、小猫、小兔子，或是小鸟?

小孩：没有，我妈就生了我一个!

范大夫连线

尿布是宝宝出生后的必需品，一般棉柔的尿布是宝宝皮肤最喜欢的。宝宝可能不会太老实，两腿喜欢乱蹬，尿布常常被蹬开，在大腿根处揉成一团，这样宝宝会很难受，几个合适的尿布兜能够解决这个问题。在尿布兜中放上尿布，既好换尿布，又不妨碍宝宝活动。

第251~252天

准爸加油站：给准妈妈补充利于分娩的锌

有研究表明，分娩方式与孕晚期饮食中锌的含量有关,孕晚期每天摄锌越多，越有利于分娩。锌对分娩的影响主要是促进子宫肌收缩，把胎宝宝驱出子宫腔，减少分娩的痛苦，减少分娩出血。每天为准妈妈做上一两道补锌美食吧，助她顺利分娩。

腰果炒鸡丁

原料：2只鸡小腿，50克腰果，青红椒各半个，蒜2瓣，姜3片，葱一段。

做法：1.将鸡腿去骨，鸡肉切小块，加入适量酱油、水淀粉、糖、醋、料酒和少量盐以及水腌制5分钟。

2.再将锅烧热，倒入适量油烧热，放入鸡肉炒散，炒至变色时加入姜、葱、蒜炒出香味，将青红椒切小块加入，炒至断生，用水淀粉勾芡炒匀即可。

健康牛肉烩

原料：牛里脊肉300克，西蓝花100克，水发黑木耳、洋葱丁各少许，葡萄酒、红糖、酱油、盐、鸡精各适量，黑胡椒少许

做法：1.牛肉洗净切小片，用葡萄酒、红糖、酱油、鸡精、少量盐和黑胡椒腌30分钟；黑木耳洗净，撕成小片。

2.锅中倒油烧热，放入牛肉、西蓝花煸炒，待牛肉变色，倒入黑木耳和洋葱丁，调入适量腌牛肉的料汁，翻炒均匀即可出锅。

范大夫连线

孕晚期，准妈妈可以到医院做血锌水平的测定，如果太低，需要以制剂补充，怎么补充应听医生吩咐。注意，如果锌补充过量会影响铁的吸收。

在怀孕期间，准妈妈所需要的锌比以前多，除了供给自身外，还要供给发育中的胎宝宝，所以准妈妈要多吃一些富含锌元素的食物，如：猪肾、瘦肉、海鱼、紫菜、牡蛎、蛤蜊、黄豆、绿豆、花生、核桃、栗子等。特别是牡蛎，含锌较高，可以被称为是锌元素的宝库。

范玲指导
每天10分钟
快乐胎教

孕10月

放松、自信，迎接宝宝的到来

宝宝会在这个孕月"成熟"

是到丰收的时候了

再耐心点吧

他会在一个恰当的时机

发出"采摘"的信号

在经历分娩之痛后

你们将收获这世间最美好的礼物

感谢所有的母亲

是你不辞劳苦孕育了新生命

本月胎教要点

准妈妈的身体变化

小腹坠胀感明显

随着胎宝宝的入盆，宫顶位置下移，准妈妈直肠和膀胱受到的压迫加重，尿频、便秘、小腹坠胀感更加明显了，同时阴道的分泌物也开始增多。

宫缩与阵痛来袭

宫缩更加频繁，你会感觉子宫收缩变硬，持续大约30秒钟后再松弛下来，这种收缩感觉不到疼痛，当这样的宫缩时断时续一整天或一整晚后才成为临产宫缩。

有部分准妈妈会在此期出现没有规律的阵痛，稍加运动就会消失的阵痛不是临产前阵痛。临产前阵痛有规律性，其规律性可能由20分钟痛1次，渐渐变为15分钟甚至8分钟或6分钟痛1次，而疼痛的时间会越来越长，且不论用任何方式都无法缓解，准妈妈要注意区分。

分娩前“见红”

分娩前24~48小时，准妈妈一般会发生分娩前的“见红”，具体特征是从阴道排出少量血性黏液。不过见红也可能持续几天，每天有少许排出；也可能一下子突然见红。

开始为分娩作准备

本月胎宝宝已经足月，所有身体机能均达到了娩出的标准，所以一旦出现“宫缩”、“见红”、“羊水流出”等临产症状时，要迅速赶往医院分娩。

范大夫连线

胎宝宝也可能推迟两周出生，这属于正常情况，因为计算预产期是存在合理误差的，不必过于着急。其实，只有5%的孕妇在预产期分娩。多数宝宝都在预产期前后两周出生。但如果推迟两周后还没有临产现象，特别同时伴有胎动减少时，就应该尽快去医院，医生会采取相应措施，尽快使宝宝娩出。

专家的胎教提醒

在最后一个胎教月里，你和老公可以给宝宝继续实施各种胎教，复习一下前9个月所学的内容会使得胎教效果更好。另外，由于分娩临近，你还需要多为此做些身体和心理方面的准备，同时为早教做一些必要的预习。

放松练习，对话胎教

你现在要认真练习有助于分娩的呼吸法，使得自己放松，还要注意坚持练习一些有助于分娩的简单分娩操。如果能在分娩时正确运用这些分娩辅助动作，将对顺利分娩起到很好的作用。

在进行这些分娩辅助动作的练习时，你不妨和宝宝说说话，告诉他要好好配合你,乖乖地诞生，争取早点和你见面，你努力的情绪会使对话效果更加好。

静心听音乐，养精蓄锐

这个阶段，你不妨多静下心来欣赏一下你和宝宝喜欢的音乐，这不仅能缓和你因分娩临近而产生的紧张心情，还有助于养精蓄锐，为分娩积聚能量。每天早中晚各欣赏15分钟左右音乐会有不错的效果，欣赏时，你还可以想象宝宝正张开蓓蕾般的小嘴跟着节奏在快乐地哼唱着，这将更富情趣。

保持企盼、愉快的情绪

恐惧和害怕情绪既容易消耗分娩体力，也给胎宝宝的情绪带来较大的刺激，因此你要尽量放松自己，期待着宝宝的到来。其实分娩将是你终生难忘的幸福时刻，你的勇敢也将是宝宝性格形成的早期教育之一。

早教是胎教的延续

离开你的那一瞬间，宝宝的胎教期就完成了，马上他就进入了早教期，因此，你和老公还要重视在最后一个月里将胎教和早教衔接起来，提前进行一些早教练习，比如视觉训练、听觉训练、触觉训练等，这也是为巩固胎教效果做准备。

范大夫连线

建议准妈妈在宝宝出生后半小时内给宝宝喂奶。

孕37周

第253~254天

胎宝宝的头部浅入盆

胎宝宝做好了出生的准备

胎宝宝的体重虽然仍在继续增加，但现在已经发育完全，头部已经完全入盆，为子宫外的生活做好了准备，随时等待着降临人世。

很多胎宝宝这时候的头发已经长得又长又密了，但是也有一些胎宝宝出生时几乎没有头发，或者只有淡淡的绒毛。准妈妈不必对他头发的颜色或疏密过多地担心，因为这个时候的头发情况并不决定出生后的情况，日后随着营养的补充，他的头发会自然变得浓密光亮。

胎宝宝现在的姿势应该是头冲下的，这是顺产的最理想姿势。如果胎宝宝现在还没有把头转下来，那么此后转成头位的机会也不多了。

胎宝宝有话说

到这周，我就是个足月宝宝了。

这种心情有点类似于妈妈当年高中毕业还没进入大学的时候吧。

在最后的一个月里，我会经常练习用肺呼吸的哦，好让自己一出生就熟练地开启独立的肺循环。妈妈再坚强一些哦，我们一定能顺利见面的。

范大夫连线

许多孕妈妈对分娩感到恐惧是因为分娩的过程中往往会发生一些令人尴尬的事情，比如在产床上放屁或大便。其实这是很正常的现象。如果你有大便意向的话，医生会很高兴，因为这预示着宝宝马上就要出生了，而且分娩过程进行得很顺利。如果你能从这个角度出发，你就不会再感到害怕，反而会很高兴了。

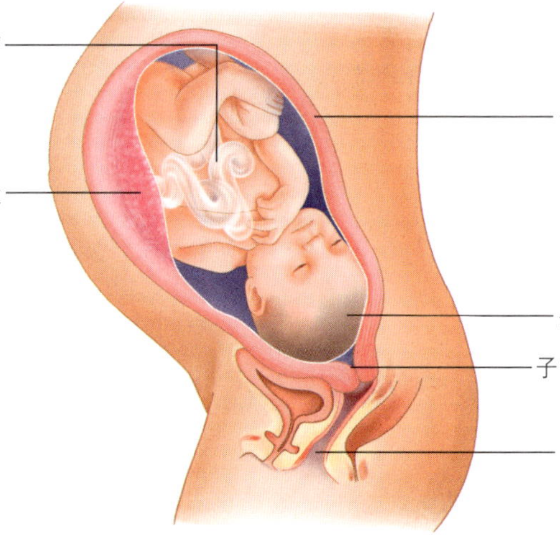

孕1月
孕2月
孕3月
孕4月
孕5月
孕6月
孕7月
孕8月
孕9月
孕10月

第255天

知识库：注意这些宝宝要出生的征兆

当你在家安心等待时，可能最关注的事情就是什么时候到医院去待产，如果你出现临产征兆，说明宝宝着急要来了，你需要准备好待产包去医院。

以下这些临产征兆你和准爸爸需要熟知

落红	黏稠的分泌物中可能带着血，数量较少，印在卫生纸上可以有一个大拇指大小，呈粉红或暗红色，就是落红了。大约在落红1周或几十小时后，阵痛会开始。如果血量较大，及得上月经量，即使没有阵痛，也需要立即去医院，可能马上就要分娩了。
破水	当有一股无色、清澈、带有腥味的液体，持续且不自主的自阴道流出，就说明破水了，是羊膜破裂的表现，量可多可少。破水时一定要尽快入院待产。
宫缩	宫缩一开始往往不规则，当它发生得越来越规则时，就离分娩不远了。对于初产妇来说，时断时续的宫缩一般要持续8~10个小时。宫缩一旦频繁剧烈有规律，大约每5分钟左右发作一阵，且子宫一阵阵发硬，并感到疼痛或腰酸，就意味着分娩马上要开始了，应马上到医院待产。
肚子下降	肚子最高点下移，并且下方变得比较大。
轻松感	临产前1~2周，胎宝宝入盆，子宫底部降低，准妈妈会感觉到上腹部比较舒适，呼吸也较轻松，食量增大。
小腹不适	胎宝宝入盆，准妈妈膀胱、直肠等组织的压力增大，所以小腹感觉坠胀，令尿频、漏尿现象加重。
分泌物增加	原本塞住子宫颈口的黏性分泌物，由于子宫颈变薄、变软、变大，不能再起到原有的作用了，就会流出阴道，所以临产前分泌物会大量增加。
便意感	子宫收缩时，准妈妈的直肠受到较大压力，出现强烈便意。此时应深呼吸哈气，不要用力，尽快到医院检查，切勿用力上厕所。
大腿根部疼痛	临产前，为了方便胎宝宝通过，左右耻骨的连接部位会变得松弛，准妈妈会感觉到大腿根部疼痛。

第256天

心体验：跟胎宝宝说说这个即将到来的世界

你腹中的小人儿一定对外面的世界充满着期待，他知道那个世界有爱着他的人，经常说话给他听，抚摸肚皮陪他玩游戏。就要来到这个世界了，跟他说说目前和将来的生活吧，对生活的认识和憧憬会令你更积极乐观，并准备好去迎接这一切。

美丽的晨景

太阳每天东升西落，人们生活在一个昼夜规律的世界里，晚上睡觉白天醒来，经过一夜的休养生息，整个世界都充满了朝气。所以，在早晨起来后，你和老公不妨先对胎宝宝说一声“早上好”，告诉他早晨已经到来了，然后跟宝宝描述一下早上的美丽景色，比如：太阳公公是什么样子的，花儿草儿现在看起来怎样，天空是什么颜色，有没有漂亮的云朵做伴，天气好不好……

日常生活内容

人们每天都要做一些事情，好让自己意气风发地过完一整天，比如每天习以为常的一些行为如洗脸、刷牙、洗手、梳头、穿衣等，当你做这些事的时候，不妨跟宝宝也说一说，解释一下这样做的原因，让宝宝有养成良好生活习惯的观念。其实，你现在生活中的一切都是宝宝以后即将面对的世界。

所见所闻

宝宝将来要面对的除了你熟悉的，也有你不熟悉的，比如路上的行人、公园里飞过的小鸟、街角的花店等，这些都是你和宝宝所生活世界的一部分。所以，也跟宝宝描述一下出现在你视野里的这部分内容吧，告诉宝宝它们是什么，在做什么等。不管是生机勃勃的大自然，还是人们快乐的话语，这些多姿多彩的片段都会在宝宝小小的大脑里留下印痕，让他感受到世界的丰富和美丽，并充满期待。

范大夫连线

对胎宝宝说话的时候，尽量说点好的积极的话，不是怕坏情况影响到他，而是考虑到你的情绪。人往往是听到好的事情会情绪高涨，听到坏的事情会情绪低落，这两种情绪带给胎宝宝的感受是不同的，不良情绪也会令胎宝宝变得不安。

第257天

智趣馆：自制天使纪念万年历

步入孕期最后一个月了，小天使就要降临人世，接下来的每一天都是重要的一天，开始倒计时吧，给自己和胎宝宝一点鼓励和自信。或许你需要一个万年历来帮忙，最漂亮最好的万年历不一定是从商店购买的，自制一个纪念天使到来的万年历吧，会很有意义的。

下面是一种十分有味道的万年历的做法，相信你和胎宝宝都会喜欢的。

需要准备的材料

瓦楞纸箱、彩色笔数支、图钉、胶水、剪刀。

制作步骤

1 将箱子拆开，取合适的一面剪成需要的大小，然后用彩色笔画出日历表，标出表示星期的汉字或英文缩写。

2 在第一行没有数字的位置画上一些卡通画或其他喜欢的图案，日历表可按自己的喜好做些装饰，比如画上花边或卡通图案等。

3 取箱子中与制作日历表的面等大的一面，修剪成比日历表宽2~3厘米的大小，粘在日历表的背面，多出的部分露在日历表的上方，然后在露出部分打两个小孔，方便挂放。

4 取纸箱其他部位的瓦楞纸，裁剪成比日历表的日期格子略小的31个等大小方块，用黑色彩笔在方块边缘画虚线，方块中央写上1~31的数字，

5 用胶水将图钉固定在每个小方块背面，然后将日期分别嵌进日历表的相应位置。用绳子穿过小孔，将日历表挂在墙壁上，一个风味十足的日历表就完工啦。

范大夫连线

这不仅是格外有心意的万年历，而且特别实用，因为它能循环使用，只要在每个月第一天，按照标准日历移动一下各个数字的位置即可，非常环保。你可以做两个，一个用来留作纪念，另一个胎宝宝出生后立刻就能派上用场，为他的每一天计时。

第258~259天

准爸加油站：陪准妈妈做心理体操

临近分娩的日子里，无论是你还是准妈妈都感受到了紧张和焦虑的气息，这并无大碍，谁也不可能在这样的时刻完全平静。但确实可以通过一些努力让自己更愉悦，释放紧张和焦虑情绪，让胎宝宝感到安心，让准妈妈顺利分娩。

你可以学习一些新的技巧，来调动准妈妈的兴趣，转移对坏心绪的注意力。陪准妈妈做心理体操会是很适合这一时期的活动。

第1节：深呼吸

和准妈妈一道坐在沙发上，慢慢念这样的步骤：闭上眼睛，双脚平放，用鼻子慢慢吸气，手指向外扩张；然后张嘴呼气，一点一点呼出体外。

重复几次，直到你感觉自己身体放松，询问准妈妈是否也是如此，结束第一节。

第2节：重复快乐的词句

记录一些乐观的词或句子，在你和准妈妈的休闲时间诵读给她听，这可以令她呼吸变慢，思维集中到声音上，使她和胎宝宝安静、快乐起来。鼓励她也说出快乐的话，比如：“宝贝，我爱你。”

第3节：听音乐

每天花20分钟让准妈妈静静地接受音乐的洗礼吧，你也可以哼唱她喜欢的歌曲，这样会使她和胎宝宝的情绪达到最佳，还能促进胎宝宝的身心发育。

第4节：用幽默感染她

陪她欣赏喜剧，看一些幽默、风趣的散文和随笔，收集一些幽默滑稽的图片给她欣赏，用你自己的幽默方式逗她开心，让她情不自禁地笑出来。笑是生活中极大的享受，可以变消极为积极，进而转变成力量。

第5节：帮她记心情日记

每天晚上问问她一天的心情，帮助她记录下来，写成一段日记，或幽默或朴实或文采飞扬。如果她喜欢，拿给她看，而且这将是一份长久的纪念，这里有她值得骄傲的时光，是一份充满意义的礼物。

范大夫连线

房间里一定放了不少宝宝的物品吧，你有兴致的话，可以试试怎样将这些物品摆放得更巧妙、实用、舒服一些。和小生命相关的事情总是会令你心情大好的，温馨的环境也更容易令人放松。

孕38周

第260~261天

准备好了，头部完全入盆

胎宝宝足月了

胎宝宝已经胖起来了。他现在可能重约3100克，从头部到臀部长约35厘米，与上周相比，身长基本没有变化。

现在胎宝宝的各个器官已发育完全并各就各位，脑部开始了工作，肺部表面活化剂的产量开始增加，使肺泡张开，脑部和肺部会在出生后继续发育成熟。

胎宝宝本身的免疫系统已经建立，不过还不十分成熟，为了补偿这种不足，胎宝宝可以通过胎盘和哺乳接受来自母亲的抗体，从而抵御一些像流行性感冒一样的感染。

范大夫连线

由于分娩临近，你的羊膜囊可能会破裂，羊水一般是细细流出而不是大量涌出，它独特的味道容易与小便区分，羊水流出时应尽快联系医生。外出时可以用纱布垫在内裤上。

胎宝宝有话说

我的房间对我来说已经太拥挤了，我不得不蜷曲着身体睡觉，不过我现在很习惯这样的姿势哦，所以在出生后的几周内，我还会保持这种姿势的。

对于头冲下的囧姿势，我也感觉不舒服，不过一提到再过2周左右的时间就可以看到妈妈、爸爸，可以看到你们给我描绘的那个美好世界，我还是再忍忍吧！

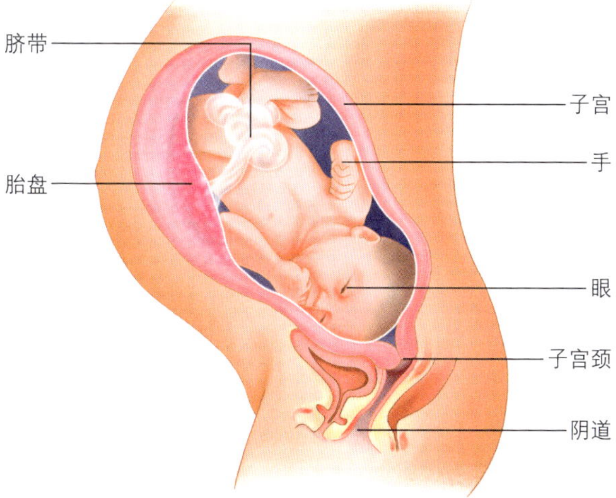

第262天

知识库：分娩时怎样配合医生

帮助准妈妈顺利分娩是医生的责任，但医生毕竟不能了解准妈妈的一切情况，如果准妈妈能更好地配合医生，将使分娩更加顺利。在配合医生上，准妈妈需要做到的是：

依赖医生，但不过分

要想漂亮地分娩，就要好好地与医生合作，因为在生产过程中，你看不到宝宝出生前后的具体情况，必须依赖医生的指导，才知道什么时候开始用力什么时候应该稍作控制。

但是，你不能期待医生能为自己完成整个分娩过程，生命的诞生本就不需要太多人为干预，否则只可能增加手术产的概率。你应该首先依靠自己，在出现危险和需要指导时再寻求医生的帮助。

对自己的身体充满信心

准妈妈对自己有信心是顺利分娩的前提，分娩是任何人都替代不了的事情，如果信心不足，很难做到百分之百的努力，提前放弃自己，从而使得分娩受阻。如果你产前体检显示胎位、骨盆大小等各项指标都很正常，是完全可以胜任自然分娩的，你要相信自己。

懂得放松情绪和身体

准妈妈如果懂得如何放松自己，她的生产过程往往会非常顺利，如果准妈妈极度缺乏安全感，不懂得用力技巧，浑身较劲、不能放松身体，这将成为生产过程延长的重要原因。你事前要多参加产前培训，学习呼吸技巧，学会如何使自己在产房里放松下来。

各产程的配合

分娩分为3个产程，如能按不同产程情况与医生配合，将有利于顺利分娩：

第一产程：此时宫缩逐渐频繁，子宫口随之逐渐开大，这个时间较长，你要打消顾虑，注意饮食、休息，按时排便（每2~4小时排尿1次），和医生密切配合。

第二产程：宫口开全，胎头逐渐下降直至娩出，这时你要听从医生的指导而用力，缩短产程。

第三产程：宝宝已娩出，此时你的子宫缩小，你需要放松身体，让胎盘及子宫附属物自然排出。

第263天

心体验：令人倍感温馨、快乐的《第一步》

《第一步》是梵高临摹自米勒（19世纪法国杰出现实主义画家）的同名作品，画面有很明显的梵高个人风格，用色鲜明，色彩斑斓，多用蓝、黄和绿色，明亮度比较高，贴近自然，人物线条以厚实的黑色加框，让画面有实实在在的朴素感觉。

心体验

这幅画中，近景是一块耕地，远景是农户的房屋，房屋被几棵树挡住。画的右方，一位农妇扶着小女儿在学步，农妇低头关注着小女儿；左方是小女儿的父亲，他蹲在地上张开双手，鼓励小女儿向前走；小女儿伸手朝向父亲，似乎很想扑到父亲身边。

这是一幅温馨的画，画面中弥漫着育儿乐趣及一家人在一起的朴素亲情，温暖的感觉洋溢开来。相信每个看画的人都会受到感染，激起心中的快乐之情，感受到生命的活跃与实实在在，平凡中洋溢着和谐、慈爱、生机盎然。

第264天

智趣馆：制作新生儿教具——黑白图卡

头3个月的宝宝眼里大概只有黑与白，到了4~6个月时，他才渐渐能看见红、蓝、绿及其他更复杂的颜色，所以新生宝宝可能只对黑白鲜明的东西有兴趣。如果你常常拿黑白对比强烈的图画给他看，可以刺激他的视神经，增进视觉发展，进而促进大脑发展，开发宝宝无限的潜能。

黑白图卡DIY方法

需要准备的材料：A4打印纸。

做法

1 首先用电脑绘制出风格简单、对比强烈的图形，黑白色用颜料填充好。

2 将绘制好的黑白图形用A4打印纸打印出来即可。

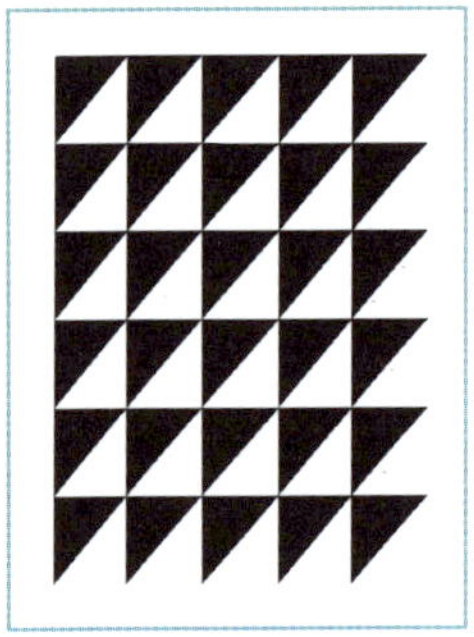

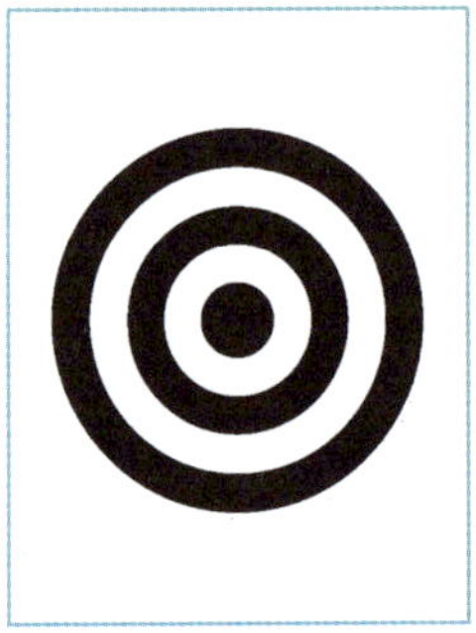

黑白图卡DIY方法2

需要准备的材料：略微厚一点的白色纸板、铅笔、橡皮、黑色的填色笔、剪刀、直尺。

做法

1 将白色纸板分割成等大的正方形或长方形卡片。

2 用铅笔在卡片上起草图案。

3 用黑色填色笔填充黑色部分即可。

范大夫连线

由于新生宝宝的视线范围有限，大约只能看到眼前15~30厘米的物体，所以图片要放得稍微近一点，但是也不能太近，以免宝宝形成斗鸡眼。还要注意宝宝看图片时的反应，如果他已经没有兴趣了，就停止，让宝宝对图片保持新鲜感。

第265~266天

准爸加油站：消除准妈妈的后顾之忧

对于新生命的到来，有一些问题可能是你和准妈妈都在担忧的，比如：家里的开支够不够，怎么用合适？宝宝出生后怎么喂奶、洗澡、把尿，会不会遇到棘手的问题……对于准妈妈来说，担忧于事无补，反而徒增烦恼，你应当事先将这些事情安排好，说给她听，免除她因此而产生的焦虑情绪。

规划家庭开支

你要为宝宝未来的每一步做一个大致的计划，包括经济、生活、育儿等你们关心的内容，如果一时不好计划，可以征求准妈妈的意见，或者也可以去拜访一些已经做了爸爸的朋友，向他们讨教一些经验和心得，看一看他们的生活状态。

学习育婴知识

孕与育是相辅相成的，怀孕时需要做点胎教，宝宝出世后则不仅需要继续巩固胎教知识，还要开始早教的训练。同时还必须了解更多的喂养、护理知识，比如怎样给宝宝穿衣服、洗澡、喂奶、把尿等，这样宝宝出生后才能从容不迫。这个过程会让你深刻体会到做爸爸的责任和快乐，这也能够帮助你激发起心底的父爱。

把握角色转换

“丈夫”与“父亲”，“准妈妈”与“母亲”之间的角色转换，你和准妈妈要尽快把握好，你可能担心准妈妈分娩后注意力转移到宝宝身上而忽略了你，而准妈妈也可能在担忧你忽略了她。其实三个人生活的开始，并不意味着两个人浪漫的终结，有了宝宝后，你更需要呵护关爱准妈妈，同时要让她明白，你也会尽力照顾好宝宝，分担她的辛劳。

▶ 事先打听好医院是否有待产包，自己还需要准备哪些物品，有备无患。

孕39周

第267~268天

胎宝宝向下运动，压迫子宫颈

头部固定在骨盆中

胎宝宝的体重现在已经长到了3250克左右，一般情况下，男孩比女孩的平均体重要略重一些。他的脂肪的生长并没有停止，而是以每天14克的速度继续增加。由于皮下脂肪的增厚，胎宝宝皮肤的颜色开始从粉红色变成白色或蓝红色。而且胎宝宝的皮肤越来越光滑了，胎毛正在消失，若胎毛保存到出生，多会出现在他的肩部、前额和颈部。

胎宝宝的头部已经固定在骨盆中。头颅骨还没有完全固化，这是为了在分娩时被挤压，以便更顺利地通过你的产道。胎宝宝的头在分娩过程中会变形或被拉长，不过不用担心，出生后的几天内就会恢复成正常的圆形。

接下来的一段时间里，胎宝宝将会继续从血液和羊水里吸取生存最重要的物质：抗体，它能够为胎宝宝提供免疫力来对抗许多疾病。

范大夫连线

临近预产期的前几天，准妈妈需要留在家中休息，并每天清洁身体，安心等待临产征兆的出现。这个时候要保证家中始终有人陪伴在你身边。

如果发生破水，不管在什么场合，你都要立刻平躺下来，然后立即打电话叫救护车。在去医院的途中，也必须保持平卧的姿势。

胎宝宝有话说

在最后的几周里，妈妈的情绪对我以后的性格仍然会有重要影响哦，所以妈妈一定要快快乐乐的，让我成为一个开朗乐观的孩子。

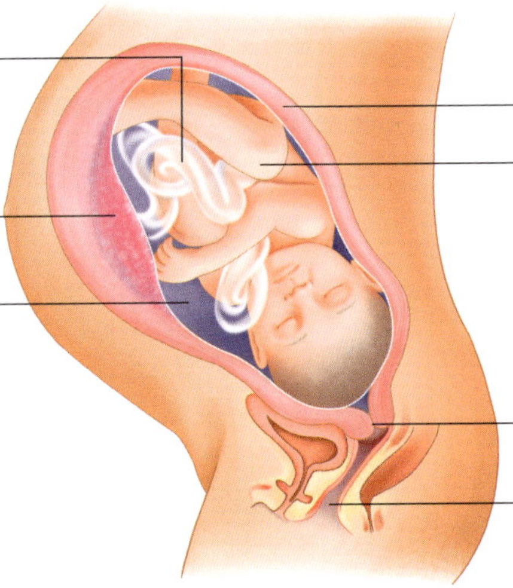

第269天

知识库：维生素C可以降低分娩的危险

有研究表明，准妈妈在妊娠期间适量服用维生素C，可以降低在分娩时遇到的危险。

可以预防羊膜早破

羊膜早破为准妈妈常见问题，羊膜过早破裂会给准妈妈带来危险。专家认为，维生素C能够帮助加固由胶原质构成的羊膜，在怀孕前和怀孕期间未能得到足够维生素C补充的准妈妈容易发生羊膜早破。实验表明，在分娩时，增量服用维生素C的准妈妈羊膜早破率比未服用维生素C的准妈妈要低5%。

补充维生素C以食补为主

摄入维生素C的渠道以食补为主，平时应让准妈妈多吃一些含丰富维生素C的水果和蔬菜。像青椒、鲜枣、草莓、橙子、橘子、猕猴桃等都含有丰富的维生素C。但在食用的时候一定要吃新鲜的，因为维生素C会被氧化，放置的时间越长，被破坏和流失的也就越多。

维生素C摄入过量危害大

长期过量服用维C反而会导致人体出现一系列不良反应。比如牙龈出血、腹痛和腹泻、尿路草酸钙结石和肾结石等，并会影响其他维生素的吸收。生长期的少儿如服用大剂量维C，日后易患骨病，因为大剂量维C会损害成骨细胞的形成。

因此，如果从药品中补充维生素C，准妈妈需要在医生的指导下进行补充，不要自行服用。

小知识

准妈妈在怀孕期只要对胎宝宝进行营养胎教，刻意多吃些水果蔬菜，将会使胎宝宝在妈妈肚子里就开始适应这些蔬果的味道。能帮助宝宝培养出对这些食物口味的终生喜好。

范大夫连线

炒菜时的汤汁不要倒掉，菠菜、菜花等蔬菜中的维生素C有50%~90%溶在汤汁中，千万不要浪费浓缩了维生素C精华的汤汁。

第270天

心体验：帮助减轻分娩焦虑的《向日葵》

《向日葵》是梵高所画。1888年，梵高到了法国南方的阿尔，那是一个阳光明媚的地方，天上旋转着柠檬黄色的大火球，悬在蓝得耀眼的天空中，空中充满着令人目眩的光。梵高被眼前的景象惊呆了，面对令人目眩的色彩，产生了强烈的情感。在这种背景下，画家自然地开始用色彩来表现情感，在阿尔炙热的阳光下，梵高画出了一生中最重要的艺术作品，《向日葵》就是其中之一。

心体验

《向日葵》是一幅表现太阳的画，是一首赞美阳光和旺盛生命力的欢乐颂歌，画家以大胆恣肆、坚实有力的笔触，把向日葵的黄色画得极其耀眼，每朵花如燃烧的火焰一般，细碎的花瓣和葵叶像火苗一样布满画面，整幅画犹如燃遍画布的火焰，显出画家旺盛的生命激情。这样的情绪一定能带给你信心和力量，帮助你驱散心中的不悦，减轻分娩焦虑。

小知识：向日葵为什么向着太阳转？

向日葵颈部的生长素胆小怕阳光，一见太阳就跑到背光的侧面去躲避起来，于是，背光的这一面的生长素就越来越多，它们便促使这一面长得特别快，而向阳的一面却长得慢些，于是植物就向有光的一边弯曲。

随着太阳在空中的移动，植物生长素也像“捉迷藏”一样，不断地背着阳光移动。因此，我们常常看到向日葵花盘能始终对着太阳，每天从东转到西，周而复始。

第271天

智趣馆：载满童年快乐的折纸船

曾经也会折许多的小纸船儿，在上面写自己的名字，让它载着自己的期待，顺着那条清澈的小溪远去，你还记得小时候玩过的折纸船、还记得曾经的你有一颗怎样天真的童心吗？

在动手过程中，如果你能同时想点什么会更好，无论是思考如何让折纸更好看，还是回忆你过往的故事，或者是给胎宝宝讲一讲步骤都是好的，体验与交流才能令胎教效果更好。

纸船的折法

1 准备正方形纸一张。按图所示 将小三角形的角折到里面的虚线上。

2 继续从四边沿着虚线向内折。

3 将纸翻过来，从两边向中心折。

4 再将叠好的纸如图所示折起四角。

5 再次向中心线折。

6 将图上所标两角向里面折。

7 从中心线的地方拉开，把里面的翻到外面，小船就完成了。

诗歌：《纸船》

作者：冰心

我从不肯妄了一张纸
总是，留着——留着
叠成一只一只很小的船儿
从舟上抛向海里
有的被天风吹卷到舟中的窗里
有的被海浪打湿/沾在船头上
我仍是不灰心地每天叠着
总希望有一只流到我要它到的地方去
……

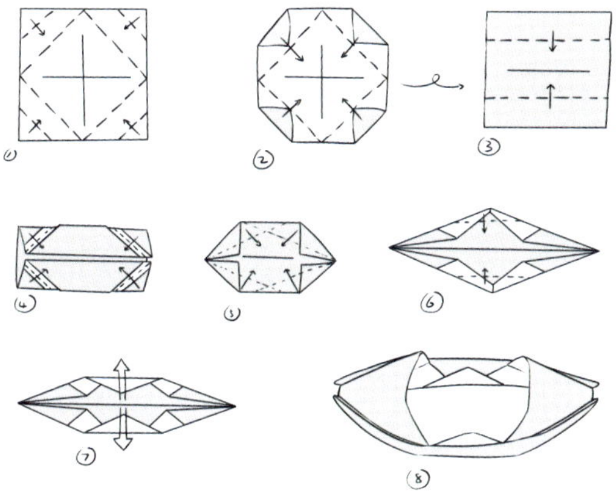

范大夫连线

只要你愿意，稍微动一动脑筋，那些看似无用的废品就能变为实用的生活工具。

第272~273天

准爸加油站：给胎宝宝讲故事《猴王出世》

海外有一国土，名曰傲来国。国近大海，海中有一座名山，唤为花果山。那座山正当顶上，有一块仙石，其石有三丈六尺五寸高，有二丈四尺围圆。四面更无树木遮阴，左右倒有芝兰相衬。盖自开辟以来，每受天真地秀，日精月华，感之既久，遂有灵通之意。内育仙胞，一日迸裂，产一石卵，似圆球样大。因见风，化作一个石猴。那猴在山中，却会行走跳跃，食草木，饮涧泉，采山花，觅树果；与狼虫为伴，虎豹为群，獐鹿为友，猕猿为亲；夜宿石崖之下，朝游峰洞之中。

一朝天气炎热，与群猴避暑，都在松阴之下顽耍。一群猴子耍了一会儿，却去那山涧中洗澡。见那股涧水奔流，真个似滚瓜涌溅。古云："禽有禽言，兽有兽语。"众猴都道："这股水不知是哪里的水。我们今日赶闲无事，顺涧边往上溜头寻看源流，耍子去耶！"喊一声，都拖男挈女，唤弟呼兄，一齐跑来，顺涧爬山，直至源流之处，乃是一股瀑布飞泉。众猴拍手称扬道："好水！好水！原来此处远通山脚之下，直接大海之波。"又道："哪一个有本事的，钻进去寻个源头出来，不伤身体者，我等即拜他为王。"连呼了三声，忽见丛杂中跳出一个石猴，应声高叫道："我进去！我进去！"他瞑目蹲身，将身一纵，径跳入瀑布泉中，忽睁睛抬头观看，那里边却无水无波，明明朗朗的一架桥梁。他住了身，定了神，仔细再看，原来是座铁板桥。桥下之水，冲贯于石窍之间，倒挂流出去，遮闭了桥门。却又欠身上桥头，再走再看，却似有人家住处一般，真个好所在。石猴看罢多时，跳过桥中间，左右观看，只见正当中有一石碣。碣上有一行楷书大字，镌着"花果山福地，水帘洞洞天"。

石猴喜不自胜，急抽身往外便走，向众猴描述了洞内光景。

众猴听得，个个欢喜，也都进去了。石猴道："列位呵，'人而无信，不知其可'。你们才说有本事进得来，出得去，不伤身体者，就拜他为王。我如今进来又出去，出去又进来，寻了这一个洞天与列位安眠稳睡，各享成家之福，何不拜我为王？"众猴听说，即拱伏无违。一个个序齿排班，朝上礼拜，都称"千岁大王"。自此，石猴高登王位，将"石"字隐了，遂称美猴王。

节选自《西游记》

孕40周

第274~275天

加油，宝贝，咱们马上就能见面了

宝宝随时可能出生

本周，胎宝宝头到臀的身长为37~38厘米，体重3400克左右。

他的腹部可能比头部稍微大些，脂肪的比例非常大，占全部体重的15%左右，身体内的所有器官和系统都已发育成熟，随时可以出生了。

现在，胎宝宝的重要生命线——胎盘正在老化，传输营养物质的效率在逐渐降低，到胎宝宝娩出，它的使命就完成了。同时，胎宝宝所处的羊水环境也有所变化，原来清澈透明的羊水变得浑浊，成了乳白色液体。

胎宝宝现在正等待着呼吸第一口空气，当他出生后第一次呼吸时，会促使心脏和动脉的结构迅速产生变化，从而使血液输送到肺部。他出生后第一声啼哭通常都是没有眼泪的，因为他的泪腺功能还没有被开发，这种情况会持续两三周。

范大夫连线

临产时，你若发生恶心、呕吐、进食量少等情况，应及时告知医生，根据具体情况注射葡萄糖等滋补药物。

胎宝宝有话说

如果我迟迟不出去，爸爸妈妈可千万别以为是我不着急哦，更别手足无措地等待，一定要问问医生有没有办法让我如期分娩，在妈妈肚子里呆得太久也不好呢。对了，妈妈，相比奶粉我可更喜欢吃母乳哦，躺在妈妈的怀里舒服地吃奶，这可真是件幸福的事啊！

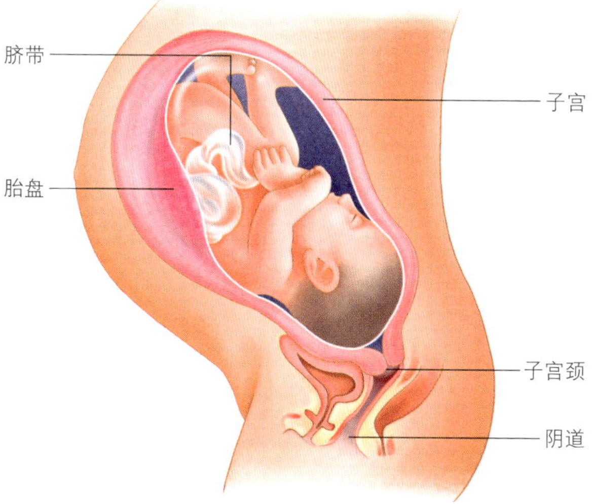

第276天

知识库：放松精神可以加速产程

精神紧张时，身体对氧气的消耗量会增加，容易疲倦，不利顺产，为防止精神紧张，准妈妈应做到以下两点。

在合适的时间入院

晚入院有危险，但也不能太早入院，如果住院时间太长，准妈妈心理压力大，容易精神紧张。医生建议出现临产征兆后，尤其是当阵痛很规律的时候再入院是比较稳妥的做法。但当预产期已过，而临产征兆却迟迟没有出现，也不能继续等待，以免发生过期妊娠。可以在预产期后2~3天作检查，根据医生建议决定入院与否。

▶ 在看到宝宝小脸的那一刻，所有付出都将化为喜悦。

为防止精神紧张，准妈妈还应尽量避免

怕	分娩有一定的疼痛和风险，但现代医学发达，其安全系数已经大大提高，一般不会出现意外，所以准妈妈不要怕。
累	分娩对体力的要求很高，所以临产前，准妈妈的工作量、活动量都应适当减少，养精蓄锐，全力以赴应对分娩消耗。
忧	准妈妈临产前要精神振作，情绪饱满，摆脱一切外在因素的干扰，尤其不要顾虑孩子的性别，家人更不应该给准妈妈施加这样的压力。
急	到了预产期没有临产征兆，不要着急，也不用担心，只要定时做产检，监护胎宝宝即可。

范大夫连线

虽然产前要精神放松，但也不可粗心大意，别忽略了身体变化、白带变化等可能与分娩有关的征兆。如果准妈妈发现自己在临产前的这段时间老是睡不好，很可能就是产前的焦虑导致的，要及时调整心态，保持良好睡眠，为分娩准备好充足体力。

第277天

心体验：练习分娩技巧，减轻分娩疼痛

宝宝即将到来的喜悦之情和临产的紧张心情交织在一起，除了要调整好心态，不要让过多的繁杂情绪扰乱你之外，还可以多练习分娩技巧，这能大大增强你自己与宝宝的信心，缓解紧张焦虑的情绪，分娩疼痛自然也能得到释放。

呼吸技巧

分娩时的呼吸技巧很重要，正确的呼吸可以使得分娩过程更加顺利，你可以坚持在准爸爸的帮助下练习拉梅兹呼吸法。

用力技巧

第一阶段：均匀呼吸，不用力。这时宫口还未开，宫缩时慢慢深吸气，慢慢吐出；宫缩间歇期，最好闭眼休息，养精蓄锐。

第二阶段：用尽全力，屏气使劲。这时宫口开了，宫缩时双腿屈曲分开，两手抓住手柄（或陪产人的手），像解大便一样用力向下，时间越长越好，以增加腹压，促进宝宝娩出。宫缩间歇时，充分放松休息，下次宫缩时再开始用力。

第三阶段：再次用尽全力。宝宝娩出一部分了，这时你可按照第二阶段的屏气法用力，用尽全力，以加快胎盘的娩出，减少出血。

应避免的3种用力方法

1 大声呻吟或大喊大叫，这样不仅不能减轻疼痛，反而可能引起过度换气，致使母体缺氧，影响宝宝的血液循环，还会过多消耗体力，使真正要用力时无力可使。

2 在第一阶段就屏气用力，这会过早地消耗体力，而且过长时间屏气易导致呼吸性酸中毒。

3 胎头即将娩出时，仍向下屏气用力，这样可能会使宝宝娩出过快，造成会阴部裂伤。

音乐疗法

音乐在分娩时也能起到神奇的作用，如果你在产前提早挑出一首最喜欢、最熟悉并且能唤起你愉悦情绪的音乐，这将对缓解分娩疼痛非常有好处。

你可以单纯地听音乐，也可以把音乐跟其他活动结合起来，跟着音乐的旋律和节奏，一边想象一边放松身体，然后进行腹式深呼吸，先慢慢用鼻吸气入腹部，然后再缓慢张嘴吐出，这可以帮助你进入到一种舒适的状态。

第278天

智趣馆：胎宝宝也有分娩之痛吗？

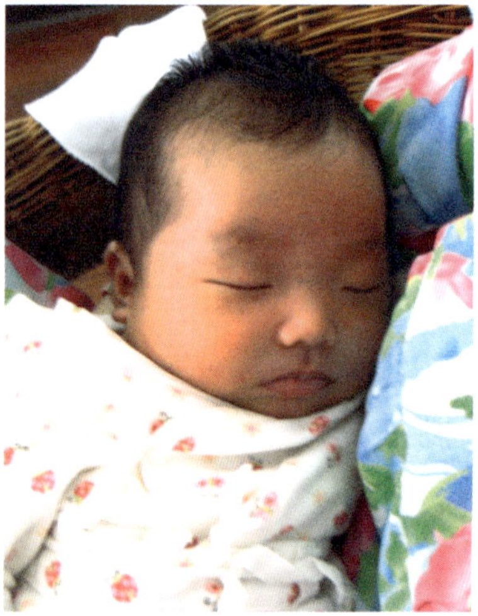

▶ 刚出生的小小来到陌生的环境后，最需要准妈妈的安抚和怀抱。

你知道吗，胎宝宝也是有分娩之痛的！在分娩过程中，他经历的事情甚至比你更为复杂，更加难以适应，了解到这一点，你对分娩会有一些新的看法。

在产道中前行

分娩时，在弯曲、狭窄的产道中，胎宝宝会尽自己最大的努力促成分娩的顺利进行：

1 为使宫颈口张开，他的头部会先挤入产道。

2 分娩时，他的身体会不时地扭转，以找到最便捷的道路来挤出产道。

3 一旦身体中最宽的部分——头部娩出后，其他的部分都将顺利地通过产道。

在压力下娩出

分娩时，宝宝要通过你腹部的收缩压（腹压）来挤过弯曲而狭窄的产道。分娩时的压力平均约$70g/cm^2$，相当于一个成年人平躺在床上所造成的压力，当子宫收缩，施加最大压力（子宫颈全部打开时对宝宝后头部施加的压力）时，其压强可达到$140g/cm^2$。由此可见，宝宝娩出时相当艰难。

娩出的感觉

宝宝在穿过产道时有感觉疼痛的能力，因而很可能会感到痛，但因为还无法与他进行沟通，所以他到底能感觉到多痛就不能确切地了解了，但你的感觉可能对他造成影响：

1 宫缩开始后，胎宝宝能感觉到强劲的力把自己向外推挤，此时会产生深深的恐惧感。如果你过于紧张、烦躁，这样的激素环境会使他变得更加惊恐不安，因此你要让自己安静，停止抱怨，放松身体，用期盼、快乐的心情等待他的到来。

2 你在阵痛时的喊叫，胎宝宝是可以听到的，这也会让他不安，你应尽量减少喊叫。

第279~280天

准爸加油站：陪产，减轻产痛有一套

终于，宝宝向你们发出了分娩信号，给准妈妈加加油吧，如果你决定陪产，那么就用你学会的知识去帮助她、提示她、关心她的感觉，帮助她减轻产痛。

待产时你可以做到的

待产过程可能在家中，也可能在待产室度过。

1 准爸爸可以在这一时期替准妈妈补充一些营养可口的食物以储存体力。

2 用被子和枕头做靠垫，让准妈妈调整到最舒服的姿势，或者带准妈妈就近散步。

3 如果去医院比较方便，尽量让准妈妈在家里度过分娩早期，这样精神压力要小得多，等宫缩变得有规律，差不多每10分钟一次的时候，再进入医院的待产室。

进入待产室后需要着力做的事

1 补充水分和食物

这一阶段准妈妈的阵痛感受尚未达到高峰，可以多准备些她喜爱的食物，如鸡汤面、花色粥等，帮助储存足够的体力，也可准备一些牛肉干、巧克力等高能量、小体积的零食为她加油，同时要随时询问是否口渴，及时为她补充温开水。

2 认真观察子宫收缩与胎宝宝的心跳

准爸爸可以观察胎音及阵痛监测器，来了解母体与胎宝宝的状况，并记录每小时中出现的阵痛次数和胎心音监测结果，提供给医生作为参考。

3 协助准妈妈如厕、换产垫

在待产过程中，护理人员会在准妈妈的臀部下方垫上一层产垫，保持被褥的清洁。准爸爸要随时观察产垫的状况，一旦准妈妈身下有大量液体流出，可能是羊水已破，要及时提醒医护人员处理，破水与未破水的处理方法是不一样的，这一点准爸爸要牢记。

4 帮助准妈妈轻轻按摩减痛

有针对性的按摩可以大大缓解准妈妈的产痛：

在准妈妈阵痛来临时，以手掌贴住尾骨部位，抵紧片刻后以轻轻画圆的方式按摩，大腿内侧也可画圆按摩，这可以避免腿部痉挛，并放松会阴。

在阵痛间隙，可让准妈妈趴在床边，替她按摩臀部，然后仰卧放松，用从外向里的打圈方式按摩腹部，还可以轻柔地按摩头颈、上臂和浮肿的双脚，这都有利于恢复体力来迎接下一波阵痛。

附录

宝宝在第一个月的成长

第一个生长指标

		女宝宝	男宝宝
出生时	身高	46.4~52.8厘米，平均49.6厘米	46.8~53.6厘米，平均50.2厘米
	体重	2.4~3.8千克，平均3.1千克	2.5~4.0千克，平均3.2千克
	头围	30.9~36.1厘米，平均33.5厘米	31.8~36.3厘米，平均34.0厘米
	胸围	29.4~35.0厘米，平均32.2厘米	29.3~35.3厘米，平均32.3厘米
满月时	身高	51.7~60.5厘米，平均56.1厘米	52.3~61.5厘米，平均56.9厘米
	体重	3.6~5.9千克，平均4.8千克	3.8~6.4千克，平均5.1千克
	头围	35.0~39.8厘米，平均37.4厘米	35.5~40.7厘米，平均38.1厘米
	胸围	32.9~40.1厘米，平均36.5厘米	33.7~40.9厘米，平均37.3厘米

新生宝宝成长叮咛

足月出生的宝宝如果体重超过2.5千克，就可以认为度过了人生的第一关。若宝宝出生时体重不足2.5千克，称为“未成熟儿”，必须采取特殊护理措施。

不过，在宝宝出生后1周左右，可能会出现体重略微下降的情况，这是因为宝宝出生后的这几天睡眠时间长，吃得少，同时排掉了胎便，体重自然就减轻了。这些减掉的体重一般在出生后7~10天就长回来了，不用担心。

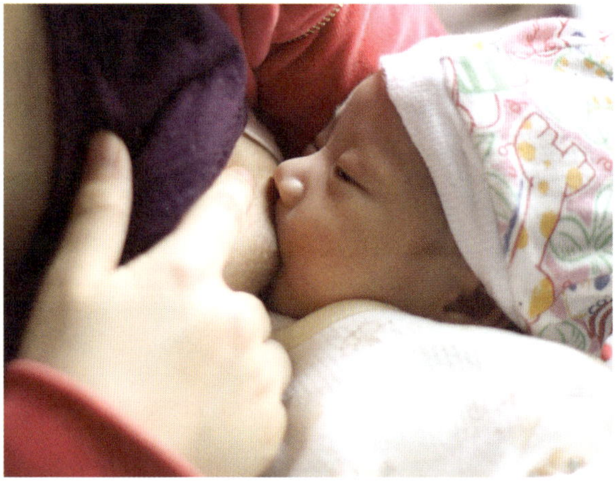

新生宝宝的视力

新生儿的视力发育特点是有光感，可注视眼前15~30厘米处较明显的目标。在新生儿末期，还可追随移动目标片刻。根据这些特点，可用下面的简单方法对新生儿的视力作定性检查，以及早发现新生儿的视力异常。

可在宝宝睡着时，突然用手电光晃他的眼睛，如引起小儿皱眉、身体扭动甚至觉醒，说明有光感。如果反复检查几次，宝宝均无任何反应，应引起注意。

宝宝醒着时，在距离宝宝眼前20厘米处，将一画有黑垂直条纹纸圆筒或鼓(长约10厘米直径约5～6厘米)由一侧向另一侧旋转，正常情况下，新生儿注视时会出现眼球震颤，即眼球会追随圆筒或鼓的旋转来做水平运动。应反复做几次求证。

在宝宝满月时，可用1个直径约10厘米的红绒球放在小儿眼前约30厘米处，宝宝可注视红球，并可随球的移动跟随片刻。此检查应在宝宝觉醒不哭时做，并反复做几次。

新生宝宝的听力

一般情况下，新生儿出生72小时内就要接受听力筛查。如果第一次听力筛查没有通过，就需要在出生后42天进行第二次筛查。若还是没有通过，就需要去具备“听力检测”的大医院做全套的听力检查，并最后评估，判断宝宝是否真的存在听力问题。

第一次筛查的结果如果不理想，父母也不要急着带宝宝去各大医院做检查，因为有部分宝宝是因为耳道内残留羊水、耳屎，致使检查结果不理想的。这类问题在第二次筛查的时候就可以排除了。如果急着带宝宝作各类检查，新生儿抵抗力较弱，与外界环境过多接触，反而容易感染疾病。

新生宝宝的味觉和嗅觉

新生宝宝有良好的味觉，从出生后就能精细地辨别食物的滋味。给出生后只有一天的新生宝宝喝不同浓度的糖水，发现他们对比较甜的糖水吸吮力强，吸吮快，所以喝得多；而对比较淡的糖水喝得少；对咸的、酸的或苦的液体有不愉快的表情。

此外，新生宝宝能认识和区别不同的气味。当他开始闻到一种气味时，有心率加快、活动量改变的反应，并能转过头朝向气味发出的方向，这是新生宝宝对这种气味有兴趣的表现。

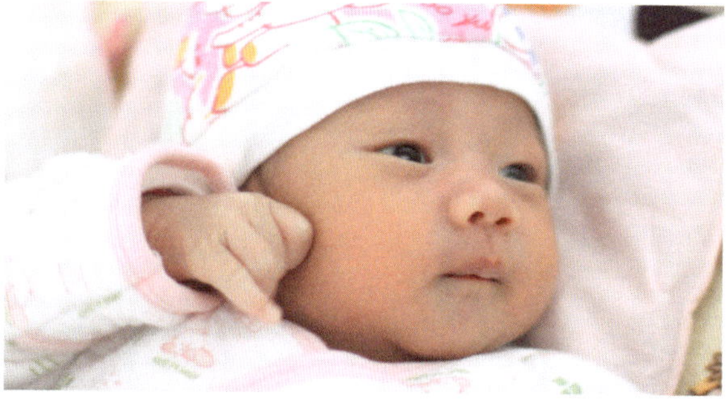

新生宝宝最需要安全感

新生宝宝出世后，脱离了熟悉的羊水和子宫，没有了妈妈的心跳声，陌生的环境会让他不安，感到害怕，如果及时得到爸爸妈妈的爱抚，宝宝很快就能适应。足够的安全感促使宝宝很快融入新的环境，如果长时间缺乏足够的安全感，宝宝就会变得爱哭闹、不容易安抚，对性格和智能发展都不利。

准妈妈在分娩后要与新生宝宝尽快建立起甜蜜的情感，从下面几点做起，会起到不错的作用：

让宝宝听一听你的心跳

有经验的产科医生会在宝宝出生后30分钟内，把宝宝放置在妈妈胸前，这就是为了让宝宝听到妈妈的心跳，让他安心。

分娩后的搂抱对母子关系的建立和日后安抚宝宝都有事半功倍之效，宝宝的表情也会因此显得安恬及放松。不管新妈妈此刻是否精疲力竭，都应努力抱抱宝宝，让他伏在你胸口睡上一小觉。

范大夫连线

现在许多家庭在宝宝诞生之初请24小时月嫂及保姆，这可以让新妈妈得到更多的休息，省去麻烦，但同时也失去了养育宝宝的乐趣和母爱。我们建议每一个有条件的新妈妈尽量自己带宝宝，这是与宝宝建立情感的最佳方式。

如果宝宝出生后12小时还没有躺进妈妈怀抱，不仅使宝宝情绪上惶恐不安，也会使新妈妈对“母亲”这一角色缺乏直观的认同感。

尽量母乳喂养

母乳是母爱的一部分，当新生宝宝吮吸你的乳房，能让你满胀及疼痛的乳房变得轻松，你再就势理一理宝宝的头发，会感觉到母子间的情感通过乳汁这一通道，变得密不可分。

保持身体接触

新生宝宝有与爸爸妈妈肢体接触的愿望，这令他有安全感，尤其是一面有身体接触，一面有眼神、言语乃至哼唱交流的节目，如替宝宝洗澡，做抚触操，与宝宝一起玩气球和铃铛等等，这些无声及有声的沟通已经使亲子之情快速成长。

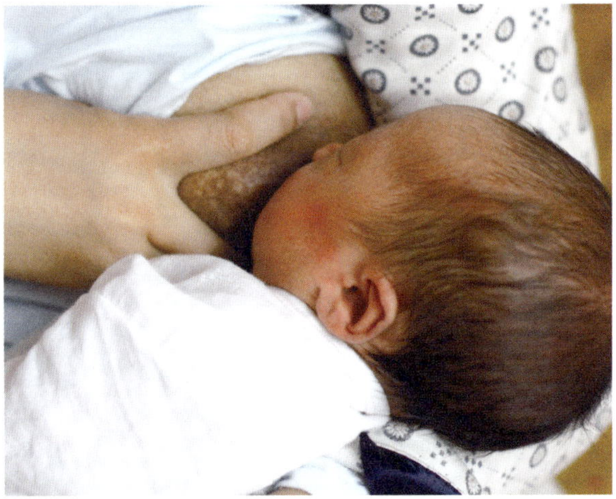

新生儿能力训练

视力训练

新生儿具备一定的视力，但是较弱，父母可以适当加以训练，让孩子的视觉反应更灵敏、更准确。

1 新生儿喜欢红色，可以在手电筒上包一块红布，打开后在孩子的眼前左右、前后、远近或者上下移动，诱导孩子追看。

2 新生儿对对比强烈的色彩和图案比较感兴趣，可以找一张黑白卡片给孩子看，并且告诉他哪是黑色哪是白色。

新生儿的视觉调节能力有限，训练的时候要注意避免伤害。

不要给孩子看颜色太繁杂、图案太繁复的物品，以免造成颜色混淆。

新生儿是近视眼，开始时能看到的距离大约是15~30厘米，能看到的范围是前方大约45°角，所以训练时道具不能离开太远或太偏。随着长大，视觉范围会逐渐加大，父母可以观察孩子的反应，如果训练时没有反应了，就是看不到了，需要拿近一些。但还要注意不能逼太近，以免孩子形成斗鸡眼。

训练的时间不要太长，以免孩子眼疲劳，一般5～10分钟即可。

听觉训练

适当地训练孩子的听觉能力，对孩子以后的听觉敏锐性和感受能力有很好的促进作用。

1 在一个纸盒子里放入适量黄豆，孩子醒着的时候，在其耳朵旁大约10厘米的地方轻轻晃动盒子，发出声响，看孩子会不会寻找发声源。

2 给孩子播放不同的音乐，弦乐转换成打击乐，器乐转换成声乐，男声转换成女声，注意观察孩子在转换时的表情变化，如果突然变得安静或不耐烦了，说明他听出不同了。

在训练的基础上还要保护好孩子的原有听力。

不要在孩子附近发出太大的响声，如鞭炮爆炸声，绝不能出现在孩子耳边。如果适逢过年过节，要关严自家的门窗，防止突然的鞭炮爆炸声损害孩子听力。

不要给孩子掏耳朵，以免失手伤害耳膜。但是可以经常帮他做做耳部按摩，用揉搓、牵拉的方式按摩耳垂、耳廓，也能增强耳膜的弹性，增进听力。

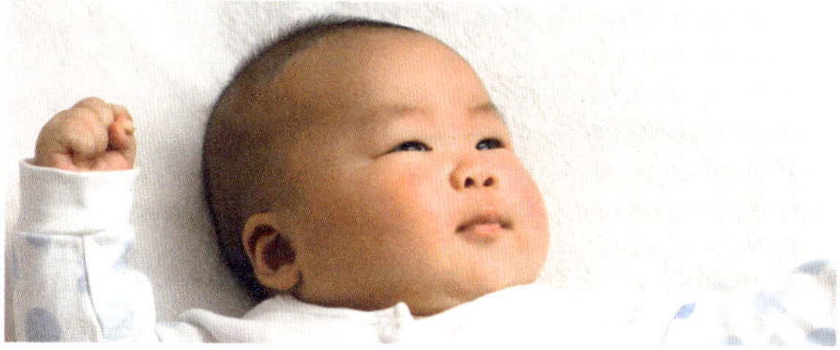

触觉训练

新生儿认识事物主要是通过手的触摸和嘴巴的啃咬、吮吸来实现的，触觉是此时孩子发育完善的功能之一，适当加以训练，可以使他的触觉更敏感。触觉敏感的孩子反应更快、更灵活。

1 给孩子做适当的按摩和抚触可以促进其触觉发育。孩子将来用到的最主要的触觉功能来自手部，所以要特别在手指上多下功夫，可以轻抚每个手指肚，然后逐一轻轻挤压，这样可以让末梢神经更发达。

2 多给孩子一些不同质地的玩具或日常用品，配合明确的讲解，让孩子触摸，观察他在材质改变的时候会不会出现表情的变化或者对哪种材质有明显的偏好。一般孩子都更喜欢质地柔滑的丝绸等。

孩子的触觉是认识世界的渠道之一，所以不要太限制他的活动，不要戴手套或者捆绑手臂，他吃手、吃玩具、抓脸的过程就是认识自己、认识世界的过程。另外，要想保持触觉的灵敏性，最忌讳极端的触觉体验，超出孩子承受能力的烫、冷、粗糙等感觉都不要让孩子体验。

范大夫连线

能力训练不是一朝一夕可以完成的，所以父母不要着急，也不要抱着培养天才的心理训练孩子，任何知识都需要慢慢积累学习，对孩子更是如此，需要一遍遍重复才能有效。

知觉训练

新生儿的知觉能力相比于其他能力要差很多，这需要在以后的生活中不断学习才能逐渐发展起来。这一点能否顺利发展与父母是否重视并适当训练有很大的关系。

父母跟孩子说话的时候，要注意准确地给孩子传达事物信息。刚开始时可以给孩子关于颜色的信息，无论用什么都告诉他这是什么颜色，集中让他认识几种他感兴趣的颜色，如红色、橙色、绿色等，慢慢地教他认识自己的身体，认识生活用品，理解语言所包含的意义等等，然后给形状的信息，是方是圆都跟孩子讲。

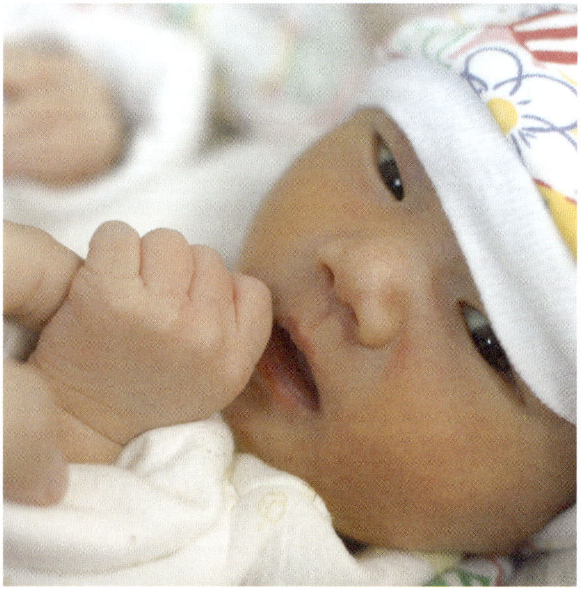

给新生宝宝选玩具

刚出生的宝宝，虽然看起来每天除了吃就是睡，有没有玩具似乎并不重要。但实际上，恰当的玩具对于新生宝宝的身心发展起着非常重要的作用。宝宝可以通过玩具来感知这个新鲜世界，并促进自身视觉、听觉、语言、动作等能力的全面发展。大人正确地使用玩具同宝宝一起玩耍，不仅能加深与宝宝的情感交流，还能培养宝宝的观察力、注意力、想象力和思维能力，刺激宝宝的大脑发育。

悬挂在婴儿床上的发声玩具

虽然新生儿还不能分辨颜色，但却能清楚地看到红色，对比黑色、白色，鲜艳的红色就成了新生宝宝最喜欢的颜色，因此，悬挂在床头的玩具颜色不用太过丰富，但最好有红色的。一般建议给宝宝选择以红、黄、蓝三原色为基本色调，能发出悦耳声音且造型精美的玩具。

小床上适宜悬挂的玩具是与人脸相仿的黑白脸谱、直径约15厘米的彩球、彩环、会发出声音的花铃棒、小摇铃、音乐旋转玩具等。

范大夫连线

新生儿的玩具不用多，有几样就可以了。其实家中的不少物体都可以成为宝宝感知新事物的玩具，比如红色的抱枕、毛巾等。让宝宝多接触各类不同质感的物体，不要让宝宝接近不合格、无质量认证的毛绒玩具，此类毛绒玩具的填充物消毒大多不过关，长时间接触对宝宝的健康不利。

悬挂玩具的注意事项

1 新生宝宝的床上每次悬挂1~2种玩具为好。悬挂约1周左右就需要更换新的玩具。

2 玩具一般悬挂在小床床栏的左边、右边或头的上方。悬挂的位置必须隔几天更换一次。如仅仅将玩具挂于床栏的一侧，宝宝就会总盯着这个方向看，同样会出现斜视。

3 悬挂高度一般离新生宝宝的眼睛约20厘米左右。在实际悬挂时还可根据各个宝宝的情况做适当调整，以宝宝看得见为宜。

4 不要总让宝宝看距离很近的物体，应常把宝宝抱到户外或窗口远望，使他们的视力得到良好的发育。

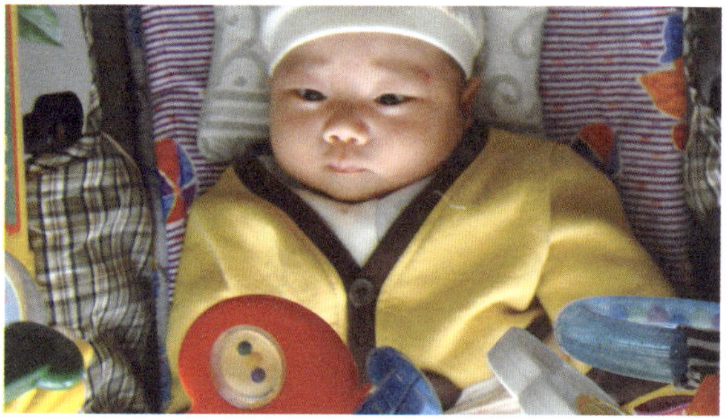

亲爱的宝贝
今生有幸成为你的父母
我们会认真爱你